중국 스타트업처럼
비즈니스하라

서부
중국 GDP의 20%
서부대개발 등 신성장동력
청두, 충칭 등 소비시장 급성장

중부
'중부굴기' 정책
지리적 이점으로 교통 중심 역할

화북
정치 중심지
하이테크 산업
북부 해운 허브

화남
개혁개방의 선두지역
중국 최대 전자 기지
소비재 교역 중심

화동
글로벌 비즈니스 중심
다양한 사업 발달 : 자동차, IT, 환경, 금융, 유통 등
한국기업 최다 투자지

동북
중공업 발달
한국과 문화적 유사성

신장 위구르 자치구

서부

칭하

시짱(티벳) 자치구

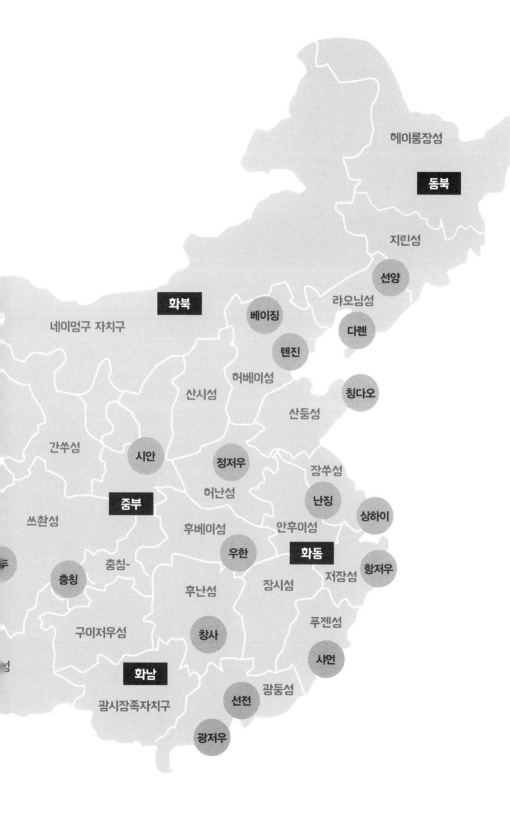

중국 비즈니스 생태계 공략법

중국 스타트업처럼 비즈니스하라

김희종, 유채원 지음

초록비책공방

중국이 가고 있는 미래

2부

중국 IT 생태계

중국에서 창업하기

소비시장을 봐야 진짜 중국이 보인다

2018년 중국 관련 가장 큰 화두는 미중 무역전쟁이다. 2018년 7월 미국 트럼프 대통령이 중국 수입품에 대한 관세를 부과하였고, 이에 중국도 똑같은 규모의 관세를 부과하면서 양국 간 무역전쟁이 시작되었다. 미국과 중국이 국제무대에서 힘겨루기를 시작하면서 향후 무역전쟁, 금융전쟁, 군사위협 등이 전개될 것으로 예측된다. 미국은 이번 무역전쟁을 통해서 큰 이득을 얻을 것으로 보고 있고, 반면 중국 경제는 위기론이 대세가 되고 있다.

외부적으로 보면 중국은 미중 무역 전쟁으로 인해 경기 둔화가 시작된 것처럼 보이지만, 사실 2017년 초부터 이미 중국 소비 심리는 바닥을 치고 있었다. 최근 2~3년간 중국에서 비즈니스를 하는 사람들을 만나면 하나같이 어렵다고들 한다. 불과 3년 전만 하더라도 어렵지 않게 투자를 받을 수 있었지만, 지금 중국은 우리나라 IMF 금융위기 때와 매우 흡사한 상황이다.

하지만 지금의 불경기는 중국의 장기적 발전을 위해서는 꼭 필요한 시간으로 보인다. 왜냐하면 중국은 개방 이후 한 번도 불경기였던 적이 없어서 거품을 가라앉힐 필요가 있기 때문이다. 1997년 IMF 금융위기 이전, 한국도 강남 테헤란로에 거품 투자가 넘쳐났고 술집과 고급 식당들에 줄서서 소비하던 시기가 있었다. 국가적인 위기가 찾아왔을 때에야 비로소 그런 거품이 빠지고 비즈니스 본질과 핵심 경쟁력에 대해서 치열한 고민을 했다. 그랬기에 한국의 제품과 서비스가 큰 도약을 할 수 있었던 것이다.

1997년 IMF 금융위기 시기와 2007년 서브프라임 금융위기 시기 한국 경제는 회색빛 전망이 우세했지만 경기는 바닥을 치면 다시 올라가게 되어 있다. 경쟁력 있는 회사 위주로 살아남아 결국 한국은 경제 안정화 시기로 돌아왔다.

1978년 덩샤오핑의 개혁개방·정책[*] 이후 중국은 어떤 사업을 해도 돈을 벌 수 있었고 부동산 가격 상승으로 엄청난 부를 축적한 사람들이 넘쳐났다. 이런 부를 바탕으로 소비 또한 크게 높아졌다. 하지만 경기가 가라앉은 지금 중국인들은 소비를 줄이고 있다. 아니 소비를 줄었다기보다 이성적 소비를 하기 시작하면서 정상적인 소비 패턴이 되었다고 봐야 한다. 그리고 소비자가 이성적 소비를 하자 최근 중국 제품과 서비스 수준은 엄청나게 높아졌다.

이런 면에서 봤을 때 건전한 위기와 경쟁은 국가 발전을 위해 꼭 필요해 보인다. 아마도 이 시기를 잘 극복해내면 중국은 더 큰 도약을 할 것으로 예

---

[*] 마오쩌둥의 문화대혁명으로 중국 농촌은 헐벗고 굶주렸으며, 극단적 사상 검증 속에 공동체는 파괴되었다. 문화대혁명이 끝난 후 덩샤오핑은 인민의 절대 빈곤 상태를 해결하기 위해 경제 발전과 사회 안전을 달성하기 위한 '사회주의 현대화 건설 노선'을 천명했다. 텃밭과 부업을 장려해 농민이 계획경제의 틀을 벗어나 생존할 수 있는 공간을 만들었고, 쓰촨성의 기업 개혁, 광둥성과 푸젠성의 경제특구 등 정치적으로는 공산당 일당체제이지만 경제적으로는 시장경제를 국가 정책적으로 운영했다.

상된다. 그리고 그때가 되면 우리 기업의 강점이었던 화장품이나 디자인 분야조차도 진입하기 어려운 상황에 처할 수 있다.

'위기가 기회'라는 말이 있듯이, 미중 무역전쟁으로 야기된 중국 경제의 위기는 우리에게는 기회가 될 수 있다. 앞으로 5년 중국 경제는 큰 변화를 이루어낼 것이고 우리는 그 안에서 새로운 기회를 찾아야 할 것이다.

○ 지금 중국은 세계 제일의 소비시장 ○

중국에서 한국 기업은 성공 사례가 많지 않다. 우리보다 발전이 늦은 나라, 인구가 많아 인건비가 저렴한 '세계의 공장'으로만 여겼을 뿐 '소비시장'으로 바라보지 않았기 때문이다. 그러나 지금의 중국은 달라졌다. 과거와 크게 다르다. 우리가 경험했던 경제 발전을 중국은 이미 따라잡았을 뿐만 아니라 한 발 앞서 나아가고 있다. 상하이 같은 곳은 글로벌 TOP3 도시이며 집값은 상상을 초월할 정도이고 물가 또한 한국을 초월한 지 오래다.

알리바바는 2020년이면 중국의 중산층 인구가 6억 명이 될 것이라고 예측한 바 있으며,[1] GDP 3조 위안인 상하이를 시작으로 상위 6개 도시(상하이, 베이징, 선전, 광저우, 충칭, 톈진)는 이미 GDP 2조 위안이 넘어섰고, GDP 1조 위안 클럽에 우시와 창사가 추가되면서 중국은 14개 도시가 GDP 1조 위안을 넘어섰다. GDP 3조 위안은 벨기에 또는 태국의 GDP와 비슷한 규모다. 이미 중국 소비시장은 글로벌 소비를 좌지우지할 수 있는 규모로 커졌다고 봐야 한다.

○ 중국 소비시장은 더욱 커질 것이다 ○

소득수준 상승, 도시인구 증가, 고등교육 확대로 소비시장이 크게 열린 가운데, 중국 내륙 지역에 위치한 2, 3선 도시의 소비시장이 가세하면서 중국 소비시장은 급격히 커졌다. 이에 더해 중국 정부는 연안 도시에 집중된 소비를 내륙 도시로 확장시키겠다고 밝혔다.[2] 따라서 당분간 2, 3선 도시의 소비시장은 계속 커질 전망이다.

주요 소비층의 변화도 눈여겨봐야 한다. 소비층이 80~90년대생으로 넘어가면서 우리가 알고 있던 중국 시장과는 전혀 다른 시장이 나타나고 있다. 온라인 쇼핑과 신형 유통채널의 성장하고 있으며, 국민 소득이 늘어남에 따라 의료, 교육, 문화의 소비 또한 늘어나는 추세다.

시진핑 주석의 '신창타이'*라는 경제 발전 모델을 보면, 중국은 고도성장기를 지나 안정성장 시대를 맞이하였으며 수출 위주의 경제 발전에서 내수 소비시장 확대를 경제 동력으로 변모하고 있다. 한 마디로 신창타이는 중국의 경제 체질을 바꾸겠다는 선언이다. 빠르고 견고한 내수 활성화에 중국 경제의 미래를 걸겠다는 뜻이므로 중국 소비시장은 더욱 커질 수밖에 없다.

---

* **신창타이**New Normal. 新常态 고도성장기를 지나 새로운 시대를 맞이하고 있다는 뜻으로 2008년 글로벌 경제위기 이후 나타난 '새로운 경제 질서'를 의미하는 뉴노멀New nomal을 중국식으로 표현한 것이다. 하지만 중국의 신창타이 선진국의 뉴노멀과는 차이가 있다. 중국의 신창타이는 국정 운영 담당자들이 강력한 의지를 갖고 실현하고자 하는 미래의 바람직한 모습이라고 할 수 있다. 신창타이 실행과정 속에서 중국 경제의 성장축은 '소비, 서비스업, 중서부, 과하기술 혁신'으로 요약된다.

○ 중국 비즈니스를 위한 준비 ○

비즈니스는 시대와 흐름을 잘 타는 것이 중요하다. 우리는 중국 내수 발전에 발맞추어 함께 발전해나가야 한다. 중국은 4차 혁명의 중심이 될 것이며 우리는 이러한 변화에 좀 더 적극적으로 대응할 필요가 있다. 그러기 위해 우리는 몇 가지 준비를 해야 한다.

첫째, 중국 비즈니스 관행을 이해하고 습득해야 한다.

중국어를 하는 사람은 많이 늘었지만 중국 시장에 대한 이해 높은 전문가는 생각보다 적다. 언어는 비즈니스를 하기 위한 절대적인 요소가 아니다. 중국 진출 시 기업들이 애를 먹는 이유가 의외로 중국 실무를 소화할 만한 인력이 많지 않다는 데 있다.

대부분의 비즈니스는 업종별로 관행이 다른데, 이 부분을 소화하려면 해당 분야에 종사해봐야 한다. 예를 들어 유아교육의 경우 가격 포지셔닝이 매우 중요하고 한국과 달리 수업을 1년 단위로 판매한다. 즉 업종별 관행에 따라 마케팅과 가격 할인 전략을 현지 소비자에 맞춰야 한다는 의미이다. 해당 분야의 전문가를 찾아 현지화된 전략으로 비즈니스를 해야 할 필요가 있다.

둘째, 중국 시장을 정확하게 판단할 수 있는 정보에 집중해야 한다.

하루가 다르게 변하기 때문에 중국인들조차도 그 업에 종사하지 않으면 변화의 속도를 따라잡지 못하고 있다. 게다가 중국은 많은 분야의 정책이 수시로 변화하고 있다. 따라서 정확하지 않은 '카더라' 정보로 애를 먹지 않으려면 비즈니스 정보의 정확성에 신경을 많이 써야 한다. 이때 가장 좋은 방법은 각 전문 분야의 위챗을 구독하는 것이다. 위챗의 구독계정으로 들어가면 각 분야별 소식을 보내주는 곳이 많다. 현재 비즈니스 상황을 계속 업데이트하면서 준비를 하면 기회를 발견할 수 있을 것이다(위챗 활용법에 관해서는 뒤에서 자세히 다룰 것이다.).

위챗 그룹 채팅을 통해 관련 분야 사람들끼리 모여서 이야기를 나눌 수도 있다. 물론 이런 위챗 그룹에 들어가려면 시간과 노력이 필요하다. 관련 분야 사람들을 계속 만나면서 그들에게 초대를 요청해야 한다. 업계의 위챗 그룹에 들어만 갈 수 있다면 필요한 정보를 누구보다 쉽게 찾을 수 있다.

셋째, 작더라도 중국 시장 개척에 대한 의지가 중요하다.

중국에서 사업을 한다고 하면 '크게 해야 한다'는 선입견이 있다. "중국 인구가 얼마인데…" 하면서 플랫폼 사업과 같은 큰 그림을 그리는 것이다. 그러나 이러한 중국에 대한 고정관념은 빨리 지우는 것이 좋다.

중국인들조차도 비즈니스를 처음 세팅할 때 지역권을 나눠서 시작한다. 지역별 특성이 확연히 다르고 하나의 플랫폼으로 이 큰 나라를 장악하는 것이 불가능하기 때문이다. 크게 보면 베이징을 포함한 화북지역, 상하이를 포함한 화동지역, 선전과 광조우를 포함한 화남지역, 그리고 성도와 충칭을 포함한 화서지역으로 나눌 수 있다. 성공한 브랜드들은 대부분 하나의 지역권에서 성장했고, 이후에 다른 지역권으로 확대하는 전략을 취했다.

각 지역마다 소비자의 수요가 다르기 때문에, 먼저 지역권을 선택하고 고객군을 선택한 후 그에 맞는 서비스를 제공해야 한다. 그러면 자연스럽게 본인의 고객이 어느 정도 규모인지 파악할 수 있다. 타깃 고객을 정확히 잡을수록 성공 가능성은 높아진다. 예를 들어 상하이의 사천 요리와 사천에서의 사천 요리는 다르다. 상하이에서 먹는 사천 요리는 매운 정도가 덜하다. 즉 상하이에 맞게 현지화된 것이다. 지역과 도시별로 고객군이 다르다는 것을 명심하고 그에 맞는 최적화를 고민해보자. 한국에서든 중국에서든 비즈니스는 똑같다. 노력하지 않으면 성공할 수 없다.

이 책을 쓴 우리는 중국 스타트업에 관해 취재를 하거나 인터뷰를 하는 테크 기자로서(유채원), 중국에서 바닥부터 시작해 창업 성공을 이뤄낸 기업가(김희종)로서 지금 현재 벌어지고 있는 중국 비즈니스 생태계를 생생하게 들려주려고 노력했다. 중국의 최근 비즈니스 동향과 이슈를 정리해서 중국 스타트업의 미래 방향을 구체적 사례와 함께 설명했으며(1부와 2부), 중국 소비시장을 볼 수 있는 시각을 기를 수 있도록 실제적인 방법을 제시했다(3부). 중국에 온 사람들에게 꼭 필요한 네트워킹 맺기에 대한 노하우도 빼놓지 않았고(4부), 중국에서 창업했을 때 꼭 알아두어야 할 중국 현지 문화에 따른 비즈니스 방법을 마지막으로 담았다.(5부)

그래서 우리는 이 책이 중국에서 창업을 하고자 하는 사람들이 먼저 보았으면 좋겠다. 중국에서 사업을 하려면 중국 소비자의 변화를 잘 읽어야 한다. 그리고 중국인을 위한 제품을 만들 수 있어야 한다(중국에서 창업을 하려는 많은 사람들이 앱을 론칭하려 하는데, 그런 분들은 위챗과 샤오청쉬 부분을 특히 눈여겨보았으면 한다.).

오늘날 중국인들의 소비 패턴은 크게 업그레이드되었다. 이런 변화 속에서 우리는 새로운 기회를 잡아야 한다. 교육, 오락, 문화, 교통, 통신, 의료, 여행 등 많은 분야에서 수요가 폭증할 것으로 예측되고 있으나 안타깝게도 지금 한국 기업들은 중국 시장을 자꾸 떠나고 있다. 중국 시장은 이제 열리고 있는 신시장이다. 100미터 경주가 아니라 마라톤을 하는 마음으로 다시 중국에서 시작했으면 한다.

1부

중국이
가고 있는
미래

하드웨어 스타트업의 성지;
선전은 지금

　중국 전체 국토 모양은 한 마리 닭 같이 생겼다. 그중 선전의 위치는 닭의 다리에 해당한다. 그리고 정말 중국의 다리 역할을 하고 있다. 머리에 어떤 생각이 있던, 가슴에 어떤 다짐을 담았던, 다리가 움직여야 행동할 수 있듯이 선전에는 행동하고 만드는 사람들이 모여 들고 있다. 전 세계 수많은 번득이는 아이디어들이 선전에 와서 현실화되고 동력을 달아 움직이기 시작한다.

　1980년대 이전의 선전은 홍콩에 근접해 있는 작은 고기잡이 마을에 지나지 않았으나 1978년 덩샤오핑의 개혁·개방 정책에 따라 중국에서 제일 먼저 경제특구로 지정되면서 급속히 발전, 근대적인 공업도시로 변모하였고 현재 하드웨어 성지로 성장했다.

　발전한 역사가 얼마 되지 않은 덕분에 선전의 거리나 건물은 베이징이나 상하이에 비해 대체로 깨끗하다. 게다가 선전은 젊은 도시다. 실제 거주인구의 평균 나이가 28.65세밖에 되지 않는다.[1] 중국 다른 지방에서 와서 정착

한 외지인이 많고, 무역의 도시 광저우, 항구도시 홍콩, 세계의 카지노 마카오와 가까이 위치해 있어 외국인들이 정말 많다.

○ 스타트업에게 선전이 가지는 위상 ○

선전에는 위챗을 만든 텐센트, 드론으로 유명한 따쟝 DJI, 중국 1위 스마트폰 회사 화웨이, 전기자동차 회사 비야디BYD, 대만 전자 회사인 HTC 등 중국의 기라성 같은 기업들이 위치해 있다. 이 기업을 나온 사람들이 여기서 또 창업을 한다.

선전이 어떤 도시인지 알고 싶다면 우선 화창베이 전자상가에 가보길 바란다. 용산 전자상가와 비슷한데 전 세계 수많은 기기가 만들어지는 메카라 할 수 있다. 아이폰이 출시되기 며칠 전 블랙마켓(암시장)으로 아이폰을 팔던 곳이 이곳이었고, 각종 산짜이山寨(유사품)를 만드는 사람들이 여기로 부품을 사러 온다. 그러나 최근 화창베이 전자상가는 짝퉁 제조 생산단지에서 세계 최대 특허출원 지역으로 발돋움했다. 정말 모든 것을 만들 수 있는 그런 곳이다.

"하드웨어 스타트업이라면 선전에 가라."는 말이 있다. 실리콘밸리는 물가를 포함해 모든 부품이 비싸고, 사람을 고용하거나 유지하기도 어렵고, 공급망도 없고, 제조 부문에 집중된 곳이 없다. 하지만 선전은 화창베이를 통해 모든 부품을 싸게 구할 수 있고 엔지니어, 투자자, 고객을 찾기도 적합하다. 글로벌한 마인드로 엔지니어, 제조, 투자, 고객들을 찾아야 할 때 도움을 줄 수 있는 핵스와 선전 밸리 벤처스가 있기 때문이다.

또한 선전에서 창업하려는 경우 한국콘텐츠진흥원 선전 사무실을 연락해보면 좋은 노하우를 얻을 수 있다. 직간접적으로 한국 기업들을 지원해주고 현지 인맥을 연결해주므로 좀더 쉽게 현지화할 수 있다.

○ 하드웨어 스타트업 육성기관 ○

핵스 HAX

전 세계 스타트업에 투자하기 위한 목적으로 4억 달러의 벤처펀드SOSV가 만들어졌고, 이 펀드로 전 세계 6개의 액셀러레이터가 운용하고 있다. 이중 선전에 세운 것이 바로 하드웨어에 집중한 액셀러레이터 '핵스'이다. 핵스는 하드웨어 스타트업 육성 전문 기관으로 화창베이 전자상가 바로 옆에 위치해 있다. 전 세계 하드웨어 창업가들이 핵스에 들어가려고 노력하는 이유는 핵스가 네트워크를 확보해 판매처를 넓힐 수 있도록 지원해주기 때문이다. 많은 하드웨어 스타트업이 크라우드 펀딩을 위해 킥스타터나 인디에고고에 제품을 론칭하는데, 이때 핵스를 나온 기업은 성공할 확률이 높다.

핵스에 방문하게 되면 그곳에 있는 창업가들과 이야기해보길 권한다. 전 세계 여러 국적의 창업가들이 각자 자기가 만들고 있는 프로토타입을 보여줄 것이다. 다들 아주 재미있는 것을 만들고 있다. 물론 쇠 커터를 만드는 회사, 성인용 장난감을 만드는 회사, 스마트 여성 위생용품을 만드는 회사 등.

---

* **에스오에스브이**SOSV 1995년 션 오설리반Sean O'Sullivan에 의해 미국에서 설립된 벤처캐피털이다. SOSV에서는 전 세계의 스타트업에 투자하기 위한 목적으로 4억 달러의 벤처펀드를 만들었고, 이 펀드로 전 세계 6개의 액셀러레이터가 운용되고 있다

방문했을 당시에는 볼품없는 플라스틱이나 3D 프린터로 만든 프로토타입이지만 나중에 킥스타터에서 정식 제품으로 만났을 때는 정말 사고 싶은 제품으로 재탄생하여 나오게 된다. 영어가 더 편한 창업가라면 핵스를 추천한다.

선전 밸리 벤처스 SVV, Shenzhen Valley Ventures

한국의 스타트업 창업가들에게 핵스는 잘 알려진 편이지만 선전 밸리 벤처스는 그렇지 않은 듯하다. 선전 밸리 벤처스는 하드웨어 스타트업 육성 전문 기관으로 25년 간 하드웨어 업계에서 종사한 채드 슈Chad Xu가 설립했다. 이곳은 엄격한 기준을 가지고 스타트업 팀을 선발해 투자자로서의 역할뿐만 아니라 제품을 대량생산할 수 있을 때까지 모든 과정을 도와준다.

대단한 점은 하드웨어 스타트업들이 제품 인증 과정에서 거쳐야 할 모든 테스팅 기기를 구비하고 있다는 점이다. 선전 밸리 벤처스에서 투자를 받으면 하드웨어 테스팅에서부터 엔지니어링까지 도움 받을 수 있는 혜택이 많다. 중국어가 더 편한 창업가의 경우는 선전 밸리 벤처스를 추천한다.

○ 선전에 진출하는 스타트업의 전략 ○

하드웨어 스타트업이 선전에 진출하고자 한다면, 우선 보유한 기술이 혁신적인지 이를 실행할 수 있는지 점검해봐야 한다. 또한 중국에서 적기에 제품을 출시할 수 있는지도 살펴봐야 한다. 이게 늦어지면 콘셉트가 카피당할 위험에 처할 수 있다.

준비하는 아이템이 중국 시장에 맞는 제품인지도 놓쳐서는 안 된다. 초기 기업이라면 오히려 중국 진출이 사업에 방해가 될 수 있다. 따라서 중국 시장에 정말 잘 맞는지, 중국인들이 이 제품을 원하는지 시장조사를 철저히 해야 할 것이다.

일례로 영국 회사인 밀크세이프는 모유와 분유를 테스트하는 기기인데, 중국 시장에 정말 잘 맞았다. 중국 사람들은 분유를 먹고 아기가 죽은 2007년 멜라닌 분유 파동을 아직도 기억하고 있다. 그래서 자국에서 생산한 분유를 믿지 못하고 호주처럼 청정 지역의 분유를 구입하려 한다. 이 회사의 모유·분유 테스트기가 중국 시장에 잘 맞았던 이유이다.

○ 메이커들을 위한 코워킹 스페이스 ○

오늘날의 선전은 대기업을 위한 제조·양산보다는 개인과 스타트업의 제조·양산을 도와주는 방향으로 변화하고 있다. 여기에는 하드웨어 스타트업들의 러브콜을 받고 있는 워크숍과 트러블 메이커가 큰 역할을 하고 있다.

간단히 소개하자면, 워크숍은 크라우드 펀딩에 성공한 하드웨어 스타트업들이 유연하게 제조물량을 조절할 수 있도록 제품의 제조·양산을 맡아주는 50명 규모의 공장이고, 트러블 메이커는 누구든 자리를 임대해서 전문가들의 도움을 받아 자신의 제품을 만들 수 있는 코워킹 스페이스(공유 오피스)라고 할 수 있다.

워크숍 Workshop   http://www.meetworkshop.com
제조·생산이 필요할 때마다 유연하게 대응할 수 있어 스타트업이 제품

워크숍 공장의 모습. 소량이라도 제대로 생산할 수 있는 시스템을 갖추고 있다.

의 생산을 맡기기에 적합하다. 크라우드 펀딩에서 성공을 해도 제조·양산 문제로 실패하는 스타트업이 정말 많은데, 이런 고충을 헤아려 이들을 위해 일대일 맞춤식 프로토타이핑에서부터 제조·생산까지 해준다. 공장이 밀집한 롱강에 위치해 있어 제조단가도 다른 곳보다 저렴하다.

워크숍의 대표인 킴 콜로라 펜Kim Kolora Pen은 15년 간 미국, 프랑스, 중국에서 자동차 생산라인의 노동자, 감독, 컨설턴트를 거쳤고, 그간의 경험을 녹여 워크숍을 창업했다고 한다.[2] 워크숍은 일단 사무실과 공장이 한 건물 안에 있어서 방문자가 둘러보기 좋다는 점, 고객들이 묵을 수 있는 쾌적한 숙소가 마련되어 있다는 점이 장점으로 꼽힌다. 직원은 50명 규모로 15명은 관리 업무를, 35명의 직원들은 공장에서 제품의 조립·생산하는 일을

트러블메이커에서 시제품을 만들고 있는 메이커들의 모습.
플라스틱 모형물에 불과해 보이지만 이곳에서 그럴 듯한 정식 제품으로 탄생된다.

맡고 있다.

워크숍의 가장 큰 특징은 '50명 규모+2000제곱미터 공장'이라고 할 수 있다. 이는 작은 규모가 스타트업에게 보다 빠르고 효율적으로 일할 수 있는 환경이 된다.

참고로 하드웨어 스타트업을 위해 제품을 제조·생산해주는 곳을 대표적으로 꼽자면 상하이는 플랫폼88, 선전은 워크숍을 들 수 있다. 트러블 메이커, 핵스, 드래곤 이노베이션, PCH 인터네셔널은 아이디어 단계부터 프로토타이핑까지를 지원해주는 데 더 특화되어 있다(중국 대표적인 코워킹 스페이스에 대해 알고 싶으면 '공유경제; 세계의 주목을 받는 중국의 공유 시장' p.41을 참고하기 바란다.).

트러블 메이커 Trouble Maker

https://troublemaker.site

트러블 메이커는 하드웨어 스타트업이나 메이커들을 위한 코워킹 스페이스이다. 만들고 싶은 것이 있으면 개인이든 기업이든 한 달에 1200위안(약 19만 원)을 내고 하드웨어 전문가들의 조언을 받으면서 만들 수 있다. 로봇, 전등, 스쿠터, 시계 등 만들고 싶은 기기를 만드는 사람들이 모여 있다고 보면 된다. 만들다가 어려움에 처하면 하드웨어 전문가에게 시급으로 100~400위안을 내고 도움을 받거나 지분을 분배하는 방식으로 공동 창업을 할 수 있다. 이밖에 하드웨어 관련 수업도 진행하고 있으므로 활용하면 좋다. 서로 도와주는 공동체 문화가 발달해서 누구나 바로 일을 시작할 수 있을 것 같은 분위기가 특징이다.

신유통;
지금껏 시도해보지 않았던
새로운 유통 방식

중국은 전 세계에서 가장 큰 소비시장이고, 그 규모는 이미 미국을 넘어섰다. 2017년에 중국의 소비재 매출은 연간 10.3% 증가했다. 차이나 데일리에 따르면 이 소비가 중국 경제성장에 무려 64.5%나 기여했다고 한다.[3]

지금까지 중국은 오프라인에 있는 것들을 온라인으로 옮겨갔으나 이제는 그 반대로 가고 있다. 특히 2017년부터 중국의 이커머스 기업들은 '뉴리테일New Retail' 즉 신유통新零售이라는 이름 아래 오프라인 시장에 진출하고 있다.

뉴리테일, 즉 신유통 시장 중 현재 중국에서 급속도로 퍼져나가는 사업 아이템이 '무인상점' 형태이다. 상하이는 특히 중요한 테스트 마켓으로 알리바바는 물론 중국 전자상거래 2위 기업인 징동, 대형 유통체인인 쑤닝 등 30여가 업체가 진출해 있다.

2017년 5월 알리바바가 얼굴인식을 통한 무인결제를 타오카페에서 선보인 이후, 중국 전역에 수많은 무인상점들이 생겨났다. 현재 유통기업들이 앞 다투어 무인상점을 늘려가고 있으며, 징동JD.com과 쑤닝Suning.com을 포함해서 다양한 브랜드들이 생겨나고 있다. 기존 대형마트도 무인결제 시스템을 많이 채용하고 있다. 상하이에서 무인결제 매장은 흔히 볼 수 있다. 소비자들이 스마트폰을 들고 직접 포장대에서 담아서 결제하고 나가는 광경 또한 익숙한 광경이다. 반면 미국은 중국만큼 '무인상점'를 만드려는 시도가 보이질 않는다. 단지 아마존의 무인편의점 '아마존고Amazon Go'를 계산대 없는 가게, 리테일의 미래, 테크를 접목한 가게 등으로 칭하고 있는 정도이다. 아마존고는 2018년 1월 말 미국 시애틀에서 50평 규모의 매장으로 오픈했다(중국에는 진출하지 않았다).

○ 스마트한 쇼핑 세계가 열리다 ○

그렇다면 뉴리테일, 즉 신유통이란 무엇을 말하는 걸까? 비즈니스에서 의미하는 '리테일retail'은 소비자에게 재화를 비교적 적은 양으로 파는 것으로 우리가 흔히 말하는 '소매'를 생각하면 이해가 쉽다. 뉴리테일은 알리바바의 마윈 회장이 2016년에 언급한 개념이다. 당시 마윈은 "10년, 20년 후에는 전자상거래는 없고 오로지 뉴리테일만 있을 것이다."라고 말한 바 있다.[4]

그렇다면 뉴리테일은 무엇일까? 뉴리테일은 오프라인, 온라인, 물류 3개 분야를 단순히 융합한 모델이 아니다. 보다 정확한 뉴리테일 개념은 알리바바가 만든 대표적인 뉴리테일 기업 허마셴성盒马鲜生이 왕시루어Wang Xiruo CTO의 말에서 찾아볼 수 있다.

"제품이 원산지에서 소비자의 손에 이르기까지의 과정에 걸쳐 사람, 제품, 장소에 인터넷 아이디어와 기술(인터넷, 클라우드, 빅데이터, 사물인터넷 등)을 적용하는 것"

이 정의에 따르면 '사람(소비자)'의 온라인과 오프라인 행동 및 소비습관은 모두 디지털로 기록되고, '장소(소매 업체)'는 빅데이터 분석을 통해 고객의 요구에 맞게 구색을 갖출 수 있어야 한다. 즉 동네 소비자들이 과일을 많이 사면 과일을 좀 더 잘 보이는 곳에 배치하는 식으로 말이다. 마지막으로 '제품'은 공급망 시스템과 서비스 시스템을 재구성함으로써 비용을 절감하고 효율성을 높이며 품질이 보장되는 것으로 제공되어야 한다. 기술적인 진보를 더해 온라인과 오프라인 쇼핑 경험을 결합시키는 것이라고 볼 수 있으며, 인터넷 기술을 접목해 오프라인 아울렛, 온라인 스토어, 공급망을 최적화하고 새로운 쇼핑 경험을 하게 하는 것을 목표로 삼고 있다.

무인상점 모델 외에 중국의 각 기업은 온라인과 오프라인의 경계를 허무는 다양한 시도를 하고 있다. 대표적인 기업으로 상하이에서 태동해 알리바바로부터 대규모 전략적 투자를 유치한 신선식품 전문매장 허마셴성을 들수 있다. 허마셴성 매장에는 수산물, 채소, 과일 등 생산지 직송 식품들이 가득하다. 고객이 상품을 골라 QR 코드로 찍어 모바일 장바구니에 담아 주문하면, 직원들이 천장의 레일을 따라다니는 '움직이는 장바구니'에 담아 계산대로 보내고 30분 이내에 배달을 해준다(거주지가 3킬로미터 이내일 때). 빅데이터에 기반을 둔 물류 혁신 덕분에 제품이 판매되면 그 데이터를 기반으로 생산지에 필요한 만큼만 주문할 수 있다. 가장 신선한 제품을 가장 저렴하게 구매할 수 있으므로 재고 문제가 해결되고 가격 경쟁력도 높아진다.

참고로 허마셴셩의 온라인과 오프라인 구매 비율은 7:3이며 허마셴셩 앱은 월 평균 4.5회 이용된다. 현재 중국 전역에 86개 매장이 있는데 그중 20개가 상하이에 있다.*

○ 신유통을 앞당긴 중국 소비시장의 변화 ○

현재 중국의 전통 가게들은 이커머스 기업의 확장, 임대료와 인건비 상승 등으로 매출이 3년 내내 감소하고 있다. 반면 중국의 리테일 이커머스는 2020년까지 계속해서 성장할 것으로 전망된다.[5]

중국의 뉴리테일 시장은 왜 커진 것일까? 근본적으로는 중국 소비자들의 소비 패턴이 달라졌기 때문이다. 중국 중산층의 부가 늘어나면서 중국 소비자들은 고급 상품을 구매하길 원하고 구매의사결정이 까다로워졌다. 이를 '소비승급消費升級'이라 하는데, 중국의 정책도 여기에 부채질을 하는 실정이다.[6] 게다가 전통 방식의 작은 가게들은 중국 인터넷 기업에게는 진출할 여지가 많은 새로운 땅과 같았다. 중국 기업들은 아직 장악되지 않은 82%의 오프라인 리테일을 디지털화하여[7] 중국의 14억 소비자들을 상대하고자 도전장을 내밀었다.

---

* 허마셴셩의 9월 18일 웹사이트 기준이다.

○ 텐센트의 신유통 ○

위챗 10억 사용자를 보유하고 있는 텐센트는 위챗을 플랫폼으로 하여 신유통에 필요한 솔루션을 제공하는 것에 집중하고 있다. 위챗페이, 텐센트 클라우드, 소셜 광고, 위챗 공중계정, 미니앱 등이 그것이다. 이것들을 통칭하여 '스마트 리테일 솔루션'이라고 하는데, 여기에는 빅데이터, 사용자에 대한 스마트한 신원분석, 효율성을 높이고 사용자의 경험을 극대화하는 콘텐츠 또한 포함되어 있다.

텐센트의 신유통 전략을 좀 더 들여다보자. 텐센트의 신유통은 기업 규모가 크고, 자원이 많고, 디지털 솔루션을 적용할 수 있는 슈퍼마켓, 편의점, 쇼핑몰 등과 협업하는 것으로부터 시작된다. 가령 2017년 텐센트는 용휘 슈퍼마켓永辉超市의 뉴리테일 부문인 슈퍼 시피시즈 지분을 사들였다. 2018년 1월에는 더욱 공격적으로 나서서 중국에서 세 번째로 큰 이커머스 기업인 브아피숍Vipshop에 6억 400달러를 투자했고, 같은 달에 용휘 슈퍼마켓과 함께 까르푸Carrefour 슈퍼마켓에 투자했다. 호텔, 백화점 등을 소유한 다롄완다 그룹에 4.12% 지분을 받는 조건으로 15억 달러를 투자하기도 했다.

이와 같은 방법으로 리테일 파트너를 확보한 텐센트는 이를 통해 얻은 빅데이터를 바탕으로 데이터 분석을 할 예정이다. 다만 데이터는 사용자의 사생활을 보호하는 범위 내에서 다룰 것이며, 데이터의 2차 사용 목적은 파트너와의 협업 관계에만 쓰일 것이라고 전제했다. 현재 위챗 플랫폼의 모든 솔루션은 무료로 제공되고 있지만, 텐센트는 이를 유료화하는 방안에 대해서도 고민하고 있다.[8]

텐센트의 스마트 리테일 솔루션을 사용하는 이지고, 미스프레시, 시티박스를 좀 더 살펴보자. 모두 위챗페이와 미니앱을 통해 운영되고 있다.

이지고 EasyGo
http://www.ieasygo.cn

2017년 초 광저우에서 시작된 무인편의점으로 상점 문을 정산 구역(지불 하는 문)으로 설계한 최초이자 유일한 편의점이다. 중고급 주거 지역을 대상 으로 수입 간식과 생활 필수품 등에 중점을 두었다. 모든 제품에는 무선식 별RFID 칩이 들어있어서 사용자들이 QR 코드를 스캔해서 편의점 문을 열 고 들어가 제품을 고르고 문을 나가면 스마트폰에 해당 제품의 결제창이 뜨 는 방식이다. 2017년 8월 30일 이지고는 2000만 위안(약 32억 3000만 원) 엔 젤 라운드 투자를 받았고, 공동 창업자인 왕무무王牧牧는 이 자금으로 새로 운 매장을 열고 기술을 향상시키며 데이터 백엔드를 구축하는 데 사용할 것 이라고 발표했다.[9]

미스프레시 每日优
https://www.missfresh.cn

베이징에 위치한 미스프레시는 신선하고 품질이 좋은 음식에 중점을 둔 전자상거래 서비스로 매일 제품을 선별하여 사용자에게 추천한다. 텐센트 에게서 투자를 받았다.

시티박스 CityBox, 魔盒
http://www.icitybox.cn

아마존의 무인상점 아마존고와 비즈니스 모델이 비슷하다. 사용자들은 결제 비밀번호를 입력할 필요 없이 재화를 들고 나가기만 하면 된다. 시티 박스 미니앱을 열고 위챗 결제 비밀번호를 입력한 다음 냉장고에서 물 한 병을 꺼내서 가져가면 되는 것이다. 냉장고 문을 닫으면 이미 미니앱에 결

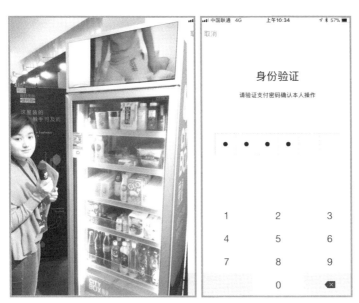

무인가게 시티박스 매장 모습과 앱을 실행시킨 모습

제가 완료되었다는 표시가 뜬다. 텐센트는 이 기능이 리테일 오너들의 요청에 의해 만들어졌으며[10] 소비자들이 더 빨리 구매를 할 수 있도록 하는 기능이라고 밝혔다.

○ 알리바바의 신유통 ○

알리바바는 이커머스 기업답게 탑다운 방식으로 확장하고 있다. 탑다운 방식이란 위에서 주도하고 아래에서 하는 방식, 즉 알리바바가 대기업으로서 위에서 아래로 '뉴리테일'하자고 하면 하단에서 이에 대한 전략을 구상하고 돈을 투자하여 확장해나가는 방식을 말한다. 앞서 말한 허마셴성이 대표적인 예로 마트, 창고, 푸드코드를 하나로 합쳐 놓은 신유통 모델이다. 허마셴성은 최근 백화점이나 마트를 보유한 부동산 업체 13곳과 계약을 체결하여 허마셴성을 입점시키고자 계획하고 있다.[11] 이는 허마셴성과 부동산 업체 모두에게 도움이 되는 전략이다. 허마셴성으로서는 시내 곳곳에 매장을 크게 운영하면서 부담해야 할 임대료를 크게 낮출 수 있으며 부동산 업체는 소비자의 발길이 줄고 있는 와중에 허마셴성 매장에게서 도움을 받을 수 있기 때문이다.

허마셴성에서 쇼핑을 하는 3가지 방법이 있다. 첫째, 앱으로 주문을 하면 점원이 3분 내에 물건을 담아 공중에 매달린 레일로 이동시켜 3분 내에 포장해서 배달해준다. 3킬로미터 이내에 거주하면 30분 내에 배달된다. 둘째, 매장에서 마음에 드는 제품의 QR 코드를 스캔하면 자동으로 구매되어 집으로 배달된다. 셋째, 매장에서 장을 본 후 알리페이에 얼굴을 인식하거나 허마셴성에 알리페이를 연결하면 무인결제를 할 수 있다. 단 알리페이 얼굴인식 기능은 중국인만 사용 가능하다.

○ 징동의 신유통 ○

세븐프레시7FRESH는 과일, 꽃, 수입 고기, 현장에서 조리하거나 조리된 신선한 해산물을 등을 제공하는 징동JD, 京东의 오프라인 마트이다. 징동은 고객이 인공지능을 사용하여 통로를 탐색할 수 있는 스마트 쇼핑 카트를 선보였다. 신유통을 통해 온라인 경험과 오프라인 경험을 향상시키고자 인공지능과 빅데이터를 이용한 것이다. 징동은 자체 사이트와 앱을 가지고 있지만 텐센트에서 투자한 만큼 위챗을 최대한 활용하고 있다.

한편 2018년 3월 텐센트, 징동, 그리고 패션 온라인 소매업체인 메이리리엔허그룹美丽联合集团은 베타 쇼핑 서비스인 위샵WeShop, 微选을 공동으로 시작했다. 위샵은 위챗의 샤오청쉬* 상단에서 사용할 수 있기 때문에 앱을 다운로드할 필요가 없다. 현재 알리바바 계열을 제외한 중국 전자상거래 기업의 95%가 샤오청쉬를 만들어서 알리바바에게 큰 위협을 가하는 상황이다.[12]

○ 쑤닝의 신유통 ○

알리바바에서 투자한 중국의 유통그룹 쑤닝Suning, 苏宁도 새로운 유통 실험을 하고 있다. 쑤닝에서 오픈한 뷰BIU, 睠는 스포츠용품 무인상점으로 물건 판독대를 지나갈 때 나는 소리 "뷰~"에서 딴 이름이라고 한다. 2017년 8월 난징에 이어 11월에는 상하이에도 오픈했다. 뷰 매장은 쑤닝 앱을 통해 계좌번호와 얼굴을 등록해야 매장에 들어갈 수 있다. 제품을 고른 후 매장을 나오면 자동으로 결제가 이루어진다.

뷰 무인상점은 매장 규모상 많은 제품을 진열할 수 없기 때문에 매장 안쪽에 스크린을 두고 고객이 얼굴을 인식하면 과거 구매 내역을 파악해 쑤닝

---

* **위챗의 샤오청쉬** 위챗 기반에서 운영되는 미니 응용 프로그램을 말한다. 위챗 사용자라면 별도로 모바일 앱을 다운로드할 필요 없이 위챗의 검색기능을 통해 기존 위챗 화면에서 다양한 서비스를 이용할 수 있다. 자세한 내용은 p.235를 참고하기 바란다.

사이트에서 더 많은 물건을 구매할 수 있게 하고 있다. 하루에 100~200명이 방문하고 하루 매출은 1만 위안(약 163만 원) 정도라고 한다.[13]

쑤닝은 향후 식품도 판매할 계획이라고 한다. 그렇다고 해서 허마셴성을 따라하는 것은 아니다. 허마셴성은 신선식품에 집중하고 쑤닝은 가공식품에 집중할 것이라고 한다. 앞으로 쑤닝은 중국 내에 200개 매장을 오픈하면서 주거지역에서는 가정용품에 집중하고 오피스 빌딩에는 사무용품과 카페 형식의 매장을 오픈할 예정이다. 2017년 전체 이커머스 앱 순위에서 쑤닝은 7위를 차지했다.

○ 신유통의 한계와 미래 ○

패션의류를 판매하는 항저우의 한 브랜드는 알리바바의 도움으로 스마트 거울과 얼굴인식 기술을 이용해 스마트 기기를 만들고 스마트 옷 매장까지 열었으나 얼마 지나지 않아 문을 닫았다. 얼굴인식 기술로 사용자의 연령대와 성별을 기록하고, 스마트 거울로 고객이 옷을 갈아입지 않아도 옷을 입은 모습을 확인하게 해주었으며, 티몰 매장에 올라온 해당 옷의 리뷰를 보여주어 바로 구매까지 연결해주는 썩 괜찮은 비즈니스 모델이었으나 실패한 것이다. 매출보다 스마트기기 이용 비용이 더 많이 들었기 때문이다.

2017년 10월에 문을 닫은 빙고박스BingoBox 상하이 지점도 실패 사례 중 하나이다. 빙고박스는 QR 코드를 스캔해 입장해서 물건을 고른 후 스스로 결제를 하고 나오는 무인편의점으로 전 세계적으로 활로를 열어가고 있다. 상품의 가격도 다른 편의점보다 5% 정도 가격이 저렴하다.

하지만 빙고박스 상하이 지점에서는 몇 가지 문제점이 있었다. 상품 태그 중 유효하지 않은 것들은 돈을 내지 않고 나가도 기기가 알아차리지 못했고, 종이 영수증이 제공되지 않아 결제내역을 알기 어려웠던 것이다(다른 지역의 빙고박스는 아직도 잘 운영되고 있다.).

지금 중국은 온라인으로 만족하지 못한 업체들이 오프라인까지 사업 영역을 넓히겠다고 나오는 모양새다. 막강한 자본과 기술력으로 무장한 그들이 오프라인까지 장악할 가능성은 충분히 있어 보인다. 하지만 규모가 작은 신유통 스타트업은 입장이 다르다. 특히 '그것이 왜 필요한가'에 대한 고민 없이 뛰어든다면 위의 예에서 보듯이 성공보다는 실패를 경험하게 될 확률이 크다.

아마존고가 성공한 이유는 '일상적으로 쇼핑하는 흐름'은 하나도 망치지 않으면서 '불편함'만을 줄였기 때문이다. '가게에 들어가 물건을 고르고 계산해서 나온다'가 일반적인 쇼핑 흐름이고 결제할 사람이 많으면 '줄을 서서 기다려야 한다'가 불편함이라면, 아마존고는 고객이 결제의 불편함 없이 '고르고 나온다'에만 집중했기에 성공할 수 있었다.[14]

한계도 있지만 신유통 시장의 미래는 밝다. 최근 도시 지역 소비자들의 온오프라인 구매 경험이 축적되는 가운데 알리바바와 징동은 중국의 다른 중요한 소비시장, 즉 농촌 지역을 놓치지 않고 있다. 농촌 지역은 중국 14억 인구의 거의 49%를 차지한다. 때문에 신유통 시장에 있어 매우 중요한 위치를 점하고 있다.[15]

2017년 7월 징동은 농촌 지역의 배달 비용을 낮추고 농촌 지역의 효율성을 높이기 위해 드론(무선 전파로 조정할 수 있는 무인 비행기)을 사용하기 시작했고, 알리바바의 물류 플랫폼인 차이냐오Cainiao, 菜鸟* 또한 중국 동부의 푸젠성에서 부분적으로 무인 항공 운송을 제공하고 있다.

알리바바는 농촌 지역의 농산물을 온라인으로 판매할 수 있도록 돕는 '농촌 타오바오' 프로그램을 운영하고 있고, 징동은 국경 간 전자상거래 플랫폼인 JD 월드와이드JD Worldwide를 농촌 지역에서 활발하게 사용하고 있다.

한편 신유통이 이슈로 떠오르면서 이에 집중하는 액셀러레이터와 코워킹 스페이스 또한 생겨나고 있다. 홍콩의 패션 리테일러인 리앤펑 그룹Li&Feng Group은 2017년 테크노드, 이노스페이스와 함께 신유통과 새로운 경험에 집중하는 익스플로리엄이라는 인큐베이터를 세워 오로지 신유통, 공급망, 이커머스에 관련된 스타트업을 입주시키고 이들을 관련 업계와 연결시켜주는 등의 지원을 해주고 있다. 신유통에 집중하는 스타트업이라면 큰 리테일러와 빠른 시기에 협업을 통해 성장을 꾀하는 것 또한 좋은 전략이 될 것이다.[16]

---

* **차이냐오**菜鸟 Cainiao   중국 알리바바 그룹 계열사로 2013년 중국 내 대형 물류회사들의 연합으로 시작된 물류 플랫폼이다.

공유경제;
세계의 주목을 받는
중국의 공유 시장

    중국에서의 자전거 공유경제가 세계의 주목을 받고 있다. 실제로 상하이 도심 길거리를 보면 자전거가 엄청나게 많다. 가는 곳마다 노란색과 주황색 물결의 자전거를 볼 수 있는데, 노란색은 '오포ofo, 小黃车'라는 회사의 자전거이고, 주황색은 '모바이크Mobike, 摩拜单车'라는 회사의 자전거이다. 사람들은 아주 자연스럽게 스마트폰을 꺼내 QR 코드를 찍고 공유 자전거를 몰고 다닌다. 사용이 끝나면 가까운 거치대에 반납한다.

    공유경제란 재화나 공간, 경험과 재능 등을 다른 사람에게 빌려주고 나눠 쓰는 온라인 기반의 개방형 비즈니스 모델을 일컫는다. 다시 말해 자전거, 자동차, 빈 방, 책 등 활용도가 빈번하지 않은 물건이나 부동산을 다른 사람과 함께 나눠 쓰는 것을 말하는데, 인터넷을 기반으로 플랫폼을 제공해서 새로운 경제적 가치를 창출하고 있다. 공급자 입장에서는 어차피 안 쓰는 재화와 용역을 제공함으로써 소득을 올릴 수 있고, 수요자 입장에서는 직거래를 통해 보다 싼 값에 재화와 용역을 획득할 수 있기 때문에 환경친

화적인 소비를 할 수 있다.

공유경제가 활발해지고 있는 이유는 스마트폰 보급으로 온라인 접근성이 확대되고 네트워크와 공유를 중시하는 문화가 확산되었기 때문이다. 전 세계적인 불황의 여파로 가성비를 따지는 소비자가 많아졌기 때문이기도 하다.

사실 공유경제가 필요한 이유는 급격한 도시화에 있다. 도시화가 가속되면서 교통체증과 혼잡, 환경오염, 주거문제, 오피스 가격상승 등 수많은 문제들이 발생되고 있고, 이러한 어려움을 해결하는 혁신적인 방안으로 공유경제가 자연스럽게 등장했기 때문이다.

특히 공산주의인 중국은 '소유'에서 '사용'으로 이념이 전환되는 공유경제를 긍정적으로 인식하고 있을 뿐만 아니라 이를 통해 사회 구조가 바뀌기를 기대하고 있다. 즉 물건이나 공간, 서비스 등을 소유하지 않고 나눠 쓰는 사회적 경제 모델이 꽃을 피우길 기대하고 있다. 이는 자원 활용을 극대화한다는 점에서 사회공동의 이익 증가에도 기여할 것으로 보인다.

○ 부동산 공유경제 ○

2017년 중국 시진핑 주석은 대도시의 주택가격이 너무 올라 거품이 심한 것을 보고 "집은 거주하기 위해 사는 것이지 투기하기 위해 사는 게 아니다."라고 말한 바 있다.[17] 이후 각 도시마다 부동산 투기를 막기 위한 대출 규제와 전매제한 등 강도 높은 규제 정책이 시행되었으며 실제로 상하이를 포함한 1선 도시의 집값이 10% 이상 내려가기도 했다. 앞으로도 중국 부동산 시장은 당분간 정체기일 것으로 예측된다.

반면 주거를 위한 임대사업은 전망이 밝다. 정부 주도하에 공유주택 임대 사업이 새로운 투자처로 각광을 받고 있다. 이미 알리바바와 징동은 발 빠르게 움직여 부동산 임대 시장에 진출하였는데, 이는 도시화로 인한 여러 가지 문제를 공유경제로 해결하려는 중국 정부의 입장과 궤를 같이 한다. 공유경제에 있어 부동산은 그저 시작일 뿐일지도 모른다. 향후 생활환경 모두가 공유경제로 향할 수 있는 곳이 바로 중국이다.

○ 코워킹 스페이스(공유 오피스) ○

사실 중국에서 공유경제라는 이슈가 떠오르기 시작한 것은 '코워킹 스페이스co-working space'가 생겨나면서부터이다. 중국의 가장 오래된 코워킹 스페이스는 2008년 시작한 '피플스퀘어People Square'이다. 피플스퀘어의 창업자 밥 정은 자기가 쓰던 사무실을 친한 친구에게 마음껏 쓰라고 한 것이 코워킹 스페이스의 시작이었다고 말한다. 그 친구의 사업이 성장해서 더 큰 사무실을 알아보기에 더 큰 장소를 찾아주었고, 이런 식으로 발전해 중국 상하이와 베이징에 20개의 코워킹 스페이스를 보유하게 된 것이다.

이후 피플스퀘어는 구글과 파트너십을 맺었고, 차이나액셀러레이터가 피플스퀘어 안에 입점하면서 중국 내에서 영향력을 가지게 되었다. 피플스퀘어는 2017년부터 음악가, 콘텐츠 크레이터, 음식 관련 스타트업에 집중하고 있다. 특히 베이징에 있는 음악가를 위한 코워킹 스페이스는 중국의 바이두 뮤직과 타이허太合 엔터테인먼트와 파트너십을 맺어 엔터테인먼트와 관련된 스타트업들이 한 공간에 모여 일하면서 기회를 찾을 수 있도록 돕고 있다.

상하이에서 코워킹 스페이스 모델이 본격적으로 주목받기 시작한 시점은 2015년 가을 푸싱시루에서 '네이키드 허브Naked Hub'가 오픈되고 나서부터이다. 2018년 4월 세계 최대 공유 오피스 사업자인 위워크WeWork에 합병되긴 했으나, 당시 네이키드 허브의 쾌적한 인테리어는 많은 스타트업에게 매력으로 다가왔고, 외국인과 중국인들이 비즈니스 세미나를 여는 장소로 사랑받았다. 네이키드 허브가 인기를 끌게 되자 다른 기업들도 뒤이어 코워킹 스페이스 사업에 뛰어들기 시작했다는 점도 인상 깊다.

중국의 부동산 기업들은 코워킹 스페이스 모델이 수지타산에 맞다는 것을 알아차리고 이 모델을 발전시켜가고 있다. 중국에서 코워킹 스페이스 모델로 유니콘*이 된 기업이 있으니 바로 '유커궁창URWork'이다. 이 기업은 2015년 4월 중국의 부동산 대기업인 반커의 부사장 마오다칭이 베이징에 설립하여, 2017년 1월에 5800만 달러 B 라운드(두 번째 투자)를 받으면서 기업가치 13억 달러(약 1조 4600억 원)로 평가되었다.

---

* **유니콘** 기업가치 10억 달러 이상, 설립한 지 10년 이하의 스타트업을 유니콘이라고 한다. 신화 속에서 등장하는 이마에 뿔이 하나 달린 말인 유니콘이 희귀동물인 만큼 10억 달러 가치의 기업도 희귀하기 때문이다. 최근에는 큰 성공을 거둔 스타트업을 통칭하는 말로도 쓰인다. 유니콘에 대해서는 p.108에서 자세히 살펴보도록 하겠다.

○ 자전거 공유 서비스 ○

중국에서 가장 크게 공유경제 붐을 일으킨 것은 공유 자전거이다. 베이징 동북에 있는 왕징望京 거리에서 마주치는 자전거 10대 가운데 8~9대는 공유 자전거일 정도이다. 중국 조사 업체 빅데이터 리서치는 2016년 말 1886만 명이던 중국의 공유 자전거 이용자 수가 2019년에는 1억 명을 넘어설 것으로 내다봤다.

중국의 자전거 공유 업체는 여럿이지만 오포와 모바이크가 시장의 90% 이상을 차지한다. 오포는 노란색, 모바이크는 주황색 자전거를 사용하고 후발주자도 각기 다른 색상의 자전거로 경쟁한다. 자전거 공유 업체들의 경쟁은 색깔 전쟁으로 비유되기도 한다.

도심에서 자전거 공유 서비스를 시작한 건 모바이크가 2016년 4월, 오포가 2016년 10월로 모바이크가 먼저지만, 자전거 공유 서비스 자체는 2015년 5월 오포가 대학 캠퍼스에 가장 먼저 도입했다.

현재 중국의 자전거 공유 업체들은 어떤 상태일까? 2018년 3월 7일 발표된 치타모바일* 보고서를 보면[18], 중국 내 공유 자전거 활성 사용자는 2016년에 비해 6배 증가했다. 그러나 오포와 모바이크를 제외한 다른 회사들은 2017년 10월부터 모두 큰 위기를 맞았다.

가장 큰 원인은 업체 간 경쟁이 치열해져 수익률이 떨어지고 적자를 보는 상태가 지속되었기 때문이다. 중국에서 공유 자전거는 사실 렌털 개념이 강

---

* **치타모바일**Cheetah Mobile Inc, 獵豹移動公司 중국 베이징에 본사를 둔 중국의 모바일 인터넷 기업이다. 자사 모바일 광고 플랫폼의 빅데이터에 기반하여 글로벌 모바일 광고 앱 동향 보고서를 발표한다.

하다. 공유경제는 개인과 개인이 거래를 하면서 재화를 활용해 부가가치를 창출하는 것이 기본 개념이지만, 중국의 공유 자전거는 기업이 자전거를 제공하고 이를 소정의 비용을 내고 사용하는 렌털 개념이다. 그런데 사업 초기에 사용자를 늘리기 위해서 엄청난 돈을 투자하여 무료 사용권을 남발하고, 자전거 수량을 과도할 정도로 길가에 많이 세워놓다 보니 수익률이 악화될 수밖에 없었다. 게다가 동절기는 원래 자전거를 타지 않는 시기라서

남방과 북방*의 비즈니스 스타일

중국의 북방과 남방은 비즈니스 접근 방법이 다르다. 북방의 비즈니스 스타일은 일단 서비스를 급속하게 확산시킨 뒤 기술적인 면을 끌어올린다. 반면 남방의 비즈니스 스타일은 기술, 디자인을 잘 준비한 뒤 서비스를 론칭한다.

자전거 공유 업체의 대표적 기업인 오포와 모바이크는 중국 스타트업의 두 가지 스타일을 잘 보여주고 있다. 베이징대에서 박사 과정을 밟던 다웨이戴威가 2015년 창업한 오포는 전형적인 북방 비즈니스 스타일로, 일단 중국의 대학교 캠퍼스들을 중심으로 자전거를 확산시킨 후 화웨이와 차이나유니콤의 투자를 받아 기술적인 면을 끌어올리기 시작했다.

전직 기자였던 후웨이웨이胡玮炜가 창업한 모바이크는 남방 비즈니스 스타일로 GPS, QR 코드 등과 같은 기술적인 면이나 디자인을 잘 다듬은 뒤 2016년 4월 상하이에서 먼저 론칭했다. 그리고 같은 해 9월 베이징에 론칭하면서 급속도로 확산되기 시작했다.

---

* 중국의 남방과 북방 중국의 남방과 북방의 구분은 장강长江을 기준으로 나눈다. 흔히 남방 도시라고 하면 상하이, 선전, 광조우, 창사 등을 말하고, 북방 도시는 베이징, 톈진, 심양, 하얼빈, 청도 등을 말한다.

공유 자전거 사용률이 더욱 떨어질 수밖에 없다. 결국 그해 하반기에 크고 작은 자전거 공유 업체들이 합병되거나 문을 닫았다. 현재 생존한 기업은 모바이크와 오포, 블루고고 혹은 샤오란단처小蓝单车가 있다.

여기 블루고고라는 자전거 회사 이야기를 덧붙이자면, 리강李刚이라는 젊은 창업가가 시작한 자전거 공유 서비스이다. 리강은 먼저 스피드엑스라는 고성능 자전거를 만들었고, 크라우드 펀딩 사이트인 킥스타터에서 자전거 크라우드 펀딩 중 가장 높은 금액을 달성하며 큰 성공을 거둔다.[19] 스피드 엑스는 2016년 11월 1억 5000만 위안(245억 6000만 원)을 투자받았고, 리강은 이 돈으로 공유 자전거 사업에 뛰어들어 블루고고를 창업한다. 블루고고는 공유 자전거 업계에서 6등이었고 사용자 수가 1억 명이 넘었다. 하지만 2017년에 접어들어 3월에 곧 B 라운드를 투자받는다고 발표하고는 돈을 받지 못했고, 직원들 임금도 주지 못한 채 생산상의 큰 채무를 지게 된다. 이후 블루고고는 계속 하락세에 접어든다. 결국 2017년 11월 리강은 직접 쓴 친필 편지를 통해 앞으로 블루고고의 운영권을 다른 회사에게 넘겨줄 것이며, 직원들의 밀린 임금은 어떻게든 해결하겠다고 밝혔다.[20]

이후 2018년 1월 청두 지역을 시작으로[21], 4월에는 디디추싱이 블루고고의 남은 자전거를 다 인수하면서 블루고고는 다시 희망을 얻는다.[22] 현재 블루고고 자전거는 중국 여러 도시에서 어렵지 않게 볼 수 있다. 업계 리더인 오포, 모바이크보다 승차감이 좋다고 평가받기도 한다. 블루고고는 디디추싱의 앱 이외에 알리페이와 연동이 되기 때문에 오포, 모바이크처럼 앱 상에서 QR 코드를 스캔할 필요없이 바로 알리페이 앱에서 QR 코드를 스캔하면 되기 때문에 사용이 편리하다. 내가 직접 자전거로 중국 상하이에서 란저우까지 2275킬로미터를 횡단하면서 목격한 바로는 도시마다 우세한 자

공유 스마트폰 충전기 서비스

모바이크, 오포의 성공을 보고 우산, 농구공, 충전, 자동차 등 공유경제의 다양한 모델이 나왔다. 그중에서 가장 성공적인 모델이 스마트폰 충전기이며 중국의 공유 스마트폰 충전기 스타트업 샤오디엔小电科技이 그 주인공이다.

샤오디엔은 위챗페이, 샤오청쉬와 연합해서 2017년 6월부터 충전기 대여 서비스를 시행했고, 2017년 연말 기준 전체 위챗 샤오청쉬 순위 10위, 렌털 스타트업 중에서는 2위이다(1위는 모바이크이다).[23] 렌털 스타트업 중에서 2위라는 것은 엄청난 사용자를 확보하고 대중적으로 사용한다는 것을 의미한다. 누적 사용자는 1000만 명을 돌파했고 하루 평균 24만 명, 최고치는 31만 명이 이용했다. 샤오디엔의 하루 주문율은 195% 증가했고 충전기 하나당 하루 한 번 이상은 사용된다.

샤오디엔은 현재 대만의 전자기기 위탁 제조업체인 폭스콘과 전기자동차 제조업체인 비야디와 연합해서 더 많은 중국 도시로 확장하기 위해 박차를 가하고 있다. 항저우 시 정부, 알리바바의 즈마신용*과 협업해서 항저우에 공공시설로 배터리 충전소를 설치하기도 했다. 알리바바의 즈마신용 600점 이상이면 보증금 없이 충전기를 빌릴 수 있다.[24]

---

* **즈마신용**芝麻信用 알리페이 고객들의 소비 정보를 기초로 개인 고객들의 신용을 점수화한 신용평가 시스템을 말한다. 즈마신용은 2015년부터 시작되었는데, 지표 항목에는 각 고객의 결제 내역, 학력과 경력, 자가용·주택 등 자산보유상황, 인간관계 등이 있다. 이 밖에 알리바바그룹의 다양한 SNS 정보를 포함하고 있는 게 특징이다. 점수는 각 지표 항목의 개별 점수를 종합해서 350~950점의 범위 내에서 산출하는데, 700점 이상이면 신용도가 극히 좋고 650~699점이면 우수, 550~599점은 중급의 신용등급, 350~549점이면 하위의 신용등급으로 분류된다. 신용도를 통해 알리바바가 운영하는 금융 서비스를 이용할 수 있으며, 호텔, 펜션, 임대, 렌터카, 공유 자전거, 의료, 농업 등에서 무보증 서비스를 광범위하게 이용할 수 있다.

전거가 조금씩 달랐다. 상하이 주변의 우시에 블루고고가 많았고, 특히 안휘성의 성도 푸양에서는 블루고고 자전거의 업그레이드 버전인 전기 자전거가 있어서 페달을 밟거나 핸들을 당기면 자전거가 빠른 속도로 전동차처럼 나아갔다.

　모바이크와 오포는 아직 수익률이 적자 상태이다. 그럼에도 불구하고 계속해서 투자를 멈추지 않고 있다. 왜 그럴까? 바로 데이터베이스 때문이다. 공유 자전거를 사용하는 사람들은 스마트폰에 앱을 설치해야 한다. 사용빈도 수가 높고 소비자의 이동거리와 소비 패턴 분석이 가능한 데이터베이스를 그들이 놓칠 리가 없다.

　실제로 많은 회사들이 오포와 모바이크의 데이터베이스를 탐내면서 자전거 공유 비즈니스에 투자하고 있다. 모바이크는 텐센트 등으로부터 33억 위안(약 5610억 원)의 투자를 받았고, 오포도 중국 최대 차량 공유 업체 디디추싱과 스마트폰 업체 샤오미 등으로부터 36억 위안(약 6120억 원)을 유치했다. 알리바바의 마윈은 오포에 투자를 하면서 "오포에 대한 투자는 적자라도 상관없다. 알리페이 광고라고 생각해도 될 정도로 가치가 있다."고 말한 바 있다.

　오포와 모바이크는 자전거 공유 서비스가 전 세계로 확장 가능하다고 보고 해외 시장에도 경쟁적으로 진출하고 있다. 미국, 영국, 싱가포르, 호주, 프랑스, 일본에 이어 우리나라에도 서비스를 시작했는데, 치타모바일 보고서에 따르면[25] 2017년 한 해 동안 전 세계 2억 2000만 명이 공유 자전거를 이용했고, 2019년까지 전 세계 3억 인구가 공유 자전거를 탈 것이라고 전망했다.

이젠 공유 자전거가 생활 깊숙이 파고들었지만 어려움이 없는 것은 아니다. 자전거 파손이나 절도 문제가 그렇고, 공유 자전거가 교통 혼잡을 일으키는 원인으로 지목되면서 도시 차원에서 이들 자전거에 대해 주차공간이나 개수를 규제해나가고 있어 이를 어떻게 해결해나갈지 궁금해진다.

○ 지식공유 서비스 ○

마지막으로 중국에서 주목할 만한 공유경제 모델은 '지식공유 서비스'이다. 대표적인 기업으로는 '즈후Zhihu, 知乎'를 들 수 있다. 2016년 수익화 모델을 성공시킨 즈후는 우리나라의 네이버 지식인과 비슷하다. 즈후 내의 지식인들은 동영상 강연을 올릴 수 있고, 이 강연을 들으려면 사용자는 일정 금액을 지불해야 한다. 지식인들이 자기 전문 분야에서 돈을 벌 수 있게 하면서 각광을 받게 되었다. 즈후의 기업가치는 2017년 기준으로 10억 달러이다.

2017년 중국 테크미디어 테크노드의 연례 시상식 차이나방에서 선정된 최고의 앱에는 지식공유 서비스 '펀다Fenda, 分答'가 뽑혔다. 펀다에서 돈을 지불하면 유명인에게 질문을 할 수 있고, 음성 메시지로 대답을 들을 수 있다. 일반인에게 질문할 경우 1~500위안(약 9만 원), 정상급 연예인에게 질문할 경우 최초 3000위안(약 54만 원)을 지불한다. 48시간 내에 질문에 대한 답변을 받지 못하면 돈을 환불받을 수 있다.

질문자 이외에 이 질문에 대한 답을 듣고 싶은 사람은 1위안을 내야 하는데, 반은 연예인에게 반은 질문한 사람에게 돌아간다. 가령 1만 명이 이 답

편다에서의 질문과 답변

을 듣기로 했고 3000위안짜리 질문이라면, 연예인과 질문자 각각에게 5000위안(1만 명×0.5위안)이 배분된다. 회사는 양측에서 10%의 수수료를 뗀다. 질문자 입장에서는 자신이 낸 돈을 상쇄하고도 남을 만큼 돈을 버는 경우가 생기고, 연예인 입장에서는 이미지 홍보 외에 부가소득이 되는 이점이 있다.

편다는 중국의 억만장자인 왕지엔린의 아들 왕쓰총의 답변이 인기를 끌면서 트래픽이 급상승했다. 왕쓰총은 재벌 2세에 젊고 잘생긴 투자자이면서 바람둥이로 유명해서 그에게 하는 질문들은 각양각색이다. 왕쓰총은 3일간 25개 질문에 답해서 13만 위안(약 2300만 원)을 벌었다. 이외 중국의 정상급 탤런트, 가수, 시나리오 작가, 산부인과 전문의들도 편다를 통해 돈을 벌고 있다. 편다는 위챗과 앱으로 동시에 운영되며 결제도 위챗페이로 직접 연결되어 있다. 위챗의 친구찾기 창에서 "分答" 혹은 "fenda"를 검색해서 '꽌주关注(팔로우)'를 누른 뒤, 하단에 있는 탭을 통하면 앱을 사용할 수 있다.

참고로 실리콘밸리 기업인 와이컴비네이터의 저스틴 칸Justin Kan도 중국의 펀다를 참고해서 '웨일'이라는 지식공유 스타트업을 만들었다.[26]

개인과 개인이 거래를 하려면 불특정 다수가 비대면으로 거래를 해야 하기 때문에 서비스의 질을 파악하기 어렵고 부적절한 사용자를 가려내기도 어렵다. 그래서 공유경제가 원활하게 운영되려면 신뢰가 중요하다.

신뢰가 쌓이려면 시간이 필요하다. 지금의 공유 자전거도 수많은 사용자들의 불만과 자전거 제품 관리가 큰 문제였으나 어느 정도 시간이 흐르자 사용하는 사람들의 의식 수준이 올라왔다.

중국은 조만간 진정한 공유경제의 시대가 올 것이다. 교통수단, 금융, 소비재, 공간의 공유를 넘어 개인의 지식이나 재능, 기술마저 공유가 되는 세상이 올 것이다. 그렇다면 이런 협력 모델은 사회의 구조를 어떻게 바꾸게 될까? 가장 본질적인 변화는 경제활동의 핵심 개념이 '소유'에서 '사용'으로 변한다는 것이다. 미래에는 공급자와 수요자의 구분이 없어지고 서로 협력하며 경제활동을 이끌어가는 새로운 차원의 시장이 열릴지도 모른다. 그리고 우리는 바로 이런 시장에 대비해야 한다.

가상현실과 증강현실;
언제 떠오를 것인가

4차 산업혁명을 대표하는 가상현실VR, Virtual Reality과 증강현실AR, aug-mented reality은 우리 생활 속으로 성큼 다가왔다. 앞으로 가상현실과 증강현실의 시장 규모가 상당히 커지고 발전 속도도 엄청 빨라질 것이라는 데 대다수 전문가들의 의견이 일치한다.

참고로 가상현실은 상상의 세계를 현실처럼 만들어내고 인체의 감각기관이 인위적으로 창조한 세계에 몰입됨으로써 자신이 그곳에 있는 것처럼 느낄 수 있는 공간을 의미한다. 현실 세계에 대한 시뮬레이션뿐만 아니라 현실에서 불가능한 체험 또한 가능하다. 가상 모델하우스, 사이버 쇼핑몰, 원격 제어 및 원격 수술, 비행 시뮬레이션, 각종 가상게임 등이 가상현실로 개발되고 있다. 반면 증강현실은 현실 세계와 컴퓨터가 생성한 가상 세계가 동시에 존재하며 사용자는 현실 세계 위에 가상 세계의 이미지를 겹쳐서 바라보게 된다. 쉽게 예를 들면 예전에 선풍적으로 인기를 끓었던 '포켓몬고' 같은 게임을 들 수 있다. 이밖에 이케아는 매장을 방문하지 않고도 앱을 깔면 물건을 가상현실로 실현해볼 수 있고 실내공간에 배치해볼 수도 있는 증강현실을 구현했으며, 뷰티 업계에서는 얼굴을 스마트폰으로 비추면 메이크업을 했을 때의 모습을 보여주는 증강현실을 선보이고 있다. 이밖에도 증강현실은 제조, 의료, 교육, 군사 부문 등에서 다양하게 이용될 것으로 기대된다.

○ 가상현실과 증강현실이 만들어내는 세상 ○

테크노드 미디어에서 2019년 이후의 가상현실과 증강현실 시장의 동향을 예측해보았다. 이에 따르면 2019년 중국 전역에 5G가 깔리기 시작하면서 가상현실은 더 크게 성장할 것이고, 애플이 에이알키트ARKit를 론칭하면서 증강현실 개발자들에게는 기회가 열릴 것으로 전망된다. 그래서 많은 전문가들이 중국의 가상현실 시장은 겨울이 지났고, 증강현실 시장은 이제 막 시작되었다고 한다.[27]

이제 막 시작되는 증강현실 시장에 있어 예시로 들 만한 회사가 있다. 디렉티브 게임즈Directives Games이다. 아이슬랜드 창업가들이 상하이에서 만든 가상현실, 증강현실 게임회사인데, 이 회사의 CEO인 아틀리 말 스베인선Atli Mar Sveinsson은 2017년 iPhone X 론칭에서 애플이 에이알키트를 선보일 때 'The Machines'이란 증강현실 게임을 선보였다. 또한 2018년 9월 13일 애플이 iPhone XR을 론칭할 때는 'Galaga AR' 게임을 3명이 시연하여 큰 주목을 받았다. 게임을 하면 자기 것에 해당하는 로봇이 나와 다른 로봇들과 싸우는데, iPhone XR의 뛰어난 해상도나 음향으로 게임의 몰입도가 한층 높아졌다. 애플은 아이폰의 뛰어난 가상현실 기능을 홍보하면서 예시로서 이 회사의 게임을 지목했다. 그 회사가 자리한 곳이 중국, 상하이라는 점도 주목할 만하다.

중국은 이미 가상현실과 증강현실의 테스트 마켓으로 중요한 지점에 서있다. 특히 중국은 가상현실에 대해 인지하는 사용자들이 가장 많은 나라이자 새로운 제품에 거부감이 없는 나라여서 디자인, 자동차, 부동산 등에 가상현실을 적용하는 사례가 많아지는 추세다.

가상현실과 증강현실, 빅데이터와 인공지능의 결합하면 향후 멋진 앱이 많이 개발될 것이다. 가령 인공지능과 가상현실과 증강현실이 결합하면 우리가 상상하고 말하는 것이 눈앞에서 바로 실현될 수 있다. 언젠가 봤던 상품의 특징을 말하면 가상현실로 그 상품을 볼 수 있고 그 상품을 파는 가게를 증강현실 지도로 찾아갈 수 있게 될 날이 머지않았다.

2018년 6월 IDC에서 발표한 보고서에 따르면 가상현실 및 증강현실 헤드셋의 출하량이 전년 대비 30.5% 감소하여 2018년 1분기에는 120만 대가 판매되었으나 향후 직원 교육 및 원격 공동 작업과 같은 기업 및 엔터프라이즈급 응용 프로그램에 의해 수요가 크게 좌우될 것이라고 지적했다. 즉 소방관이 가상현실을 통해 화재가 난 현장을 어떻게 진압해야 하는지 실습해볼 수 있고, 해외에 있는 주택을 팔려고 하는 부동산 기업이 가상현실을 통해 고객에게 그 주택을 보여줄 수 있다면, 이는 소비자들이 오락 용도로 가상현실을 즐기는 것보다 더 큰 수요를 가져올 수 있다는 의미이다.

IDC는 가상현실 및 증강현실 헤드셋 출하량은 감소했으나 헤드셋 제조사들이 더 낮은 가격으로 더 높은 성능의 헤드셋을 출시하는 것을 보고 "VR 헤드셋의 출하량은 2018년 810만 건에서 2022년 말 3920만 건으로 5년 연

평균 48.1% 성장할 것으로 기대된다."고 밝혔다.

2019년이면 가상현실과 증강현실 콘텐츠 크리에이터가 수익을 낼 것이라는 아이리서치iResearch 연구 결과도 있다. 그렇다면 가상현실이나 증강현실을 노리는 스타트업들은 어떤 전략을 세워야 할까?

일단은 B2B 시장이나 지식재산권IP 시장에 집중한 콘텐츠를 내놓는 것이 바람직해 보인다. 가상현실과 증강현실 시장이 성숙할수록 B2C 시장이 가장 커지겠지만 현재로서는 B2B 시장에 자금이 몰리고 있기 때문이다. 현재 상하이에 거점을 둔 가상현실 체험관들도 이러한 방향으로 움직이고 있다.

○ B2B 시장을 노리는 가상현실 체험관 ○

2016년 6월 상하이에 십여 개 있던 가상현실 체험관은 2017년 초 300개가 생길 정도로 성장했으나 임대료가 오르고 경쟁은 심해지고 가상현실 헤드셋 가격이 내려가면서 수익을 내기가 어려워 2018년 3월 70개 정도가 살아남았다.*

B2C 시장이 힘들어지자 상하이의 가상현실 체험관인 Hive VR**은 영리하게 B2B 시장으로 전략을 바꿨다. 이 체험관은 2017년 10월 수익 상태가 어려워지면서 B2C를 대상으로 한 체험관은 닫고 현재는 B2B 시장에 집중하여 기업 교육을 진행하고 있는데, 가상현실 기기를 이용하여 기업 교육, 청

---

* 중국 최대의 라이프스타일 플랫폼인 '다중디엔핑' 기준으로 가상현실 체험관을 헤아려본 것이다.

** Hive VR의 사이트 주소 http://geomedia.com/hive-vr

소년 교육, 디자이너 교육 등 B2B 시장을 개척했다. 특히 청소년과 디자이너 교육에 쓰이는 틸트 브러시Tilt brush와 구글 어스Google Earth는 꼭 경험해보길 추천한다. 구글 어스를 통해 우주에서 지구를 볼 때나 세계 주요 도시를 날아다니는 경험은 정말 환상적이다.

이외에 Hive VR은 가상현실로 만든 조각을 3D 프린터기로 출력하는 등의 워크숍을 진행하고 있다. 중국의 폭스바겐, 포르쉐 등 자동차 기업, 화학 기업들도 적극적으로 가상현실 체험을 사내 워크숍에 활용하고 있어서 부수입을 기대하고 있다. 지금의 고등학생(2000년 태생) 이후 세대는 가상현실 체험관의 단골이다. 이 세대가 사회에 진출했을 때 가상현실 시장이 어떻게 변화할지 무척 기대된다.

○ 네오베어로 살펴보는 스타트업 진출 전략 ○

증강현실 시장에서 네오베어*라는 유아교구 AR 업체는 이미 중국의 대표적인 브랜드가 되어 매번 국제 전시회에서 상을 휩쓸고 있다. 사실 네오베어의 제품은 복잡하지 않다. AR 카드를 통해 모니터에 입체로 표현해내고 이를 보면서 아이들이 단어를 배우는 것이다. 최근 유아교육 전시회에 나가보면 10개 이상의 업체들이 이와 비슷한 제품들을 선보이고 있고, 한국에서는 이미 한참 전부터 네어베어와 비슷한 기술을 보유한 업체들이 많았다. 그러나 이들 업체를 제치고 네어베어는 전체 증강현실 제품의 70% 이상의

---

* 네오베어의 사이트 주소 http://www.neobear.com

점유율을 차지하고 있다.

네오베어 제품들이 처음부터 성공을 거두었던 것은 아니다. 8년 전만 해도 증강현실 기술을 실현하기 위해서 모니터에 세톱박스 같은 것을 달아서 연결하고 이를 설치한 후에나 사용할 수 있었다. 사용이 번거롭기도 하지만 그렇게 만들다 보니 제품이 1500위안(약 24만 원) 정도로 비쌀 수밖에 없었고, 증강현실 완구를 위해 이렇게 큰돈을 지불하려는 소비자가 있을 리 없다 보니 네오베어의 초기 제품들은 실패할 수밖에 없었다.

그러나 모든 제품은 이렇게 시작하는 것이다. 무조건 새로운 아이템으로 도전할 필요도 없고 처음부터 완벽한 제품을 내놓을 필요도 없다. 기존에 있는 아이템이라도 목표만 정확하면 언젠가는 성공하는 제품이 나올 수 있다.

네오베어는 3년 후인 2015년에 신제품이 나왔는데, 세톱박스를 빼버리고 스마트폰과 아이패드로 제품이 구현되도록 만들었다. 초기 제품처럼 비싼 세트가 아니고 종이 카드만 구입하면 나머지는 앱을 통해 활용할 수 있도록 한 덕분에 가격은 200위안(약 3만 원대) 이하로 저렴해졌고 소비자들도 이에 호응하기 시작했다.

온라인 시장에서 승부를 겨루다

소비자가 인터넷으로 구매를 할 때는 패턴이 있다. 200위안 이하의 제품은 구매평 등을 훑어보고 큰 망설임 없이 구매한다. 그러나 200위안이 넘어가는 순간 소비자들은 인터넷 구매를 꺼린다. 가격이 비쌀수록 실제 매장에 가서 구매를 하거나 익숙한 브랜드 제품만 구매를 한다. 온라인 시장에서 새로운 제품으로 승부를 보고자 할 때 가격 책정에 세심해야 하는 이유이다.

다행히 네오베어는 종이 카드 시제품이 완성되었을 때 A 라운드 투자를 받을 수 있었고, 이 투자로 제품의 대량생산과 유통망이 갖춰지면서 제품 가격을 온라인 시장에 맞게 낮출 수 있었다.

한편 제품을 종이 카드로 대체하면서 네오베어는 제품의 이미지를 고급화하고자 포장에 만전을 기울였다. 애플 아이패드 포장물을 만드는 공장에 의뢰해 고객들이 제품을 받아 포장을 뜯으면서부터 고급스런 체험을 하도록 전략적으로 접근한 것이다. 이 전략이 시장에 제대로 먹히면서 네오베어는 출시 1년 만에 3억 위안(약 491억 원)이란 매출을 거두었다.

네오베어가 취한 또 하나의 전략은 영업조직을 구축한 것이다. 세상에 좋은 제품은 많다. 그러나 성공한 제품은 많지 않다. 중국 시장에서는 제품도 중요하지만 영업이 더 중요할 때가 많다. 특히 중국에서는 온라인 유통을 어떻게 구성하느냐가 관건인데, 네오베어는 온라인 유통 팀을 통째로 영입하여 조직 구성을 빠르게 변화시켰다. 중국인들 사이에서는 아웃소싱이 보편화되어 있어 좋은 제품을 사냥하듯 다니면서 유통구조 및 매출액을 맞춰주는 팀들이 제법 있다. 이후 네오베어는 웨이샹이라는 위챗 플랫폼의 쇼핑몰을 통해 판매가 급격하게 상승했다.

네오베어를 보면 증강현실 미래가 보인다

시장 선점을 통해 브랜드를 알린 네오베어는 다시 신제품 개발에 집중하기 시작했다. 그러고는 카피 제품이 바로 나올 것에 대비해서 몇 가지 시리즈를 계속해서 출시했다. 특히 네오베어는 돋보기로 들여다보기만 하면 아이들 스스로가 학습할 수 있도록 모든 제품을 증강현실로 구현했다. 어린

아이들은 아이패드를 설정하거나 스마트폰으로 보는 것이 불편할 수 있기 때문이다. 예를 들어 네오베어가 출시한 지구본을 보면 미래의 증강현실 교육 제품의 방향이 보인다. 지구본에 궁금한 나라를 돋보기로 들이대면 모니터에 캐릭터가 나와서 그 나라의 문화와 역사는 물론 음악과 주요 도시까지 설명해주는 것이다.

이와 같은 증강현실은 전통적인 교수법을 획기적으로 바꿀 것으로 예측된다. 그리고 미래 지식 습득 방법이 바뀐다면 아마도 네오베어의 입지는 지금보다 더욱 커질 것이다. 그렇게 되면 증강현실에 맞는 콘텐츠가 있느냐 없느냐가 관건일 것이므로 네오베어는 캐릭터에 집중하기 시작했다. 점점 비슷한 카피 제품이 나오는 것에 대비하여 브랜드에 집중하려는 전략이었다.

이미 네오베어는 애니메이션을 제작하고 콘텐츠에 투자를 지속적으로 하면서 카피 업체들이 따라오지 못하도록 발걸음을 재촉하고 있다. 그 발걸음은 이제 한국에까지 미칠 예정이다. 한국의 모 방송국은 이미 네오베어와 애니메이션 수출 계약을 체결했다. 조만간 네오베어가 만든 애니메이션을 한국의 방송국에서 볼 날이 멀지 않은 듯하다.

네오베어를 보면 중국 진출 시 어떤 점에 중점을 두어야 할지 몇 가지 인사이트를 얻을 수 있다.

첫째, 제품보다 시장의 흐름과 방향이 훨씬 중요하다.

아무리 좋은 제품도 시대의 흐름에 맞추지 못한다면 소용이 없다. 미래의 시장 트렌드를 읽으면서 중국에 진출해야 한다. 사업 초기부터 완벽한 제품을 만들 수는 없다. 시장의 동향에 따라 비즈니스 모델을 잘 점검하면서 장기적인 안목으로 진출해야 한다.

둘째, 제품은 심플하게, 가격은 경쟁력 있게 책정한다.

제품이 복잡하면 실패할 가능성이 높다. 비즈니스가 커지려면 대중화된 제품을 통해서 이익을 실현해야 한다. 네오베어는 세톱박스를 이용하여 복잡하게 설정해야만 했던 초기 제품을 종이 카드와 앱으로 단순화하고 가격 또한 크게 낮췄다. 소비자가 필요한 아이템을 어떻게 현실화하고 매출을 일으킬 것인가를 고민해야 하는 이유다.

셋째, 중국 소비자 니즈를 파악해야 한다.

오늘날 중국 소비자들은 새로운 IT 제품을 적극적으로 수용한다. 집집마다 아이패드가 있고 인터넷망이 잘 구축되어 있다. 그러므로 새로운 제품은 인터넷 환경과 결합된 제품으로 만드는 것이 좋다. 중국에서 성공하려면 중국 사람들의 특성과 성향을 분석해 그에 맞게 로컬라이징해야 한다.

사업은 장기전이다. 어느 순간 임계점이라는 것이 있어서 이를 넘는 순간 크게 성장한다. 지금은 승승장구하는 것처럼 보이지만 네오베어의 성공 또한 사업 초기의 어려움을 극복하고 오랜 기간 절치부심하며 버텼기에 오늘의 네오베어를 이루어낼 수 있었음을 기억하자.

블록체인;
중국은 지금
블록체인의 메카

블록체인Blockchain(데이터 분산저장 기술)은 말 그대로 블록을 체인으로 엮은 것으로 여기서 블록은 '거래장부'라고 이해하면 쉽다. 즉 블록체인은 가상화폐cryptocurrency 거래 내역을 기록하는 장부로서 신용이 필요한 온라인 거래에서 해킹을 막기 위한 기술로 사용된다.

블록체인이 주는 가장 큰 매력은 신뢰성에 있다. 블록체인에서는 거래장부를 안전하게 보관하기 위해 거래에 참여하는 모든 사용자에게 거래장부를 보내주고 확인하는데, 모두가 거래 내역을 나누어 갖기 때문에 모두를 해킹하기 전엔 깰 수 없는 초강력 시스템, 그러니 중앙 서버나 관리자가 필요 없고 사실상 해킹이 불가능한 '모두의 거래장부'라서 주목을 받고 있다.

그렇다면 한때 장안을 떠들썩하게 만든 비트코인bitcoin이란 무엇일까? 비트코인은 블록체인이라는 개념을 실제로 활용해서 만든 가상화폐 시스템이다. 블록을 만들고 끼우고 그 다음 것을 또 끼우고 이렇게 해서 사슬을 만들면서 각 단계마다 모두의 컴퓨터에 저장하는 것이 블록체인의 기본 개

넘인데, 이런 수고로운 일을 하면 주는 돈이 바로 비트코인이다.

하지만 쉽게 블록을 만들 수 있으면 누구나 부자가 될 수 있으므로 여기에 단서가 붙어 있다. 블록을 만드는 단계에서 하는 계산이 1부터 하나씩 숫자를 높여가며 대입을 해야 하다 보니 시간이 걸리는 것이다. 게다가 천재 컴퓨터로 한 번에 계산하지 못하도록 난이도를 자동 조정되게 해놓았다. 뿐만 아니라 비트코인이 계속 생기면 (나중에는 너무 많아져) 돈의 가치가 0이 될 것이 예상되므로 이를 막기 위해 시간이 갈수록 보상이 적게 나오도록 제한해놓았다(블록이 21만 개 생길 때마다 나오는 돈이 줄어들게 설계되어 있다.). 즉 열심히 계산해서 블록을 만들면 비트코인이 나오지만 이 보상이 갈수록 줄어드는 것이다.

그러므로 블록체인을 비트코인과 비교하는 것은 인터넷을 네이버와 비교하는 것과 같다. 즉 비트코인은 블록체인이라는 기술의 한 적용일 뿐이다.[28]

블록체인이 금융서비스, 에너지 및 유틸리티 관련 산업, 의료, 제조업에 적용되면 비용 절감은 물론, 빠른 업무 처리, 투명성 제고, 이력 추적 등 여러 가지 효과를 개대할 수 있기 때문에 글로벌 기업들은 블록체인을 적극적으로 도입하고 있다.

○ 블록체인 비즈니스 어디까지 와 있나 ○

블록체인의 개념은 정말 방대하다. 우리가 원화나 달러 지폐를 쓰는 이유는 가치가 있다고 믿기 때문이다. 하지만 앞으로 우리는 실물화폐가 가상화폐로 대체되는 것과 가상화폐가 신용화폐보다 더 인기를 끌 수 있음을 보게 될 것이다. 가령 2015년 그리스 경제위기 사태를 보자.

그리스 경제위기 때 그리스는 현금자동인출기ATM의 출금 한도를 정하고 온라인 거래에 자본 통제를 가하여 국민들이 은행계정 카드와 신용카드로는 해외에서 결제를 하지 못하도록 막았다. 그러자 그리스 국민들은 어떤 집중된 권력이나 정치권에서도 건드릴 수 없는 화폐를 원했고, 블록체인 기술을 적용하여 만든 가상화폐를 대체화폐로 사용하고자 했다. 그래서 선택한 것이 비트코인이다. 비트코인 거래소인 볼토로닷컴Vaultoro.com은 그리스 IP 주소의 웹 트래픽이 140% 급등했다고 밝혔다.[29]

한 국가의 통화 가치가 급락하면 이렇게 가상화폐 거래량이 증가한다. 또 하나의 예로 베네수엘라의 인플레이션 문제를 들여다보자.

베네수엘라는 자국의 인플레이션 문제 때문에 비트코인을 채굴하는 데 열을 올리고 있다. 이런 상황에서 베네수엘라 볼리바르화로 거래되는 비트코인 거래량은 천문학적 규모로 급증했다. 2018년 8월 11일 기준으로 베네수엘라 볼리바르화의 비트코인 거래량은 20조 6464억 볼리바르다. 비트코인 가격이 2만 달러 턱밑까지 치솟은 2017년 12월 30일 거래량(2815억 볼리바르)보다 무려 7233% 이상 폭증한 것이다.

2018년 8월 30일 비트코인 뉴스에 따르면 베네수엘라의 연간 물가 상승률은 8만 3000%까지 상승하였고, 볼리바르화가 화폐로서의 기능이 더욱 저하됨에 따라 베네수엘라 정부는 자국 내 은행에 대해 베네수엘라 원유 가격과 연동하며 발행되는 암호화폐(가상화폐) 페트로를 이용하도록 압력을 행사하고 있다.[30]

이처럼 블록체인 기술은 현재 도입과 확장을 거쳐 확산기에 있다. 기본적인 실험을 끝내고 플랫폼 간 본격적인 경쟁이 시작되는 단계로 이제 누구를 기준으로 표준화가 이루어지느냐에 따라 승자가 결정될 것이다.

○ 중국의 블록체인 업계의 치열한 경쟁 ○

중국은 가상화폐에 대한 태도와 블록체인에 대한 입장이 다르다. 중국은 가상화폐에 대한 단속을 단행하여 서버가 해외에 있더라도 중국인에게 서비스를 제공하는 가상화폐 거래 플랫폼은 금지하고 있다. 이에 따라 텐센트는 가상화폐 거래에 관한 정보를 게시한 블록체인 관련 위챗 계정을 폐쇄하기도 했다.

하지만 가상화폐 기반 기술인 블록체인 기술의 개발과 적용은 크게 지지하고 있어 중국의 블록체인 업계는 정말 뜨겁다. 권력이 집중된 나라에서 권력이 분산되는 데이터베이스가 유행하다니 이게 무슨 조합인가 싶겠지만, 블록체인은 '중국 정부의 5년 계획五年計劃**'에 명시된 주요 기술 중에 하나이다. 중국 산업 정보부Ministry of Industry and Information Technology of China는 2018년 5월 중국 최초의 블록체인 백서를 발행하면서 신기술과 중국 경제에 대한 긍정적인 영향을 미칠 것으로 기대한다고 밝히기도 했다. 중국 인민은행People's Bank of China도 자체 개발한 디지털 화폐의 시범적 운영에 성공했다.

---

* **중국 정부의 5년 계획**五年計劃 중국 정부는 5년마다 국민경제 발전을 위한 목표와 방향을 결정하는 5개년 계획을 발표한다. 이는 국가 차원에서 수립하는 경제계획의 일부분이다. 현재는 '제13차 5개년 계획(13·5규획, 2016~2020년)'에 해당하는 기간이다. 소비재 공업의 품종 확대와 품질 향상, 브랜드 창출을 뜻하는 '3품 액션 플랜'의 목표와 로드맵을 제시하고 중국 소비시장의 질적 향상을 적극적으로 추진하고 있다.

블록체인으로 공급망을 추적하는 시스템을 만들면 운송, 식품 및 의약품과 같은 산업에서 투명성, 안전 및 협업을 강화할 수 있다. 블록체인은 신뢰성을 바탕으로 하기 때문에 식품 안전 부분에서, 특히 함께 일하는 제조·공급 파트너에게 확실한 신뢰를 얻을 수 있기 때문이다. 중국은 2007년 분유 파동 이후 식품 안전에 대한 관심이 급증했기 때문에 블록체인을 통해 식품 생산과 수출 과정을 효율적으로 추적하여 소비자들에게 식품안전에 대한 신뢰를 줄 수 있다.

앞으로 중국의 블록체인은 3~5년 내에 미국을 앞지를 것이라 전망된다. 우선 양으로 보더라도 중국 블록체인응용연구센터가 발표한 '2018 중국 블록체인 산업 발전 보고서'에 따르면 중국의 블록체인 관련 특허 건수는 지난해 428건으로 미국(390건)을 크게 앞질렀다.[31]

질적으로 봤을 때도 중국은 빠르게 미국을 추격하고 있다. 2018년 9월 3일 글로벌 지식재산권 정보 매체 〈IPR 데일리〉의 최근 보고서에 따르면 중국 기업들은 '블록체인 기업 특허 TOP100 순위' 목록에서 57개를 차지했다. 중국과 미국 기업이 가장 많으며, 전 세계 36개 회사가 블록체인과 관련해 각각 20개 이상의 공개 특허를 보유하고 있다.[32]

알리바바는 제휴사인 앤트 파이낸셜Ant Financial과 함께 90건의 관련 공개 특허출원에서 1위를 차지했다. 중국 중앙은행인 인민은행은 44건의 특허로 5위를 차지했으며, 텐센트(특허 40건)가 8위, 푸자메이(특허 39건)가 9위, 비체인(특허 38건)이 10위였다. 한편 바이두, 화웨이, 치후360, 샤오미는 20개 미만의 특허를 가지는 데 그쳤다.[33]

업계에서도 중국의 블록체인이 미국을 앞지를 것이라 예측하고 있다. 최근 다국적 회계컨설팅 업체 프라이스워터하우스쿠퍼스PwC가 15개 국가와

600개 기업을 대상으로 블록체인 설문조사를 진행하고 그 결과를 담은 보고서를 발표했다. 이에 따르면 응답자 중 기업 임원 위치에 있는 84%는 블록체인 도입에 적극적으로 관여하고 있으며, 현재 블록체인 기술이 가장 앞선 국가는 미국(29%), 중국(18%), 호주(7%) 순이라고 답했다. 흥미로운 사실은 응답자 30%가 3~5년 내에 중국이 미국을 따라 잡을 것으로 보고 있다는 것이다.

이러한 블록체인 시장에 바이두, 알리바바, 텐센트도 뛰어든 것은 일견 자명해보인다.

알리바바

앞서 설명했듯이 블록체인 특허 1위 기업은 중국의 알리바바이다. 알리바바의 의료 부문인 '알리헬스'는 창저우 정부와 함께 블록체인 기술을 병원 시스템에 적용해 의료 정보를 저장하고 전송하기 시작했고, 알리바바 금융 계열사인 '앤트 파이낸셜'은 비밀리에 블록체인 기술 응용 프로그램을 실험해 약 60만 개의 블록체인 전자 의료 청구서를 환자에게 보낸 바 있다.[34] 블록체인 의료 전자 청구서의 좋은 점은 과거 의료 기록이 추적 가능하고 다른 이에 의해 변조될 수 없다는 데 있다(2018년 8월 기준).[35]

앤트 파이낸셜은 2016년 7월부터 알리페이 기부 플랫폼에 블록체인을 사용하기 시작했다고 밝히며, 자선 기부금, 발행금 지불, 상품 계약, 임차 계약 및 국가 간 지불에 대한 추적 등 핀테크 블록체인 솔루션을 개발하기 위해 노력하고 있다. 그 결과 앤트 파이낸셜은 2018년 6월 블록체인 기반의 국가 간 송금 서비스를 시작했으며 이 서비스에 의하면 홍콩에서 필리핀으로 3초 이내에 돈을 송금할 수 있다.[36]

텐센트

텐센트는 2017년 9월, 우시 하이테크 산업 개발구에 TUSI IoT Tencent User Security Infrastructure Internet of Things 연구소를 설립해 블록체인을 사용한 사물인터넷, 센서를 위한 기술 등 응용 프로그램 개발에 주력하고 있다. 연구소 설립 초기 텐센트는 사물인터넷 애플리케이션의 보안 강화를 위한 블록체인 기술 개발을 위해 인텔과 파트너십을 체결했다.

2017년 11월 텐센트는 TrustSQL이라는 블록체인 BaaS block-as-a-service 플랫폼을 출시했다. 이 플랫폼은 고객에게 디지털 자산, 공유 도서, 인증서 및 주식 교환을 포함한 블록체인 기반 제품 및 응용 프로그램을 구축할 수 있도록 기능을 제공한다.[37]

2018년 3월 12일 텐센트는 중국 중소기업의 큰 골칫거리를 해결하기 위한 물류 및 구매 연맹 China Federation of Logistics and Purchasing과의 블록체인 기반 물류 플랫폼을 구축하고 있다.[38]

이 연구개발에 대한 성과로 2018년 5월 24일 텐센트와 국영 통신 사업자인 차이나 유니콘 China Unicom은 사물인터넷 산업을 위한 새로운 신원 인증 표준으로 블록체인을 이용한 TUSI SIM 카드를 출시했다. 이 표준은 앞으로 스마트 도시 응용 프로그램에서 사용될 예정이다.[39]

바이두

바이두는 2015년에 블록체인 연구에 들어갔고, 2017년 중반 개방형 블록체인 플랫폼인 BaaS을 출시해 가상화폐, 은행신용 관리, 보험 관리, 재정기록 감사 등을 하기 시작했다. 바이두의 공식 보고서에 따르면 BaaS는 2018년 1월까지 500억 위안 이상 자산의 진위 여부를 확인했다고 한다. 바이두는 캐나다의 애완동물 키우기 게임 '크립토키티CryptoKitties'와 유사한 '라이츠고우Laici dog, 莱茨狗'를 블록체인 기술을 기반으로 출시했다.

바이두는 2018년 8월 31일 중국 하이난 지방에 블록체인 회사 두리안을 등록했다. 이 회사는 주로 블록체인 기술과 온라인 게임을 개발할 예정이다.[40]

블록체인 기반의 애완동물 게임 키우기 게임

2018년 1월, 중국에서의 트렌드 중 하나는 블록체인을 기반으로 한 애완동물 키우기 게임이다. 캐나다에서 나온 '크립토키티'가 중국에서 인기를 끌면서 바이두에서는 강아지莱茨狗를, 넷이즈에서는 고양이招財猫를, 샤오미는 토끼加密兔를 내놓았다. 이 애완동물들은 생긴 것이 모두 다르다. 사용자들이 토큰을 사면 애완동물이 진화해나가는 방식의 게임이다.

혹여 블록체인을 기반으로 한 애완동물 키우기 게임을 만드는 스타트업이라면 중국 정부의 가이드라인에 잘 따라야 한다. 넷이즈는 베타테스트를 거쳤음에도 아직도 외부에 공개를 하지 못한 상태이다. 중국에서는 가상화폐의 거래를 엄격하게 금지하고 있는데, 넷이즈의 블록체인을 기반으로 한 애완동물 키우기 게임은 이 내용을 포함했기 때문이다.

크립토키티는 탈집중화되지 않은 블록체인 모델이지만 비트코인처럼 가상화폐는 아니다. 우선 동물 크립토 게임에 거래용 아이디나 자세한 설명서가 나와 있는지 봐야 한다. 크립토키티는 그 플랫폼을 만든 사람들에 의해 운영되고 있다. 초기 블록체인 프로젝트로서 재미있는 실험이긴 하지만, 이 동물이 어떤 모습으로 커나갈지는 사용자가 결정할 수 없다.[41]

○ 블록체인 기술이 가능하게 하는 것들 ○

블록체인은 향후 더 멋진 일들을 가능하게 할 것이다. 사용자 입장에서는 개인정보를 안전하게 관리할 수 있고 기업 입장에서는 거래를 관리하기 위한 인력이 필요 없으니 효율성이 높아질 것이다. 그리고 아직까지 우리가 잘 느끼고 있진 못하고 있지만 블록체인이 우리 삶을 바꿀 수 있는 부분은 바로 정부와 비즈니스 분야이다.

가령 에스토니아 정부는 세계 최초로 블록체인 전자정부 시스템을 구축해 2008년부터 영주권, 건강기록, 부동산 등록, 전자투표 등 행정 전반에 블록체인 기술을 적용했다. 국민들은 블록체인 플랫폼인 '엑스로드X-road'를 통해 2600여 개에 달하는 공공 서비스를 이용할 수 있다. 출생과 동시에 발급되는 e-ID는 대부분의 정부 서비스를 전자서명만으로 처리할 수 있게 한다. e-ID에 저장되는 각종 의료 데이터는 블록체인 암호화 기술로 위변조가 차단된다.

2014년 세계 최초로 도입한 전자 영주권은 해외 기업들을 에스토니아로 유입하는 역할을 하고 있다. 외국인도 100유로만 내면 전자 영주권을 발급받아 현지 방문 없이 법인을 세울 수 있기 때문이다. 현재까지 154개국 3만여 명이 전자 영주권을 발급받았고, 이 가운데 5000여 명이 법인을 설립했다. 주주 배당 시에만 법인세 20%를 부과하는 세제 환경도 매력적이다.[42]

○ 블록체인 기술이 넘어야 할 한계 ○

한 회사가 의미있는 블록체인 프로젝트를 성공시키려면, 지금으로서는 기밀유지를 포기하고 관련 주체들에게 정보를 공개할 모험을 감수해야만 한다. 블록체인을 적용하고자 한다면 개념 설명 단계부터 비즈니스 파트너, 공급자, 소비자, 그리고 경쟁자들 모두와 소통을 해야 하기 때문이다.

이러한 점은 회사 입장에서는 결정하기 힘들 수 있다. 경쟁적 우위를 점하기 위해 경영진 스스로 판단하고 사업을 구축하길 원할 때 분산형 네트워크 시스템과 개방성이 본질은 블록체인 기술은 기밀 유지가 쉽지 않기 때문이다.[43]

한편 블록체인이 너무 과대평가되어 있어 조심해야 한다는 목소리도 있다.[44] 그중 하나는 아직은 블록체인 기술의 처리 속도가 느리다는 데 있다. 현재 글로벌 비자나 마스터카드가 1초에 처리할 수 있는 거래량은 4~5만 건에 달한다. 하지만 블록체인 기업 중 하나인 리플 네트워크가 처리할 수 있는 거래량은 1초에 1500건에 불과하다.

블록체인에 관한 또 다른 사실은 에너지 효율이 떨어진다는 것이다. 블록체인이 8분에 1000개의 거래량을 처리하는 데는 전체 비자 네트워크를 돌리는 것보다 더 많은 에너지가 소모된다. 블록체인 기술이 비자의 거래량을 처리하려면 5000개의 원자로가 필요한데, 이는 전 세계 에너지 소비량에 버금가는 양이다.

○ 좋은 블록체인 기업인지 평가하는 방법 ○

정답이라고 할 순 없지만 좋은 블록체인 기업인지 아닌지 판단하는 어느 정도의 기준은 있기 마련이다. 블록체인처럼 떠오르는 신기술인 경우 계속 해서 성장할 기업인지 볼 수 있는 안목은 있어야 할 것이다.[45]

하나, 블록체인을 만드는 팀을 봐야 한다.

블록체인을 만든 팀의 이전 경력이 무엇인지 어디와 파트너십을 맺었 는지 봐야 한다. 블록체인은 오픈된 개념인 만큼 인터넷을 통해 팀들에 대 한 정보를 찾아보고 비즈니스 리포트도 읽어보고 커뮤니티와 이야기해보 는 것이 좋다.

둘, 문제를 해결하는지 봐야 한다.

프로젝트를 하다 보면 비즈니스 모델이 없거나 지속가능성이 없는 경우 가 있다. 이런 회사들은 대체로 토큰을 팔아서 이윤을 남기려고 한다. 몇 몇 인터넷 기업들은 이윤도 내지 못하고 펀딩받은 만큼 나중에 돌려주지 도 않는다.

실제 문제를 해결하면서도 사용자에게 수익을 가져다줄 수 있는 블록체 인 프로젝트의 예시로서 드랩DREP, Decentralized Reputation system을 들 수 있 다. 드랩은 분산형 평판 시스템으로 평판 가치를 수치화하고 가치실현을 통 해 거래, 투자, 데이터 공유를 목적으로 하는 블록체인 기반 솔루션이다. 현 재 서비스되고 있는 인터넷 플랫폼이라면 트래픽 및 온라인 평판을 토큰화 하여 앱과 연결하는 등 다양하게 활용할 수 있다.[46]

예를 들어 드랩이 트위터와 성공적으로 협력한다고 가정하면, 트위터 사용자는 높은 수준의 콘텐츠를 업로드하고, 합리적이고 책임감 있는 의견을 게시함으로써 평판을 쌓을 수 있고, 트위터 입장에서는 좋은 내용의 콘텐츠가 올라오도록 장려하고 악의적인 사용자의 활동을 줄일 수 있다. 이 방식은 전자상거래, 소셜 네트워크, 툴 플랫폼 등 모든 종류의 인터넷 응용 프로그램에 도입될 수 있다.

셋, 탈집중되었는지 봐야 한다.

기본적으로 블록체인 자체는 탈집중화를 목표로 한다. 정보 전달 및 저장이 탈집중화 또는 분산된다는 점에서 기존의 집중형 네트워크와 다르다. 따라서 정말 오픈되고 탈집중화되었는지 어떤 사람들에 의해 작동되는지 봐야 한다. 블록체인의 정보 전달이 분산되지 않은 경우 블록체인에 기반을 둔 암호화폐가 해킹당하는 사건이 발생할 수 있다. 또 블록체인의 정보 공유자 사이에 이해가 상충할 경우 내부자인 정보 공유자가 정보를 해킹할 가능성도 배제하기 어렵다.[47]

일부 사람들이 다량의 토큰을 보유하면 시장을 조작할 수 있다는 근본적인 우려도 있다. 예를 들어 가상화폐 중 하나인 EOS 소유권에 대한 연구에 따르면, 10개의 주소가 총 토큰 공급량의 거의 50%를 차지하는 것으로 나타났다. 총 10억 개 토큰 중 49.67%에 해당하는 약 5억 개의 EOS 토큰이 10개의 주소로 저장된 것이다. 블록체인을 소유한다는 것의 의미는 블록체인을 소유한 사람들이 한 사항에 대해 투표를 할 수 있음을 의미한다. 즉 어마어마한 양의 토큰을 소유한 10명의 EOS 소유자가 영향력이 아주 강력하게 되어 그들이 동의하면 시장에서 그들이 원하는 대로 할 수 있음을 의미한다. 즉 토큰을 일부 사람들이 소유하게 되면 사실상 적은 수의 토큰을 가진 사람들은 투표 결정에 영향을 미치기 어려운 것이다. 이 경우 블록체인이 민주적인 의사결정을 내리게 할 수 없음은 자명하다.[48]

넷, 창업가들이 정말 기술을 이해하는가를 봐야 한다.

창업가들이 정말 블록체인 프로젝트에 투자해본 적이 있는지, 블록체인 지갑이 있는지를 확인해봐야 한다. 블록체인 지갑이 없다고 대답하는 경우가 있다면 이는 문제이다. 블록체인은 아직은 초기 단계이고 기술이 너무 복잡해서 프로젝트를 시작하기 전에 직접 다른 블록체인 지갑을 이용해봐야 알 수가 있다. 2015년 한 블록체인 지갑은 매주 업데이트를 해서 새로운 버전으로 업데이트하지 않으면 거래를 하나도 못할 정도였다. 이런 사항들은 블록체인 지갑을 사용해본 적이 없다면 알 수가 없다. 비트코인 지갑만 가지고 있으면 이더리움Ethereum을 기반으로 한 스마트 계약에 대한 지식까지는 미치지 못한다. 따라서 블록체인 창업가라면 이더리움 기반의 블록체인 지갑도 사용해봐서 스마트 계약 개념을 이해할 수 있는 능력을 갖추어야 한다.

블록체인 대표주자: 비체인과 퀀텀 이야기

블록체인에 관심 있는 사람이라면 상하이에서 한 달에 한 번씩 열리는 블록체인 밋업에 꼭 가볼 것을 권한다. 장수루 2호선 장수루江蘇路에 비체인Vechain과 퀀텀Qtum 사무실이 자리해 있는데, 이 두 회사가 워낙 뛰어나다 보니 이 회사에서 일하는 직원들이 곧 전 세계 각국에서 온 블록체인 전문가들이라고 해도 과언이 아니다.

상하이에 소재한 블록체인 어플리케이션 기업 비체인은 〈IPR 데일리〉의 최근 보고서 '블록체인 기업 특허 TOP100 순위' 목록에서 특허 38건으로 10위를 한 회사이다. 비체인보다 순위가 높은 다른 업체들이 알리바바, 중국 인민은행, 텐센트와 같은 대기업과 항저우의 푸자메이뿐이라는 점을 감안했을 때 비체인은 상하이에서 블록체인 부문 가장 실력이 뛰어난 기업이라고 할 수 있다.

비체인은 2018년 9월 중국의 유명 자동차 제조업체인 비야디와 국제 리스크 관리 회사인 DNV GL과 공동 개발하여 카본 크레딧 앱Carbon Credit App을 출시했다. 스마트한 정보 수집 및 관리로 탄소 배출을 줄이고 신에너지 자동차로 여행을 장려하기 위한 앱이다.[49]

상하이에 기반을 둔 블록체인 기업인 퀀텀은 자체적으로 만든 가상화폐인 '퀀텀'을 보유하고 있고, 퀀텀은 2018년 3월 기준 '가상화폐 시장가격CryptoCurrencies Market Capitalization' 화폐순위 21위이다. 퀀텀의 장점은 비트코인과 이더리움의 핵심기술을 이용하여 블록체인 플랫폼을 통해 스마트 계약을 제공한다는 점이다. 이더리움은 2014년 캐나다인 비탈릭 부테린이 개발한 가상화폐이며, 단위로 이더ETH을 쓴다. 계약서, 전자투표, 이메일 등 다양한 프로그램에 적용할 수 있는 확장성이 있고 스마트 계약 기능을 구현할 수 있어서 금융 애플리케이션을 투명하게 운영할 수 있다. 비트코인과 마찬가지로 블록체인을 활용한 화폐이고, 비트코인에 비해 발전된 기술을 사용했으며 거래 속도가 빠르다.

참고로 스마트 계약이란 블록체인 기반으로 금융거래, 부동산 계약, 공증 등 다양한 형태의 계약을 체결하고 이행하는 것을 말한다. 이를 통해 서로 모르는 사람끼리도 신뢰를 가지고 계약을 체결할 수 있다. 예를 들어서 중국의 가장 큰 부동산 회사인 리엔찌아Lianjia에는 계약을 사인하고 승인하는 직원이 1만 명 정도 있다. 이들은 매일 같은 작업을 반복하며 소비자와 아파트 소유주들을 중개한다. 그러나 블록체인의 스마트 계약 방식을 이용하면 이 직원들을 대체할 수 있다. 블록체인 자체가 에스크로[*]이기 때문에 거래를 할 때 필요한 중개자가 필요 없게 되는 것이다.

현재 퀀텀의 블록체인을 이용해 사업을 하는 기업을 살펴보면,

에네르고Energo는 블록체인을 이용해 에너지 교환·공급을 하는 싱가포르 업체이다.

미스릴Mithril은 퀀텀에서 소셜미디어 탈중앙화 응용 프로그램DApps, Decentralized application를 개발할 것이라고 발표했다.

빙고BINGO는 개발자, 퍼블리셔, 게이머를 위한 독립적인 블록체인 엔터테인먼트를 운영한다. 퀀텀 히어로즈QTUM Heroes라고 불리는 퀀텀에서 최초의 가상화폐 게임을 개발했다.

이밖에 권력분산적인 예측 시장을 제공하는 보드히Bodhi, 디지털 콘텐츠를 수익화하는 베부에Vevue가 있다. 이들 블록체인 회사들은 대부분 싱가포르에 위치하고 있지만 대체로 중국 시장을 목표로 하고 있다.

---

[*] **에스크로**Escrow　구매자와 판매자 간 신용관계가 불확실할 때 제3자가 상거래가 원활히 이루어질 수 있도록 중개를 하는 매매 보호 서비스를 말한다.

서부대개발;
내륙 시장을 선점해라

"중원을 얻는 자 천하를 얻는다得中原者得天下"라는 말이 있다. 여기서 중원中原이란 베이징시, 톈진시, 산둥성, 허난성, 산시성, 허베이성을 아우르는 중국 내륙 지역을 뜻한다. 그만큼 역사적으로 중국은 내륙 지역이 정치, 경제, 문화의 중심이었다. 하지만 1978년 덩샤오핑의 개혁·개방 정책 이후 중국은 연안 지역인 베이징, 상하이, 광저우, 선전을 위주로 발전해왔다.

이러한 중국의 발전 방향이 다시 한 번 바뀌고 있다. 정부가 나서서 내륙 지역을 개발하려는 것이다. 서부대개발*이 그것이다.

지금 중국은 '미래의 승부수를 중원에 걸었다'고 해도 과언이 아니다. 중국의 뜻대로 중원에서 제2의 부흥기가 온다면, 중국은 전 세계를 호령할 진

---

* **서부대개발** 동부 연해지역에 비해 경제·사회 발전이 크게 뒤떨어진 서부 지역을 고루 개발한다는 50년 장기 프로젝트다. '중국의 지속 가능 성장'이라는 큰 목표 아래 3단계로 진행되고 있는데, 각 단계별 목표는 다음과 같다. 2001~2010년 1단계에는 '기초화'를 기치로 기초를 다지고 도약의 발판을 마련한다. 2010~2030년 2단계에는 '발전 가속화'를 기치로 경제를 비약적으로 성장시킨다. 2031~2050년 3단계에는 '현대화'를 기치로 동부와 서부의 지역 간 격차를 해소한다.

짜 기반을 마련하게 될 것이다.

○ 중국 내륙 지역 개발과 기업들의 움직임 ○

중국 정부가 내륙 지역을 개발하려는 이유는 여러 가지가 있지만, 가장 큰 이유는 동남부 연안 지역에 자원과 개발이 집중되어 있기 때문이다. 개혁·개방 정책 이래 30여 년간 동남부 연해 지역의 경제가 급성장하고 이로 인한 중서부 지역과의 격차가 점점 커졌기 때문에 낙후된 지역을 개발시켜 국토 불균형 해소하고 소수민족의 생활수준을 끌어올려 국가적인 통합을 도모하려는 것이다.

중국 정부의 의지는 매우 굳건하다. 특히 서부대개발을 통해 내수를 크게 일으킬 생각이다. 중국 서부대개발의 시작점인 청두와 충칭, 시안 3곳을 중심으로 이미 가속도가 붙었다. 서부대개발의 일환으로 추진되는 '일대일로One Belt One Road, 一帯一路'*라는 국가 전략도 가장 핵심은 도시권 이동이다.

중국은 국가주도 아래 발전을 하는 나라이다. 그동안 국가가 주도한 발전 방향은 대부분 실현되었고 지금도 정부의 집행력은 강력하다. 그래서 중국인들은 정부가 어느 방향으로 정책을 세우는지에 신경을 많이 쓴다.

아직까지 내륙 지역은 시골동네라는 인식이 있고 실제로 평균 구매력이 낮은 것이 사실이다. 그러나 내륙 지역의 거점 대도시는 상황이 완전히 바

---

* **일대일로** 육해상 신실크로드 경제권을 형성하고자 하는 중국의 국가전략이다. 일대 一帯는 중국-중앙아시아-유럽을 연결하는 '실크로드 경제벨트'를 뜻한다. 일로 一路는 동남아시아-서남아시아-유럽-아프리카로 이어지는 '21세기 해양 실크로드'를 뜻한다.

꿰었다. 주요 도시를 꼽자면 청두, 충칭, 시안, 우한, 창사를 뽑을 수 있는데, 인구 규모만 보더라도 충칭 3000만 명, 청두 1600만 명, 우한 1100만 명, 시안 900만 명, 창사 800만 명이고, 1인당 GDP와 소비액 역시 연안 지역의 평균을 상회한다. 지금 당장 가더라도 충칭, 청두 거리에서는 대형 쇼핑몰이 늘어선 모습과 상하이에 있는 대부분의 브랜드를 볼 수 있다. 그만큼 소비 수준이 높아진 것이다. 이들 도시를 직접 가보면 상전벽해가 따로 없다.

지금 중국에 있는 글로벌 기업과 한국 기업들은 시장 잠재력과 지역발전 전망을 종합적으로 판단해서 중국 정부의 서부대개발 정책에 발 빠르게 움직이고 있다. 삼성 반도체는 시안으로 진출했고, 현대차, 하이닉스, 포스코 등은 충칭에 진출해 있다. 글로벌 기업들인 도시바, 폭스바겐, IBM, 폭스콘 등도 공장을 내륙으로 옮기고 있다.

중국 서부대개발은 분명 많은 기업에게 기회가 될 것이다. 지금은 물류가 걸림돌이 되고 있으나 이미 중국 정부가 발 벗고 나섰다. 물류 해결을 위해 시작된 일대일로는 전 세계에 공급자가 되겠다는 원대한 꿈이 담겨 있다.

이제 중국은 상하이와 시안을 연결하는 노선과 닝보와 충칭을 연결하는 노선이 구축되면서 내륙과 동부가 동서로 연결되었다. 또한 베이징과 광저우를 연결하는 노선을 통해 남북으로도 연결되었다. 즉 중국 전체가 촘촘하게 종과 횡으로 연결되었으며 이를 통해 도시별 격차가 점점 줄어들고 있다. 이는 비즈니스를 시작함에 있어서 연안 지역보다 내륙 지역이 유리한 조건일 수 있음을 암시한다.

글로벌 기업들이 공장을 내륙으로 옮기는 이유는 단순히 인건비를 줄이려는 노력 때문만은 아니다. 인건비가 조금 저렴하기는 하지만 물류비까지

★ 4종 4횡 골격 갖춘 중국 고속철 ★

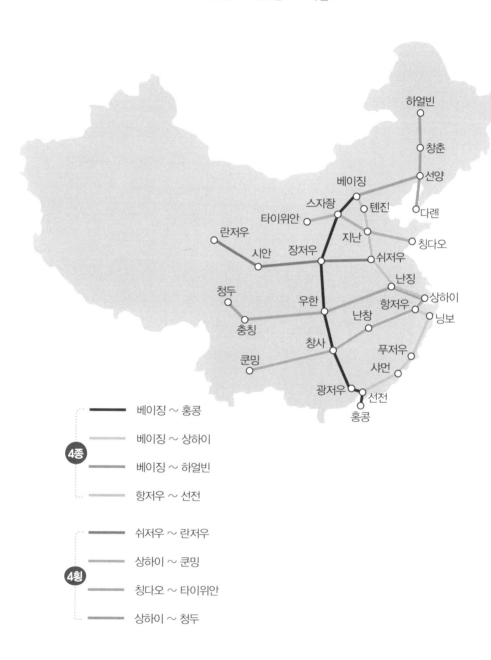

4종
- 베이징 ~ 홍콩
- 베이징 ~ 상하이
- 베이징 ~ 하얼빈
- 항저우 ~ 선전

4횡
- 쉬저우 ~ 란저우
- 상하이 ~ 쿤밍
- 칭다오 ~ 타이위안
- 상하이 ~ 청두

감안하면 원가절감만이 목적이라고 볼 수는 없으며 다음과 같은 중국 현지 상황을 염두에 두었다고 봐야 한다.

첫째, 내륙 시장은 노동력이 안정적이다.

연안 지역의 노동력은 대부분이 내륙 사람들인데, 매년 춘절이 되면 그들이 고향에 돌아가서 인력 수급에 많은 차질이 생기고 있다. 비즈니스를 하는 입장에서 반대로 생각해보면 이러한 사실은 그들의 고향에 일자리를 제공하면 안정적인 노동력 공급을 노릴 수 있음을 뜻한다.

둘째, 내륙 지역의 내수 소비가 빠르게 증가하고 있다.

2017년 GDP 성장률 TOP10 도시를 보면 서부 내륙 지역 4개 도시가 차지하고 있다. 상대적으로 동부 연안 도시들의 성장률은 점차 낮아지고 있음도 확인할 수 있다. 내륙 지역 정부가 세금과 토지 지원 등으로 내륙 지역의 소비를 확대시키고자 노력하고 있는 점도 글로벌 기업들이 내륙 지방으로 옮기는 데 잇점으로 작용하고 있다.

○ 내륙 지역 진출, 어디가 좋을까 ○

서부대개발의 목표는 인프라 건설의 가속화, 산업 구조조정, 생태환경 개선, 과학기술 및 교육 강화로 정리할 수 있다. 2050년까지 중국이 복지사회로 가려면 서부대개발은 필수이다. 노동집약형 기업을 내륙으로 이동시켜 서부를 개발하고, 금융 및 서비스업 위주로 동부를 개발하는 것이 중국의 미래 모습이다. 그렇다면 외국인인 우리가 중국 내륙으로 진출하려면 어느 곳으로 가는 것이 좋을까?

청두 成都

서부에서 가장 빠르게 성장한 도시는 청두이다. 거리에는 젊은 사람들이 많고 아이들이 넘쳐난다. 내륙 신도시라서 계획도시처럼 정리가 잘되어 있고, 이미 지하철로 도시 전체가 촘촘하게 연결되어 있다. 도시가 젊고 역동성이 있으며 새로운 것을 받아들이는 속도가 빠르다.

이런 이유로 청두에서 시작한 스타트업이 꽤 많다. 청두는 사천 사람들이 가장 선호하는 주거지라서 환경 및 문화가 발달되어 있다. 따라서 생활과 밀접한 비즈니스가 적합해 보인다.

충칭 重庆

중장기적으로 시장을 본다면 충칭만큼 매력적인 도시가 없다. 아직은 청두에 비해 발전 속도가 느리지만 3000만 명의 인구를 바탕으로 향후 중국 서부의 중심이 될 것으로 전망된다. 도시의 발전 수준은 부동산 가격으로도 가늠되는데, 충칭은 잠재력은 높지만 부동산 가격은 저평가된 곳으로 알려져 있다. 그 이유는 기존 충칭시의 시장과 정부 관계자들이 부동산을 억제하기 위해서 다양한 정책을 펴고 있으며, 도시 개발 시 임대 아파트를 상당히 많이 계획하였기 때문이다. 부동산 가격이 낮기 때문에 기초 노동력이 많고 실제로 충칭 주변 도시에 제조업이 많다. 물가도 저렴하여 살기 좋은 도시로 꼽힌다. 산악지대를 개발하여 도시가 형성되다 보니 평지가 별로 없어서 자전거는 보기 힘들다. 시내 중심지를 보면 어느 대도시 부럽지 않을 규모와 화려함이 있다. 도시 규모가 커서 도시 안에서도 격차가 큰 편이다.

시안 西安

중국 정부는 시안을 내륙으로 가는 길목이라고 판단하여 여러 방면에서 지원을 하고 있으나 아직 대도시의 면모를 갖추기에 역부족이다. 그동안 정부의 기간산업 투자 위주로 발전한 지역이라 소비력이 상대적으로 낮은 편이다. 너무 빠른 신도시 개발로 공급물량이 쏟아져 아직 입주가 안 된 아파트도 많다. 소비자의 구매력이 올라오려면 시간이 필요하다. 2017년 국가 통계국에 따르면 도시 인구 또한 960만 명 정도로 다른 도시에 비해 적은 편이다.

하지만 삼성전자가 시안에서 반도체 생산 공장을 세웠으며 초기 투자 23

중국 2선 도시이자 내륙도시 청두의 전경

지역별 특색을 공략하여 진출한 스타벅스 이야기

2000년대 초반 중국 정부의 외국자본 유치 전략에 따라 스타벅스는 자금성에 매장을 처음으로 문을 열었다. 당시 중국 역사의 상징과도 같은 자금성에 미국 문화를 상징하는 스타벅스가 진출한 것은 그 자체만으로도 큰 이슈였다.

스타벅스는 중국이 지역별로 문화와 소비성향이 다르다는 것을 간파하고 이에 맞는 전략을 펼쳤는데, 중국을 크게 화북, 화동, 화남 세 지역으로 보고 화북은 베이징을, 화동은 상하이를, 화남은 선전과 광저우를 거점으로 삼았다.

베이징은 교육열이 다른 지역보다 높고 베이징대, 칭화대, 런민대 등 명문 대학이 밀집되어 있다. 전국에서 우수한 인재가 모여들고 나라를 이끌어갈 인재를 길러내는 곳인 만큼 이곳 사람들은 자부심이 대단하다. 다시 말해 베이징 사람들은 다른 도시보다 학구열이 높고, 인정 욕구가 강하며, 체면과 관계를 중시한다. 스타벅스는 이에 맞추어 부유층 밀집 지역에 매장을 오픈했다.

상하이는 해안가에 있어 무역이 발달했고 국제화된 도시이기 때문에 외국인에 대한 거부감이 없다. 중국에서 경제가 가장 발달한 곳이며, 유학파 출신 거주자가 많다. 즉 미국식 스타벅스에 익숙한 사람이 많다. 그래서 스타벅스는 상하이 매장 인테리어를 글로벌 기준에 맞췄다. 다른 지역에서 매장을 오픈할 때는 현지화를 위해 중국 전통 건축 양식을 모티브로 하는 등 중국 분위기를 살려 인테리어를 했는데, 상하이에서는 이런 전략을 취하지 않았다.

선전深圳과 광저우广州는 상하이 못지않게 경제가 발달한 지역이지만 그 당시에는 커피 문화가 익숙하지 않았다. 지금도 광저우보다는 상하이에 스타벅스 매장이 훨씬 많다. 스타벅스는 광저우만의 보수적인 분위기와 커피보다는 차가 건강에 좋다고 생각하는 이곳 사람들의 특성을 간파하고 차 메뉴를 추가하는 등의 차별화 전략을 취했다.

이렇게 지역별로 달리 진출한 결과, 지금 중국 대도시 중심가 어디에서든 스타벅스를 찾아볼 수 있다.

억 달러, 총 투자 규모 70억 달러에 달하는 점, IBM의 소프트웨어 투자 등 글로벌 기업의 투자를 이끌어낸 점, 1100년의 역사를 가지고 실크로드의 시발점이 되었던 점 등을 고려해볼 때 언젠가는 기회가 될 지역이라고 판단된다.

우한과 창사 武汉 · 长沙

서부개발 핵심도시인 청두, 충칭, 시안 외에 우한과 창사도 중국 중부지역 핵심도시이다. 교통과 물류가 발달되어 있고 도시 자체적으로 발전 가능성이 충분하다.

우한은 중국의 중앙에 위치해 있고 예로부터 중국의 북부와 남부를 잇는 교통의 요충지이자 내륙의 중심 도시였다. 지금 우한은 도시의 랜드마크 등 곳곳이 건설 개발 중이다. 지하철 규모를 보면 그 도시의 발전 모습이 예측되는데, 우한은 지하철이 이미 8호선까지 개발되어 있다.

창사는 하이테크 위주로 도시를 개발하겠다고 선언했으며, 인큐베이션 창업, 디자인, 기술전수, 투자유치, 지식재산권 등에 적극 지원을 하고 있다. 또한 구글, 하니웰Honeywell, IBM 등의 해외 기업 유치에도 적극적이다.

○ 자신의 아이템과 맞는 지역이 최우선 ○

중국은 한온대, 온대, 아열대, 열대까지 맛볼 수 있을 만큼 영토가 넓고 지형이 복잡하다. 베이징은 사계절이 분명한 온난대륙성 기후이고, 상하이는 온난습윤 기후에 속하며, 남부의 하이난은 아열대 기후로 연중 따뜻하다. 이처럼 중국은 매우 크기 때문에 중국 전체를 하나의 시장으로 보는 어리석음을 범해서는 안 된다. 다시 말해 중국에서도 하나의 지역에 집중하려는 노력이 필요하다. 지역별 차이를 인정하고 현지 상황을 미리 파악해 볼 필요가 있다. 이는 중국 내륙 지역으로 진출할 때도 마찬가지이다. 각 지역별로 비즈니스 문화가 달라서 부딪히는 문제점을 해결해나가면 말이다.

가령 '사천'하면 매운 음식이 생각나는 사람들이 많을 것이다. 이 지역은 산이 많고 분지를 개발해 도시가 형성되었기에 해가 잘 안 뜨고 흐리고 습하다. 그러다 보니 겨울이 춥고 여름이 매우 더워 매운 음식을 예전부터 즐겨 먹게 되었다고 한다. 실제로 사천에는 우리와 비슷한 음식들도 꽤 있고 김치와 비슷한 발효음식도 있다. 겨울을 나기 위해 저장 음식이 발달한 것도 비슷하다. 또한 사천은 과거 중원을 호령했던 지역이라서 사람들이 보수적이고 낙천적이며 느리다.

이런 지역적 특성을 알고 접근하면, 진출해도 괜찮은 비즈니스 아이템과 그렇지 않은 아이템이 그려진다. 혹은 한 가지 사업을 하더라도 지역별로 전략을 달리할 수 있다. 예를 들어 사천에서는 IT 분야의 창업은 적합해 보이지 않는다(사실 IT 분야는 대도시로 가야 인력 및 자원이 모인다.). 하지만 우리나라와 식문화가 비슷하므로 한국식 레스토랑은 성공할 확률이 높다.

2, 3선 도시*들 중에는 한국인은 처음 본다며 부담스러울 정도로 관심을 보이는 곳이 있다. 한국에 대한 정보가 없기 때문에 그런 곳은 오히려 초기

---

* **2, 3선 도시**2.3线城市 2선 도시는 인구 및 생활수준이 상급이거나 대체로 각 성의 수도를 말한다. 항저우, 닝보, 난징, 시안, 창사, 청두 등이 이에 속한다. 3선 도시는 중급도시를 말하며 2선 도시보다는 인구와 경제가 떨어지지만 규모가 큰 편이다. 창춘, 창저우, 푸저우, 쿤밍, 허페이, 스자아장, 후허하오터, 난창, 귀이양 등이 이에 속한다.

창업자가 자리를 잡기 쉽다.

'어느 지역에서는 어떻게 해야 성공한다'라는 공식이나 정답이 있는 것은 아니지만 그 지역의 문화를 제대로 이해하면 사업의 기회를 볼 수 있는 눈이 길러진다. 연안의 1선 도시*에만 집중하지 말고 자신의 아이템과 맞는 시장을 찾는 노력이 필요한 이유다. 그런 점에서 중국의 내륙 시장은 하나의 대안이 될 수 있다.

---

* **1선 도시**1线城市 정치 및 경제활동이 중요한 위치를 차지하는 1급 도시 4개를 말한다. 베이징, 상하이, 광저우, 선전이 이에 속한다. GDP, 인구, 경제력, 투자, 소비액, 거주민 저축, 교육 기초 시설, 토지 매도량, 소매상수 등의 기준에서 가장 발달된 도시이다.

★ 중국 도시별 리스트 ★

1선 도시	상하이, 베이징, 선전, 광저우
준1선 도시	청두, 항저우, 충칭, 우한, 쑤저우, 시안, 텐진, 난징, 정저우, 창사, 선양, 칭다오, 닝보, 둥관, 우시
2선 도시	쿤밍, 다롄, 샤먼, 허페이, 포산, 푸저우, 하얼빈, 지난, 원저우, 창춘, 스자좡, 창저우, 취안저우, 난닝, 구이양, 난창, 난퉁, 진화, 쉬저우, 타이위안, 자싱, 옌타이, 우이저우, 바오딩, 타이저우, 중산, 사오싱, 우루무치, 웨이팡, 란저우
3선 도시	주하이, 전장, 하이커우, 양저우, 린이, 뤄양, 탕산, 후허허오터, 옌청, 산터우, 랑팡, 타이저우, 지닝, 후저우, 장먼, 인촨, 쯔보, 한단, 우후, 장저우, 몐양, 구이린, 싼야, 쭌이, 셴양, 상라오, 푸톈, 이창, 간저우, 화이안, 제양, 창저우, 상추, 롄윈강, 류저우, 웨양, 신양, 주저우 외 …
4선 도시	저우산, 타이안, 샤오간, 카이펑, 난핑, 더저우, 바오지, 안산, 천저우, 안양, 룽옌, 랴오청, 웨이난, 취저우, 메이저우, 쉬안청, 저우커우, 리수이, 안칭, 싼밍, 짜오좡, 난충, 화이난, 쓰촨, 둥잉, 러산, 가구, 칭위안, 자오쭤, 허위안, 원청, 진저우, 츠펑, 루안, 판진, 이빈, 위린, 르자오, 진중, 화이화, 청더 외 …

2부

중국
IT 생태계

중국의 삼국지;
BAT를 중심으로 한
이합집산

BAT이란 중국 대기업이 된 바이두Baidu, 알리바바Alibaba, 텐센트Tencent 의 첫 글자를 따서 만든 말로 중국에 관심 있는 사람이라면 한 번쯤은 들어본 적이 있을 것이다. 중국 대기업은 한국 대기업과는 느낌이 좀 다르다. 한국 대기업은 스타트업에 투자하는 경우가 드문데 반해, 중국의 스타트업들은 반드시 BAT 중 한 기업의 라인을 타게 된다. 실제로 2017년 유니콘이 된 34개 기업 중 20개 기업(60%)이 BAT가 직간접적으로 지분을 소유하고 있다.[1]

어느 영역이든 BAT가 삼국지의 위, 촉, 오처럼 포진해 있다. 스타트업은 그 시대의 한 장군이며, 장군이 이름을 떨치기 시작하면 BAT에서 발탁해 각자 자기 나라로 데려간다. BAT는 특정 영역에서 두각을 나타내는 스타트업 하나를 골라 투자를 하여 자기편으로 끌어들이고 나머지는 고사시키는 전략을 취하고 있다. 그래서 세 기업 간에 치열한 기싸움이 벌어지기도 한다. 전 영역에 걸쳐 펼쳐지는 텐센트와 알리바바의 싸움이 대표적인 예이다.

비즈니스 분야	텐센트	알리바바
결제	위챗페이	알리페이
이커머스	제이디	타오바오
소셜 네트워크	위챗	웨이보
영상	텐센트 비디오	유쿠 비디오
O2O	메이투안	으러머

○ 중국 스타트업의 계보 ○

1세대

중국 스타트업은 크게 3세대로 나눌 수 있다. 첫 세대는 BAT다. 1998년 창업한 텐센트, 1999년 알리바바, 2000년에 창업한 바이두다. 이들은 중국에서 대기업이 되었고 모든 부문에서 1등을 하기 위해 기업 안의 사업부를 키우거나 해당 스타트업을 인수하는 전략을 취하고 있다.

2세대

2세대는 2008~2009년에 창업한 기업들이다. 한 산업군에 집중하여 1세대와 경쟁하다가 몇몇은 바이두, 알리바바, 텐센트에 인수합병되거나 기업 공개IPO, Initial Public Offering를 했다. 2014년까지는 뉴욕증권거래소에 상장하는 것이 트렌드였으나 미국의 투자자들이 중국 스타트업을 제대로 이해하거나 가치를 인정해주는 경우가 드물어 지금은 상장을 폐지하고 다시 중국으로 돌아오는 경향을 보인다. 지금까지 기업공개*한 스타트업으로는 여행 포털 취날Qunar, 去哪儿 위치기반 채팅앱 모모Momo, 陌陌, 중국의 대표적인 보안업체 치후360Qihoo360, 奇虎, 온라인 동영상 서비스 유쿠Youku, 优酷, 통합 라이브 엔터테인먼트 플랫폼 와이와이YY 등이 있다. 이중 취날은 바이두 라인을, 유쿠는 알리바바 라인을 타고 있다.

3세대

3세대는 비교적 최근에 나온 스타트업이다. 1, 2세대에 비해 간단한 문제를 해결하거나 틈새시장에 집중하고 있다. 대표적으로 2015년에 일어난 O2O 트렌드를 들 수 있다. O2O란 온라인과 오프라인이 결합하는 현상을 의미하는 말이며, 최근에는 전자상거래 혹은 마케팅 분야에서 온라인과 오프라인이 연결되는 현상을 말하는 데 사용된다. O2O 트렌드와 맞물려 모바일 기술 및 IT 인프라를 통해 소비자의 수요에 즉각적으로 제품 및 서비스를 제공하는 온디멘드On-Demend형 서비스가 많이 출현했다.

직접 찾아와 사진을 찍어주는 사진가들의 플랫폼인 이파이이一拍一, 청소하는 아줌마들을 보내주는 아이방阿姨帮, 시장 가격의 30%로 맞춤형 웨딩카 예약 서비스를 해주는 지에친왕接亲网 등이 2018년인 현재까지 살아남았다. 사실 3세대 스타트업은 2015년 8월 중국의 주식 시장이 어려워지는 시기에 많이 문을 닫았다. 셰프가 집에 찾아와 본격 중화요리를 해주는 스타트업인

---

* **기업공개**   기업공개와 상장은 다른 의미이긴 하지만 우리나라에서는 코스닥에 등록한다는 의미로 많이 쓰인다. 기업공개 방법은 이미 발행한 주식을 매출하는 경우와 신주를 모집하는 방법이 있다. 전자는 자본금이 증가하지 않는데 후자는 자본금이 증가한다. 성공적으로 기업공개를 하려면 적정 수준에서 기업을 공개하는 것이 중요하며 투자자들의 관심을 끄는 것이 필요하다. 따라서 시장상황에 따른 기업공개 시기, 파트너의 선택에 신중을 기해야 한다.[2]

샤오판판烧版饭도 이 시기에 문을 닫았다. 투자자들도 이 시기를 지나면서 묻지마 투자를 멈추고 이성적으로 투자를 하기 시작했다. 3세대 스타트업부터는 좋은 제품을 만들고 팀을 갖추는 게 매우 중요해졌다.

참고로 온디맨드형 서비스에서 유니콘으로 성장한 대표적인 기업에는 자전거가 필요할 때면 어디서든 바로 찾아 탈 수 있는 자전거 공유 서비스를 제공하는 오포와 모바이크를 들 수 있다.

○ 하나의 기업이 하나의 시장을 장악하다 ○

중국의 한 산업군을 자세히 들여다보면, 하나의 기업이 한 분야의 시장을 독식하는 현상을 볼 수 있다. 중국 택시 앱의 양대산맥 디디다처dididache, 嘀嘀打车와 콰이디다처kuaididache, 快的打车가 출혈 경쟁을 견디지 못하고 합병하여 하나의 기업이 된 것만 보아도 이를 확인할 수 있다.

디디다처와 콰이디다처는 각각 텐센트와 알리바바로부터 대규모 투자를 유치해 약 2년 동안 치열한 보조금 경쟁을 벌인 라이벌이었다. 디디다처가 택시 승객에게 택시요금에 대한 보조금을 주기 시작하자, 콰이디다처는 더 높은 보조금을 주기 시작했고 택시기사에게도 보조금을 주었다. 그러자 다시 디디다처가 보조금을 올리고 콰이디다처가 또다시 보조금을 올리는 무시무시한 머니 전쟁이 벌어졌다. 그러던 중 2014년 8월 보조금 제도를 함께 중단했고 급기야 2015년 2월 14일 발렌타인데이에 두 회사는 전략적인 합병을 선언하여 중국 전역을 깜짝 놀라게 했다. 우버 또한 지금은 중국 사업권을 디디다처에게 넘겨주었으니, 택시 업계에서는 디디다처가 명실공히

시장을 평정했다고 봐도 좋을 것이다.

다중디엔핑Dianping, 大众点评과 메이투안Meituan, 美团 역시 출혈경쟁을 이기지 못하고 합병한 예이다. 2000년대 중반 2000여 개의 할인권 판매 회사가 있었고 업계에서의 치열한 경쟁을 거친 후 일부가 지배적인 업체로 부상했는데, 다중디엔핑과 메이투안이 그 주인공이다.

2003년 다중디엔핑이 미국의 옐프Yelp와 같은 음식점 리뷰 서비스와 쿠폰 제공을 시작하고, 2010년 메이투안이 티켓 구매, 음식 배달 등 공동구매 서비스로 시작했다. 하지만 결국 두 업체는 영화, 호텔 티켓팅 부분에서 경쟁자로 만나게 된다.

메이투안과 다중디엔핑 모두 중국의 대기업과 벤처캐피털로부터 수억 달러를 투자받았다. 메이투안은 세쿼이아 캐피털Sequoia Capital, 글로벌 회사 제너럴 애틀랜틱General Atlantic, 알리바바에게서 투자를 받았다. 다중디엔핑은 텐센트, 샤오미, 부동산 재벌 완다Wanda에게서 투자를 받았다. 특히 다중디엔핑은 2014년 초 텐센트가 20% 지분을 인수한 뒤 위챗에서 공동구매 서비스를 제공하는 등 차별화를 두었다.

중국 시장 조사기관인 이관Eguan 리서치에 따르면 두 회사는 2015년 1분기 기준으로 중국 공동구매 시장의 80% 이상을 차지할 정도로 지배적인 경쟁자들이었으나 결국 '메이투안-디엔핑'이란 이름으로 합쳐졌다(2015년 10월 8일).[3]

○ 스타트업 1세대, BAT 이야기 ○

BAT에 대한 이야기를 조금 더 해보자. 바이두, 알리바바, 텐센트는 각자 자기 장점을 뚜렷하게 가지고 있는 기업들이다. 바이두는 인터넷 포털로서 시작했지만 무인자동차, 인공지능에 박차를 가하고 있고, 알리바바는 이커머스 강자로서 중국의 온라인, 오프라인 구매활동에 핏줄 같은 역할을 하고 있다. 텐센트는 중국에서 가장 인기 있는 앱인 위챗을 통해 중국 사람들의 하루 대다수 시간을 지배하고 있다고 해도 과언이 아니다.

이 세 기업은 서로를 견제하면서도 필요할 때는 손을 잡는다. 서로에 대한 견제는 중국 앱들을 사용할 때 확연히 드러난다.

일단 알리바바부터 보자면, 알리바바에서 마음에 드는 물건을 발견해 친구에게 보내줄 때 위챗으로는 보낼 수 없다(링크를 복사해 위챗에 붙여넣으면 링크가 깨져서 나온다.). 또 알리바바에서 투자한 체험형 슈퍼마켓 허마셴성을 이용하려면 반드시 허마셴성 앱을 깔아야 하는데, 지불 수단이 알리페이뿐이다(위챗페이를 사용할 수가 없다.).

텐센트는 어떨까? 알리바바 계열인 유쿠에 있는 영상은 위챗에 첨부할 수가 없다(반드시 텐센트 계열의 텐쉰스핑腾讯视频에 영상이 있어야 그 링크로 영상 첨부가 가능하다.).

바이두도 마찬가지다. 또 바이두에서는 위챗 기사를 하나도 검색할 수가 없다(위챗 기사는 인터넷 포털 소후닷컴sohu.com, 搜狐網에서 찾을 수 있다.).

하지만 BAT도 필요할 때는 손을 잡는다. 앞서 설명한 디디다처의 콰이디다처 인수, 메이투안과 다중디엔핑의 합병이 대표적인 예이다. 이후 거대 기업이 된 디디다처는 우버에 대항하게 되고, 메이투안-디엔핑은 공동의 적인 바이두의 배달 서비스 바이두와이마이百度外卖에 대항한다.

경쟁자끼리 서로 싸우는 것이 아니라 한 서비스에 몰아주기를 해서 합리적으로 제3의 적에 대항하는 것은 중국 비즈니스의 특징이다.

바이두 Baidu, 百度

중국 최대 검색엔진 포털 사이트로 '중국의 구글'이라 불린다. 바이두는 검색 키워드 광고가 주요한 수익모델 중 하나이다. 바이두의 창업자 리엔홍은 엔지니어 출신으로 검색 능력 및 검열·편집을 위해 지속적으로 기술에 투자하고 있으며, 이런 노력의 결과로 기술의 범위를 인터넷 사업에만 국한하지 않고 인공지능 개발 분야로까지 넓히고 있다. 그뿐만 아니라 인공지능 기술을 기반으로 무인 자율 자동차 연구에 심혈을 기울이며 이에 대한 투자를 늘리고 있다.

하지만 이런 달콤한 성장에 취해 바이두가 간과한 부분이 문제로 불거진 적이 있다. 2016년 희귀암에 걸린 한 환자가 바이두 검색창 제일 위에 뜬 병원을 찾아갔다가 죽는 의료사고가 발생한 것이다. 비판에 직면한 바이두는 의료 광고 심사를 강화하고 광고 수를 제한하는 등 대대적인 개편을 단행했으나 검색엔진으로서의 입지를 상당히 잃고 말았다. 현재는 바이두보다는 위챗 검색 서비스가 활용도가 높아지고 있는 상황이다. 위챗에 검색어를 입력하면 아는 사람들이 관련 검색어를 넣어 작성한 위챗 모멘트* 글

---

* **위챗 모멘트** 한국의 카카오스토리 같은 SNS 서비스이다. 위챗 모멘트는 사용자의 인맥에게만 노출되는 폐쇄형 SNS라서 연결고리가 끈끈하다. 실제 사용자가 사용자의 가족이고 친구이며 지인들이 다 보니, 올리는 콘텐츠 하나하나에 사람들이 반응을 보이고 궁금해한다. 친구가 추천해주는 물건은 신뢰가 가기 때문에 모멘트에 올라온 제품은 구매로 이어지는 경향이 강하다.

과 위챗 공중계정* 기사가 함께 검색되어 보다 믿음이 간다. 가령 '디즈니랜드'를 위챗에서 검색했을 때 디즈니랜드에 다녀온 친구들의 위챗 모멘트와 가독성이 높게 정리한 위챗 공중계정 기사로 경험에 기반한 정보를 구할 수 있는 것이다.

물론 비즈니스에 필요한 업체를 찾거나 업무 양식, 통계 자료 등 객관적인 정보성 콘텐츠는 바이두가 최적화되어 있다. 특히나 바이두바이커百度百科라는 바이두의 백과사전을 통하면, 중국의 회사 이름이나 각종 용어에 대한 정리가 매우 잘 되어 있어 아직까지 활용도가 매우 높다.

알리바바 Alibaba, 阿里巴巴集團

원래 중국인들은 온라인 상거래에 대해 부정적이었다. 눈앞의 제품을 두고도 믿지 못하는 중국인의 특성과 흥정을 좋아하는 중국 문화, 게다가 땅이 넓어서 주문 후 물건을 받으려면 일주일 이상 걸리기 때문에 온라인으로 물건을 사는 것에 회의적이었던 것이다.

이런 한계를 극복하고 중국에 전자상거래를 정착시킨 기업이 알리바바다. 판매자와 구매자 간의 신뢰를 구축하는 게 우선이라고 판단한 마윈은 알리페이를 만들어 소비자의 결제대금을 예치하고 있다가 배송이 정상적으로 완료되면 판매자에게 지급하는 안전장치를 마련하고, 2003년 개인과 개인이 거래하는 C2C 전문 플랫폼인 '타오바오淘宝'를 오픈했다. 알리페이

---

* **위챗 공중계정**　위챗 위의 플랫폼이다. 페이스북의 페이지와 비슷하며 중소기업, 대기업을 위한 마케팅 및 브랜딩 도구라고 볼 수 있다. 공식계정을 통해서 사용자들은 좋은 콘텐츠를 읽고 차를 임대하고 무선 와이파이에 접속하고 상품을 구입한다. 위챗은 앱을 개발하는 것보다 진입장벽이 낮다는 것과, HTML5 페이지와 위챗의 개발 애플리케이션API을 활용해 사용자가 원하는 대로 공중계정을 개발할 수 있다는 장점이 있다.

가 판매자와 구매자 간의 가교 역할을 하게 된 것이다. 오늘날 중국 소비자들의 인터넷 쇼핑은 대부분 오픈마켓인 타오바오에서 이루어지고 있다.

알리페이 덕분에 결제상의 안전은 해결되었지만 타오바오는 개인 판매자들이 상점을 개설해 판매하다 보니 정품과 모조품이 혼재되어 불신의 문제가 여전히 남아 있었다. 이러한 취약점을 깨달은 알리바바는 까다로운 입점 절차와 인증을 통과한 기업들만 판매할 수 있는 B2C 쇼핑몰 '티몰Tmall'을 오픈했다.

알리페이는 혁신을 거듭해 '위어바오余额宝'라는 재테크 상품도 만들었다. 위어바오는 '남은 돈주머니'라는 뜻으로 말 그대로 알리페이에 남은 돈으로 투자를 하는 것이다. 알리바바는 여기서 멈추지 않고 중국의 많은 택배 업체와 제휴하여 회사를 세우고 전국 도시에 창고 시스템을 만들었다. 그 결과 타오바오에서 주문한 상품도 1~2일 내에 받아볼 수 있게 되었다.

알리바바는 타오바오, 티몰 등 전자상거래를 기반으로 고속 성장을 거듭하는 가운데 거대한 디지털 생태계를 조성하고자 총력을 기울이고 있다. 대표적인 것이 다모아카데미达摩院를 설립해 향후 3년 간 150억 달러(약 16조 8000억 원)를 투자하여 인공지능*, 사물인터넷** 등 인간과 기계의 상호작용에 대한 연구개발을 하기로 한 것이다. 다모아카데미는 중국, 미국, 러시아, 이스라엘, 싱가포르에 세워질 계획이며, 인간과 기계의 상호작용 중에서도

---

* **인공지능**AI, artificial intelligence　인간의 학습능력과 추론능력, 지각능력, 자연언어의 이해능력 등을 컴퓨터 프로그램으로 실현한 기술을 말한다. 인간의 지능으로 할 수 있는 사고, 학습, 자기 개발 등을 컴퓨터가 할 수 있도록 연구하는 컴퓨터 공학 및 정보기술의 한 분야로서, 컴퓨터가 인간의 지능적인 행동을 모방할 수 있다.[5]

** **사물인터넷**IoT, Internet of Things　사물에 센서를 부착해 실시간으로 데이터를 인터넷으로 주고받는 기술이나 환경을 일컫는다.[6]

머신러닝, 네크워크 안전성, 비주얼 컴퓨팅, 자연언어처리 기술NLP에 집중할 예정이라고 한다.[4]

알리바바의 마윈 회장은 만에 하나 알리바바가 없어질 경우 알리바바의 기술은 다모아카데미를 통해 후세에 전해질 것이며, 다모아카데미를 외부 투자 없이 더 큰 사회적 문제를 해결하는 회사로 만들 거라고 공언했다. 그는 알리바바를 향후 20년 이내에 1억 개의 직업, 20억 고객들을 끌어모으며 세계에서 5번째로 큰 경제 생태계로 만들 계획이다.

★ 알리바바 다모아카데미 주요 내용 ★

투자 규모	3년간 150억 달러
채용 인원	세계적인 과학자 및 기술자 100여 명 이상
설립 지역	중국 베이징과 항저우, 미국 밸뷰와 산마태오, 러시아 모스크바, 이스라엘 텔아비브, 싱가포르 등 7곳
연구 분야	인공지능, 사물인터넷, 핀테크, 양자컴퓨팅, 기계학습, 네트워크 보안 등
공동 연구망 구축	중국 저장대와 첨단 기술연합연구센터, 미국 버클리대와 안전한 실시간 컴퓨팅을 연구하는 실험실, 중국과학원과 양자컴퓨팅 실험실 등

텐센트 Tencent, 騰訊

중국 최대 메신저 위챗을 만든 텐센트는 정말 베일에 싸여 있는 기업이다. 텐센트는 외부 PRPublic Relations 업무에 크게 치중하지 않고 있다. 이는 조용하고 신중한 마화텅 회장의 성격과도 관련이 있어 보인다. 수십 명이 넘는 PR 인력을 두고 있는 알리바바와 매우 대조되는 부분이다.

텐센트는 인스턴트 메신저 ICQ를 모방하는 방법으로 성장했다. 그 결과 물이 바로 PC 기반 메신저인 QQ이다. 이후 텐센트는 모바일 메신저 위챗을 출시했고 이후 종합 콘텐츠 사업으로 영역을 확대해나가고 있다. 지금의 카카오톡이 카카오게임, 카카오페이를 비롯해 사업을 확장해나가는 모델이 이미 텐센트가 걸어왔던 길이라고 생각하면 이해가 빠를 것이다. 모방에서 출발해 세계 일류로 발전시키는 방식은 텐센트뿐만 아니라 바이두나 알리바바 모두에게서 보이는 공통점이다. 이를 두고 흔히들 중국을 짝퉁 국가라 낮춰 부르지만, 이는 중국식 벤치마킹 방식으로 모방을 넘어 중국의 환경에 맞게 업그레이드시키고 창조하는 것으로 봐야 한다.

현재 텐센트는 스타트업들을 잠재적인 파트너로 보면서 협력적 관계를 구축하고 있다. 스타트업을 통제하기보다 투자를 통해 독립적으로 성장할 수 있도록 돕는 데 주력하고 있다.* QQ와 위챗 또한 각각 독립적으로 성장할 수 있도록 의도적으로 분리했으며 이들을 플랫폼으로 삼아 이커머스, 온라인 게임, 검색엔진 등 다양한 영역으로 진입했다. 현재 텐센트는 중국 게임 시장의 70%를 장악한 기업으로 성장했으며 게임 아이템 판매로 벌어

---

* 텐센트는 투자 및 인수에 적극적이다. 텐센트가 투자한 흥미로운 기업들은 웨이표WePiao, 디디추싱, 메이투안-디엔핑, 징동 등이며, 이들이 텐센트 생태계를 구축하고 있다. 해외 진출에도 적극적인데 텐센트의 프로덕트를 지역 문화에 맞게 현지화하고, 로컬 팀을 고용하는 대신 현지 회사에 투자하는 전략을 쓰고 있다. 2015년 12월에는 리그 오브 레전드League of Legends를 만드는 리옷 게임스 Riot Games의 93% 지분을 소유했다가 나머지 지분마저 모두 사버렸다. 차량 공유 서비스의 경우 텐센트는 북미에서 따로 제품을 만들지 않고 미국의 차량 공유 서비스인 리프트Lyft에 투자함으로써 이미 구축된 네트워크와 비즈니스를 활용하고 있다. 이외 메시징 서비스인 스냅챗Snapchat, 킥Kik, 카카오톡에 투자했다.

위챗의 구조

위챗은 사용자 중심적으로 운영되고 사용자의 개인정보를 보호한다. 위챗 공식계정을 클릭해야 콘텐츠를 읽을 수 있고, 게임을 클릭해야 게임을 할 수 있어 스팸이 없다. 텐센트는 위챗 내에 루머나 도를 넘은 농담을 금하는 데 이는 루머 확산을 금지하는 중국 정부와 관련이 있다. 텐센트는 사용자가 동의하지 않는 한 데이터 수집을 금지하며, H5 게임(카지노)를 금지한다. 어길 시 게시물을 임시차단하거나 공식계정을 영구 금지시키는 조치를 취한다.

텐센트의 100억 사용자 방문 수 투자받기

스타트업 입장에서 돈을 투자받는 것보다 더 매력적인 '텐센트의 100억 사용자 방문 수 투자받기'라는 것이 있다. 꿈같은 이야기로 들릴 수 있지만 실제로 텐센트에서는 2015년부터 쌍바이지화双白计划라는 계획 하에 일정 기준으로 선별한 스타트업들에게 100억 사용자 방문 수를 투자하고 있다. 단, 투자대상이 되는 회사는 적어도 1억 위안 기업가치(167억 원)가 있어야 한다.

방식은 이렇다. 스타트업이 지분을 일정량 텐센트에게 주면 텐센트가 스타트업 지분에 해당하는 만큼의 펀드를 주는데, 이 펀드는 텐센트의 광고 플랫폼인 광리엔통, 위챗 광고 플랫폼 등에서 사용할 수 있고, 텐센트는 100억 사용자 방문 수를 올리도록 도와준다. 이런 식으로 100개의 스타트업에 투자할 예정이라 이름도 双白计划(쌍100계획)으로 지었다.

라이브 스트리밍 앱인 인커映客直播, 식료품 배달 서비스인 미스프레시每日优鲜, 피트니스 기록 앱인 위에동췐悦动圈, 교육관련 앱인 아판티阿凡题, 법률 서비스를 제공하는 스타트업 콰이파우快法务가 이미 텐센트의 100억 사용자 방문 수를 투자받은 기업들이다.

들이는 돈이 텐센트 전체 수입의 절반에 달한다.[*] 그리고 그 중심에 위챗페이가 있다.

텐센트의 핵심 수익원은 위챗페이로 벌어들이는 거래 수수료와 위챗 공식계정이다. 1000RMB를 초과하는 경우 거래의 0.1%의 수수료를, 공식계정 및 위챗 상점 운영자들에게는 0.06%의 거래 수수료를 받는다.

○ 미래의 지배자가 될 TMD 이야기 ○

이번에는 BAT의 후계자가 될 TMD에 대해 이야기해보자. TMD는 현재 고속성장 중인 토우티아오, 메이투안-디엔핑, 디디추싱를 가리키는 말로 세 기업 모두 자기 사업 영역을 뛰어넘어 공격적으로 수익모델을 구축해나간다는 공통점이 있다. 뉴미디어인 토우티아오는 인공지능에 집중하고, 택시 앱인 디디추싱은 자전거 공유 시장에, 공동구매 서비스인 메이투안-디엔핑은 택시시장에 진출했지만 최근 다시금 택시 사업을 접었다.

토우티아오 Toutiao, 今日头条   https://www.toutiao.com

2012년 3월에 설립된 토우티아오는 뉴스를 전달하는 미디어 플랫폼으로 이제 6년밖에 안 된 회사이지만 기업가치가 110억 달러로 평가되면서 2017년 유니콘이 되었다.

토우티아오는 인공지능과 기계학습 연구를 위한 별도의 연구소를 갖추

---

[*] 텐센트의 2017년 3분기 수익을 보면, 온라인 게임 41%, 소셜 네트워크 23%, 온라인 광고 17%, 기타 수익 18%이다. 여기에는 위챗페이와 클라우드가 큰 역할을 하고 있다.

었으며 자체적인 인공지능 기자도 개발했다. 토우티아오의 인공지능 기자는 보통 스포츠 경기가 지나면 2초 내에 경기 결과를 요약한 기사를 쓸 수 있을 정도라고 한다.

그러나 뭐니 뭐니 해도 토우티아오의 핵심 경쟁력은 인공지능 기반의 개인 맞춤화 추천이다. 인공지능과 빅데이터에 기반한 기술로 개인의 취향과 관심사를 고려해 각종 콘텐츠를 큐레이팅해준다. 즉 이용자가 웨이보나 QQ 등의 계정으로 토우티아오에 가입할 경우 5분 안에 이용자가 관심을 가질 만한 콘텐츠의 특징을 알아내어 이를 보여주는 것이다. 이런 개인 맞춤화 서비스 역량은 이용자가 서비스를 이용할 때마다 강화된다. 한편 불법 콘텐츠를 솎아 내는 알고리즘과 이용자가 원치 않는 콘텐츠를 배제하는 기술도 토우티아오는 놓치지 않고 있다.

이러한 기술을 토대로 토우티아오는 1인 미디어 콘텐츠 플랫폼으로 성장했다. 중국에서 1인 미디어는 쯔매이티自媒体로 불린다. '스스로 미디어'라는 의미이다. 2000년대 초반 블로그 형태에서 시작된 쯔매이티는 웨이보와 같은 마이크로 블로그, 영상 플랫폼 르숙, 토우티아오와 같은 플랫폼이 견인하면서 크게 성장했다. 2014년 이후에는 각종 대형 신문사까지 1인 미디어 플랫폼을 출시해 경쟁이 치열해졌는데, 토우티아오는 토우티아오하오mp.tou-tiao.com, 头条号라는 사이트를 열고 여기서 발생하는 수익을 1인 콘텐츠 크리에이터와 공유하는 방식으로 시장을 장악해나갔다. 그 결과 웨이보 등 기타 매체에서 유명세를 탄 왕훙들이 대형 토우티아오하오를 운영하고 있다.[7]

이밖에 토우티아오는 세계적인 뉴미디어 플랫폼으로 도약하기 위해 기업들의 인수합병에도 적극적이다. 2017년 초에는 인스타그램의 대항마로 불리는 미국의 스타트업 플리파그램Flipagram을 인수하기도 했다. 플리파그램은 짧은 동영상을 만들고 공유할 수 있는 서비스를 제공한다. 2017년 11월에는 뮤지컬리Muscial.ly를 인수했으며, 2016년 10월 인도의 데일리 헌트Daily Hunt에도 2500만 달러를 투자했다.[8]

또한 토우티아오는 미국의 대기업인 인텔과 공동 혁신 연구소를 설립하여 인공지능 기술 연구개발에 들어갈 예정이다. 토우티아오의 모기업인 바이트댄스Bytedance는 인공지능 칩 개발에 투자하고 있으며 버클리 인공지능 연구실와 협력하여 인공지능 인재들을 육성하고 있다.[9]

메이투안-디엔핑 Meituan-Dianping, 美团点评

https://www.meituan.com, http://www.dianping.com

앞서 살짝 언급했듯, 메이투안-디엔핑은 음식배달 업체인 메이투안과 음식점 평가업체인 디엔핑이 합병한 회사이다. 메이투안은 알리바바, 디엔핑은 텐센트가 투자한 회사로 2015년 이 둘의 합병은 알리바바와 텐센트가 바이두와 양자대결 구도 형성을 위해 만들어낸 포석으로 해석되기도 했다.

두 회사가 합병한 메이투안-디엔핑은 2017년 58억 건 이상의 거래가 발생하여 총 거래액이 3570억 위안(약 58조 5194억 원)에 달했다. 앱 내의 비즈니스 가입자 수는 2015년 300만 명에서 2017년 550만 명으로 증가했고, 매출 역시 2015년 130억 위안(2조 1285억 원)에서 2017년 339억 위안(5조 5504억 원)으로 증가했다. 그러나 매출 증가와 고객 증가에도 불구하고 메이투안-디엔핑은 2017년에 190억 위안(의3조 1000억 원) 손실을 보고했고 순손실은 29억 위안(4700억 원)을 기록했다.[10]

이에 굴하지 않고 메이투안-디엔핑은 더욱 공격적으로 2018년 4월 초 모바이크를 27억 달러로 인수합병하여 더 많은 사용자를 확보하고 디디추싱에 대항하여 상하이와 난징에서 택시 서비스를 운영하기 시작했다. 그러나 최근 변수가 생겼다. 2018년 8월 말 디디추싱 승객의 살인 사건이 발생하자 이를 타산지석으로 삼아 택시시장에 대한 추가 확장을 중단할 것이라고 밝힌 것이다.[11] 전문가들은 메이투안-디엔핑이 두 도시에서만 택시 서비스를 운영했기 때문에 메이투안-디엔핑의 퇴출이 디디추싱에 큰 영향을 미치지는 않을 것이라고 말한다. 과감하게 한 업계에 진출하고도 상황에 따라 다시 사업을 접는 모습에서 중국 각 업계의 경쟁이 얼마나 치열한지를 가늠할 수 있다.

디디추싱 DidiChuxing, 滴滴出行   https://www.didiglobal.com

모바일 앱을 통해 가장 가까운 곳에 있는 택시 및 개인 자가용 차량을 배치해주는 서비스로 창업 1년 만에 텐센트로부터 1500만 달러를 유치한 후 몸집을 불린 디디추싱은 알리바바의 투자를 받은 콰이디다처와도 성공적으로 합병을 했다. 그러나 텐센트와 알리바바라는 중국의 두 IT 공룡을 등에 업고 탄탄대로가 예상되었던 디디추싱은 2014년 우버의 중국 진출로 위기를 맞는다.

애국심을 자극하는 마케팅 등으로 2년에 걸쳐 우버와 치킨게임에서 승리한 디디추싱은 택시기사들을 사업 파트너로 여겨 다양한 서비스를 제공하고, 현금 결제와 위챗 결제 시스템을 함께 채택하는 등 고객에게 편리한 서비스를 제공하며 시장점유율을 높여갔으며, 이와 동시에 말레이시아의 크랩, 인도의 올라, 미국의 리프트 등 각국의 우버 경쟁사에 거액을 투자하고 전략적 파트너십을 구축했다.

이외에도 오포에 투자하고 블루고고를 인수해 자전거 공유 서비스에 진

출했으며, 중국의 교통 빅데이터를 토대로 도시 교통 정체를 해결하는 기술
도 개발하기 시작했다. 자율주행 자동차를 만드는 데 집중하면서 교통체증
을 예측하고 감소시키기도 했는데, 현재 85% 정확도로 15분 앞서 택시 수
요를 예측할 수 있고, 중국 교통국과 협업하여 중국 20개 도시에서 교통 관
리를 한 결과 운행 경로를 10~20% 정도 단축시키는 성과를 거두고 있다.

디디추싱은 2018년 3월에는 미국 캘리포니아 마운틴뷰에 인공지능 연구
를 위한 디디랩스를 설립하며 기술 혁신에 전력을 다하고 있다. 최근 디디
추싱은 여성 고객의 피살 사건이 생겨 카풀 서비스를 중단하고 서비스 개
편 작업에 들어갔지만, 세계적인 교통 플랫폼으로의 꿈은 멈추지 않았다.[12]

또다른 이커머스 기업, 징동

징동JD, 京東은 360buy를 경영하던 류창동이 2004년 1월 설립한 이커머스 기업이다. 가
전, PC, 가구, 의류, 식품, 도서 등의 상품을 인터넷으로 판매하고 있다. 2014년에 나스
닥에 상장되었다.

알리바바에 비해 징동이 강한 점은 물류이다. 알리바바의 물류 제휴사인 차이냐오
Cainiao는 제3자 배송 서비스와 제휴하고 있지만 징동은 직접 배송 서비스를 관리한다.
이는 징동의 큰 장점이다. 배송 품질을 보장하기 때문이다.

2017년 9월 징동은 상하이에서 가까운 도시 쿤산昆山에 완전히 자동화된 분류 센터를 설
립했고, 150미터나 떨어진 곳의 장애물을 감지할 수 있는 무인 경량 트럭을 테스트하
기 시작했다.[13]

유니콘;
중국 스타트업
생태계를 키우다

스타트업 창업가들이 꿈꾸는 것은 사업을 성공적으로 매각하거나, 기업 공개를 하는 것, 혹은 기업을 지속적으로 키워 '유니콘'이 되는 것이다. 유니콘은 회사 설립 이후 10년을 넘지 않고 10억 달러 이상의 기업가치를 달성한 기업을 말한다(미국의 카우보이 벤처스의 앨린 리가 2013년부터 명명하면서 시작되었다.).

희귀동물 유니콘만큼 10억 달러 가치의 기업도 희귀하다. 2017년 아시아에 있는 유니콘 기업은 총 75개인데, 그중 중국의 유니콘 기업이 59개이며, 또 그 안에서도 2017년에 새로 유니콘이 된 중국 기업들이 무려 34개에 달한다(중국은 미국 다음으로 유니콘 기업이 많다.).[14]

한 해의 유니콘들을 살펴보면 그 해에 어떤 서비스들이 사랑을 받았는지, 현재 가장 뜨고 있는 업계는 어디인지를 알 수 있다. 그러므로 2016~2017년 새롭게 유니콘이 된 중국 기업들을 중심으로 살펴보면서 중국 IT 비즈니스가 어떤 방향으로 진행될지 전망해보도록 하자.*

★ 2017년에 유니콘에 오른 대표적인 중국 기업 11 ★

(단위 : 10억 달러)

진르토우티아오	분 야 : 콘텐츠
Jinri Toutiao, 今日头条	기업가치 : 11
	설 립 일 : 2012. 03. 09
	유 니 콘 : 2017. 4. 7
	설 립 자 : 张一鸣
	사 이 트 : https://www.itjuzi.com/company/2031
	주 소 : 北京市海淀区知春路甲48号2号楼10A室
유나이티드이미징	분 야 : 헬스케어
(롄잉의료)	기업가치 : 5
United Imaging	설 립 일 : 2011. 03. 21
Healthcare,	유 니 콘 : 2017. 9. 14
联影医疗	설 립 자 : 俞晔珣
	사 이 트 : https://www.itjuzi.com/company/167410
	주 소 : 上海市嘉定区城北路2258号
니오	분 야 : 에너지 자동차
NIO, 蔚来汽车	기업가치 : 5
	설 립 일 : 2014. 11. 25
	유 니 콘 : 2017. 3. 15
	설 립 자 : 秦力洪
	사 이 트 : https://www.itjuzi.com/company/22568
	주 소 : 上海市嘉定区安亭镇安驰路569号218室
마오옌디엔잉	분 야 : 티켓예약
Maoyan Dianying,	기업가치 : 3
猫眼电影	설 립 일 : 2015. 11. 12
	유 니 콘 : 2017. 11. 10
	설 립 자 : 王牮
	사 이 트 : https://www.itjuzi.com/company/3700
	주 소 : 北京市朝阳区望京东路6号院6号楼-2至4层01内1层02

---

* 유니콘에 대한 평가기준이 선정기관마다 다르기 때문에 그 수도 다르게 표시된다. 2017년에 유니콘이 된 34개 신생 유니콘 목록은 중국의 스타트업 백과사전이라고 할 수 있는 중국 베이징의 아이티쥐즈IT juzi의 데이터베이스에서 나온 것이다.

모바이크	분 야 : 온디멘드
Mobike, 摩拜单车	기업가치 : 3
	설 립 일 : 2015. 01. 27
	유 니 콘 : 2017. 6. 16
	설 립 자 : 胡玮炜
	사 이 트 : https://www.itjuzi.com/company/35985
	주 소 : 北京市海淀区学院路甲5号2幢平房B北-3042室
오포	분 야 : 온디멘드
ofo, 小黄车	기업가치 : 3
	설 립 일 : 205. 08. 06
	유 니 콘 : 2017. 03. 01
	설 립 자 : 戴威
	사 이 트 : https://www.itjuzi.com/company/18710
	주 소 : 北京市海淀区北四环西路58号11层1102室
이샹훙무 그룹	분 야 : 부동산
e-shang redwood,	기업가치 : 2.8
易商红木集团	설 립 일 : 2011. 07. 08
	유 니 콘 : 2017. 07. 26
	설 립 자 : 孙冬平
	사 이 트 : https://www.itjuzi.com/company/10722
	주 소 : 上海市松江区石湖荡镇闵塔路888弄29号
도우위 티브이	분 야 : 인터넷 소프트웨어
Douyu TV, 斗鱼TV	기업가치 : 1.51
	설 립 일 : 2015. 05. 08
	유 니 콘 : 2017. 11. 20
	설 립 자 : 陈少杰
	사 이 트 : https://www.itjuzi.com/company/10292
	주 소 : 武汉东湖开发区软件园东路1号软件产业4.1期B1栋11楼
브아이피키드	분 야 : 교육
VIPKID, 大米科技	기업가치 : 1.5
	설 립 일 : 2013. 10. 18
	유 니 콘 : 2017. 08. 23
	설 립 자 : 米雯娟
	사 이 트 : https://www.itjuzi.com/company/8811
	주 소 : 北京市海淀区善缘街1号1层10-1003

센스타임(상탕커지)	분 야	: 인공지능
SenseTime, 商汤科技	기업가치	: 1.47
	설 립 일	: 2014. 11. 14
	유 니 콘	: 2017. 07. 11
	설 립 자	: 徐冰
	사 이 트	: https://www.itjuzi.com/company/14937
	주 소	: 北京市海淀区中关村东路1号院3号楼7层710-712房间
후이민커지	분 야	: 온디멘드
Huimin, 惠民科技	기업가치	: 2
	설 립 일	: 2014. 08. 08
	유 니 콘	: 2017. 09. 05
	설 립 자	: 马志刚
	사 이 트	: https://www.itjuzi.com/company/64655
	주 소	: 深圳市龙岗区李朗创新软件园A3栋401

★ 2016년에 유니콘에 오른 대표적인 중국 기업 11 ★

(단위 : 10억 달러)

리엔지아	분 야	: 이커머스
Lianjia, 链家网	기업가치	: 5.8
	설 립 일	: 2001. 09. 30
	유 니 콘	: 2016. 04. 08
	설 립 자	: 左晖
	사 이 트	: https://www.itjuzi.com/company/17422
	주 소	: 北京市朝阳区将台路5号院16号楼601室
로우워커지	분 야	: 하드웨어
Royole corporation,	기업가치	: 3
柔宇科技	설 립 일	: 2012. 05. 08
	유 니 콘	: 2016. 11. 04
	설 립 자	: 刘自鸿
	사 이 트	: https://www.itjuzi.com/company/3171
	주 소	: 深圳市龙岗区横岗街道龙岗大道8288号大运软件小镇43栋

핀뚜어뚜어	분 야 : 이커머스
Pinduoduo, 拼多多	기업가치 : 1.5
	설 립 일 : 2014. 01. 09
	유 니 콘 : 2016. 07. 20
	설 립 자 : 孙沁
	사 이 트 : https://www.itjuzi.com/company/31091
	주 소 : 上海市长宁区愚园路1258号1109-1110室
리에핀	분 야 : 기업 서비스
Liepin, 猎聘网	기업가치 : 1
	설 립 일 : 2006. 09. 07
	유 니 콘 : 2016. 06. 28
	설 립 자 : 戴科彬
	사 이 트 : https://www.itjuzi.com/company/7826
	주 소 : 北京市海淀区中关村南大街乙12号院1号楼二层北区A-031
샤오홍슈	분 야 : 이커머스
Xiaohongshu, 小红书	기업가치 : 1
	설 립 일 : 2013. 08. 02
	유 니 콘 : 2016. 03. 31
	설 립 자 : 毛文超
	사 이 트 : https://www.itjuzi.com/company/3749
	주 소 : 上海市嘉定区真新街道金沙江路2890弄35号3层316室
아이카본엑스	분 야 : 헬스케어
iCarbonX, 碳云智能科技	기업가치 : 1
	설 립 일 : 2015. 10. 20
	유 니 콘 : 2016. 04. 12
	설 립 자 : 王俊
	사 이 트 : https://www.itjuzi.com/company/28104
	주 소 : 深圳市前海深港合作区前湾一路1号A栋201室
모팡공위	분 야 : 공유 서비스
Mofang Gongyu,	기업가치 : 1
魔方公寓	설 립 일 : 2010. 01.
	유 니 콘 : 2016. 04. 13
	설 립 자 : 葛岚
	사 이 트 : https://www.itjuzi.com/company/11382
	주 소 : 上海市闵行区虹梅路3125号

유비테크 UBTECH, 优必选科技	분 야 : 로봇
	기업가치 : 1
	설 립 일 : 2012. 03. 31
	유 니 콘 : 2016. 07. 26
	설 립 자 : 周剑
	사 이 트 : https://www.itjuzi.com/company/17975
	주　　소 : 深圳市南山区学苑大道1001号南山智园C1栋16、22楼
과즈 Guazi, 瓜子	분 야 : 자동차 이커머스
	기업가치 : 1
	설 립 일 : 2015. 07. 13
	유 니 콘 : 2016. 03. 12
	설 립 자 : 杨浩涌
	사 이 트 : https://www.itjuzi.com/company/5241
	주　　소 : 北京市丰台区南四环中路260号北京新发地汽车交易市 场旧车经营区B区178号
우야오신용카 51Xinyongka, 51信用卡	분 야 : 핀테크
	기업가치 : 1
	설 립 일 : 2012. 08. 02
	유 니 콘 : 2016. 09. 21
	설 립 자 : 孙海涛
	사 이 트 : https://www.itjuzi.com/company/1904
	주　　소 : 杭州市西湖区西溪商务中心22号楼15层

스타트업이 유니콘이 되는 기간

하나의 스타트업이 유니콘으로 성장하는 기간은 편차는 있으나 25개 기업(76%)이 대략 2~6년 걸린 것으로 나타났다.[17] 일례로 모바이크나 촨촨은 론칭한 지 24개월 만에 유니콘이 되었고, 추바오커지Chubao, 触宝科技는 105개월 만에 유니콘이 되었다. 트렌드에 맞는 기업이나 대기업 분사 기업일 경우 좀 더 빠르게 유니콘이 되는 경향이 있다.

참고로 추바오커지는 2008년 8월 상하이에 설립되었으며 주로 스마트폰 기반 소프트웨어를 개발·판매하는 첨단 기술 기업으로 중국 내외 유명한 제조업체 및 운영업체와 협력 관계를 맺고 있다.

○ 도시별 분류로 살펴본 유니콘 ○

　도시별로 유니콘을 살펴보면, 베이징은 새로운 유니콘 34곳 중에서 19개 기업이 입지해 있는 도시로 전체의 56%를 차지한다. 베이징에는 대체로 콘텐츠 기업, 인공지능 기업이 입지하고 있다. 베이징에 스타트업들이 많은 이유 중 하나는 베이징대, 칭화대 등 명문 대학이 많아서 좋은 인재를 구하기가 쉽고 벤처캐피털 본사가 많이 위치해 있기 때문이다.

　예전 금융의 중심지였던 상하이에는 디엔롱 같은 핀테크 기업들이 많다. 외국 기업들이 많이 진출한 지역이라서 마케팅, 라이프스타일 관련 스타트업이 상당수 있으며 의료, 헬스케어 분야에서도 유니콘이 나오고 있다. MRI 기기를 만드는 롄잉의료United Imaging, 联影医疗, 밍마커지Mingmai Technology, 明码科技를 예시로 들 수 있다.

　광저우는 아편전쟁이 끝나고 나서 난징조약으로 개방된, 일찍이 무역이 발달한 도시이다. 중국 최대의 수출 박람회 칸톤페어*가 열리고 여러 국적의 외국인들이 많이 다닌다. 광저우 공항에 가면 중국에서 물건을 사서 아프리카로 가져가는 흑인들을 종종 볼 수 있다. 무역의 도시라는 명성답게 광저우에는 핀테크가 크게 발달했다. 미국, 홍콩 주식 거래 플랫폼인 푸투정취엔Futu5, 富途证券, 종합적 뱅킹 서비스 플랫폼인 퇀다이왕TDW, 团贷网, 인터넷 재정 관리 서비스 수이쇼지Feidee, 随手记가 여기에 입지해 있다.

　절강성의 중심 도시는 항저우에는 알리바바가 위치해 있는 만큼 이커머

---

* **칸톤페어**Canton Fair　중국 광저우시에서 열리는 중국 최대 수출박람회이다. 1957년부터 매년 4월과 10월 두 차례씩 열리고 있다.

스 기업들이 많이 입지해 있다. 항저우에는 디자이너들이 많아서 타오바오 셀러들이 이곳에서 패션 디자이너를 구하곤 한다. 항저우에 있는 유니콘 중에서는 B2B 서비스 기업이 많다. 리스크 관리 서비스 기업인 슈멍공창DT Dream, 数梦工场과 통둔커지Tongdun Technology, 同盾科技가 대표적이다.

★ 도시별로 분류한 2017년 주요 유니콘 ★

도시별	기업명	분야	서비스
베이징	진르토우티아오 Jinri Toutiao, 今日头条	콘텐츠	인공지능 기반 콘텐츠 추천 서비스
	마오옌디엔잉 Maoyan Dianying, 猫眼电影	이커머스	영화티켓 예약 서비스
	모바이크 Mobike, 摩拜单车	온디멘드	자전거 렌털 서비스
	오포 ofo, 小黄车	온디멘드	자전거 렌털 서비스
	브아이피키드 VIPKID, 大米科技	교육	어린이 대상 영상 기반 일대일 영어교육 서비스
	센스타임(상탕커지) SenseTime, 商汤科技	인공지능	인공지능 기반 이미지 인식 서비스
	리엔지아 Lianjia, 链家网	부동산	부동산 기업
	리에핀 Liepin, 猎聘网	기업서비스	고위급 임원 헤드헌팅 서비스
	과즈 Guazi, 瓜子	이커머스	중고자동차 매매 서비스
상하이	유나이티드이미징 (렌잉의료) United Imaging Healthcare, 联影医疗	헬스케어	중국 영상진단 의료기기 개발
	니오 NIO, 蔚来汽车	에너지자동차	에너지 자동차 개발, 매매
	이샹훙무 그룹 e-shang redwood, 易商红木集团	부동산	아시아의 주요 물류 부동산 개발 및 운영 업체

	핀뚜어뚜어 Pinduoduo, 拼多多	이커머스	여럿이서 공동구매하도록 하는 이커머스
	샤오훙슈 Xiaohongshu, 小红书	이커머스	이커머스 및 라이프스타일 공유 플랫폼
	모팡공위 Mofang Gongyu, 魔方公寓	공유 서비스	주택 공유 서비스
선전	로우위커지 Royole corporation, 柔宇科技	하드웨어	중국의 디스플레이 기업
	후이민커지 Huimin, 惠民科技	온디멘드	네트워크 소프트웨어 개발 회사
	아이카본엑스 iCarbonX, 碳云智能科技	헬스케어	인공지능을 기반으로 유전체 정보와 각 의료기관에서의 진료 정보, 개인생활정보를 종합적으로 분석해 질병을 예측하는 기업
	유비테크 UBTECH, 优必选科技	로봇	휴머노이드 로봇 개발
항저우	우야오신용카 51Xinyongka, 51信用卡	핀테크	청구서 관리, 상환 알림, 신용 카드 상환, 온라인 카드, 투자, 대출 등 금융 서비스를 제공

○ 유니콘은 어떤 과정으로 성장하는가 ○

유니콘이 되는 기업들은 얼마나 큰 금액을 투자받을까? 유니콘이 되기 위해 유치하는 단일 펀딩 금액은 1~2억 달러 정도이다. 기업들이 한 업계의 트렌드를 타고 성장하고 있을 경우에는 투자자들이 경쟁자들과 쉽게 겨룰 수 있도록 더 큰 돈을 투자해준다. 가령 중국에서 모바이크와 오포는 자전거 공유 서비스 트렌드를 일으켰고 두 기업 모두 단기간에 큰 펀딩 금액을 유치했다(모바이크는 텐센트 등으로부터 33억 위안의 투자를 받았고, 오포는 디디추싱과 샤오미 등으로부터 36억 위안을 유치했다).

스타트업은 투자자들에게 엔젤 라운드부터 A, B, C 라운드 순으로 펀딩을 받아나간다.[15] 뒤로 갈수록 투자 금액이 커진다. 어떤 기업들은 엔젤 라운드 만 받고 문을 닫기도 하고, 또 어떤 기업들은 C 라운드까지 가서 문을 닫기도 한다. 2017년 34개의 유니콘 기업 중 C 라운드를 받고 유니콘이 된 경우는 11개(32%)로 가장 많았다. 그 다음은 D 라운드를 받은 경우로 8개(23%)였다. A 라운드를 받고 유니콘이 된 기업은 5개(15%)이다.[16] 큰 기업이 한 부문을 독립하여 분리시키는 경우가 대다수인데, 생활에 관련된 모든 정보를 제공하는 플랫폼 우빠통청58Tongcheng이 설립한 좐좐Zhuanzhuan, 转转(베이징에 위치한 좐좐은 중고 상품을 사용자에게 보다 안전하고 전문적으로 사고팔 수 있게 하는 중고 거래 플랫폼이다.)과 게임 제작사인 넷이즈NetEase의 넷이즈 클라우드 뮤직Netease Cloud Music이 대표적이다.

이외 대기업이 투자하거나 국유기업에서 분리되어 유니콘이 되는 경우도 있다. 대기업이 투자한 예로는 알리바바가 투자한 캠브리콘와 슈멍공창이 있으며, 국유 기업에서 투자한 예로는 렌잉의료가 있다.

○ 문화, 엔터테인먼트 분야의 유니콘 ○

2017년 새롭게 탄생한 유니콘 기업들을 살펴보면 문화, 엔터테인먼트 분야가 가장 많았다. 문화, 엔터테인먼트 분야는 앞으로 중국에서 크게 성장할 시장이다. 중국 중산층의 소득이 많아지면서 더 좋은 콘텐츠를 찾고 있기 때문이다. 짧은 영상 콘텐츠를 만드는 기업이나 교육 서비스 분야 기업들이 여기에 해당한다. 콰이쇼유, 이디엔즈쉰, 콰이칸만화, 칭팅FM, 로지쓰웨이, 즈후가 이에 속한다.

콰이쇼우 Kuaishou, 快手　　　　　https://www.kuaishou.com

　베이징에 위치한 콰이쇼우가 뜬 비결은 그 독특성에 있다. 2011년 3월에 시작한 이 앱은 원래는 GIF 이미지를 만들어 공유하기 위한 모바일 앱이었으나, 2012년 11월 사용자가 직접 영상을 찍어 공유할 수 있도록 '짧은 영상 공유 기능'을 넣어 커뮤니티로 전환했고, 2015년 이후 빠른 속도로 시장에서 큰 인기를 끌기 시작했다. 대부분의 영상 관련 앱들이 미모를 뽐내는 왕홍들 위주일 때 콰이쇼우는 엽기적이고 특이한 사람들에 주목했고, 특히 3, 4선 도시의 서브 문화를 잘 반영했다. 콰이쇼우에 나오는 영상을 보면 농부가 종일 밭을 갈거나 저녁에 집에서 밥을 하는 모습, 한 여자가 엽기적인 음식들을 먹는 모습 등 독특하다. 콰이쇼우는 합리적인 알고리즘으로 그 다음 영상이 나오게끔 설계했다.

이디엔즈쉰 Yidian Zixun, 一点资讯　　　　　https://www.yidianzixun.com

　베이징에 위치한 회사로 관심 분야를 기반으로 맞춤형 정보를 사용자에게 제공하는 모바일 앱이다. 주로 정치 뉴스, 금융 정보, 사회 이슈, 가정, 인테리어, 디자인, 육아 지식, 별자리, 여행, 역사, 우주 탐사, 최첨단 과학 기술 정보 등을 제공한다.

콰이칸만화 Kuaikan Manhua, 快看漫画　　　　　https://www.kuaikanmanhua.com

　모바일로 만화를 볼 수 있는 앱이다. 베이징에 위치한 이 기업은 2017년 12월 D 라운드 투자 유치를 했으며 현재까지 총 투자유치 자금이 1억 7700만 달러에 달한다.

칭팅FM Dragonfly FM, 蜻蜓FM

https://www.qingting.fm

2011년 9월 설립된 중국의 모바일 오디오 앱이다. 사용자 및 콘텐츠 제작자가 앵커가 되어 직접 오디오 콘텐츠를 만들고 오디오 지식재산권을 보유할 수 있게 한다.

로지쓰웨이 Luoji Siwei, 罗辑思维

https://www.luojiji.com

루오쩐위罗振宇이라는 개인이 운영하는 지식 서비스 제공 앱인데, 그를 따르는 팬의 수가 무려 18만 명에 달한다.[18] 루오쩐위는 지식 공유 서비스 더다오得到 앱에서 특히 유명한 지식 제공자이며, 앱 이외에도 위챗 공중계정, 지식 토크 쇼 영상 프로그램인 로지쓰웨이罗辑思维을 운영하고 있다.

즈후 Zhihu, 知乎

https://www.zhihu.com

2011년 1월 베이징에서 주위엔周源에 의해 설립되었다. 온라인 질의응답 커뮤니티로 모든 계층의 사용자를 연결하였으며 이곳에서 사용자는 지식, 경험 및 통찰력을 공유한다. 관심 있는 주제를 중심으로 관련 주제에 대해 토론할 수도 있고 관심사가 동일한 사람들을 만날 수도 있다.

○ 비즈니스 서비스 분야의 유니콘 ○

두 번째로 유니콘이 많은 곳은 비즈니스 서비스 분야다. 이중 지난 2년간 이슈가 되었던 인공지능 기업들이 크게 성장했다. 이들 기업은 기술도 매우 우수하다. 데이터베이스가 있고, 인력이 젊고, 정부의 정책적 지원이 있기 때문이다. CB 인사이트에서 뽑은 인공지능 100개 기업 중 7개 회사가 중국 회사이고 그중 토우티아오, 센스타임, 유비테크 3개의 기업이 유니콘인 것만 봐도 알 수 있다. 인공지능 기업 중 센스타임은 감시 카메라 분야로 특화된 기업이다. 이외 쾅스커지, 몹보이 등을 꼽을 수 있다.

토우티아오 Toutiao, 今日头条　https://www.toutiao.com

2012년 3월 장이밍张一鸣이 창업했다. 빅데이터 기술을 기반으로 사용자들의 취향과 관심사를 고려해 각종 콘텐츠를 큐레이팅해준다.

센스타임 SenseTime, 商汤科技　https://www.sensetime.com

센스타임 혹은 상탕커지로 불리는 이 기업은 홍콩 중화 대학교의 공과 대학 팀이 베이징에서 설립했다. 얼굴 인식, 대상 인식기술을 개발하고 있으며 퀄컴, 화웨이, 샤오미, 혼다, MIT 등 전략적 파트너가 쟁쟁하다. 2018년 4월 알리바바에게서 6억 달러의 투자를 받았고 회사의 평가액은 30억 달러를 초과한다. 2018년 5월에는 6억 2000만 달러의 C+ 라운드를 투자받았다.

쾅스커지 Kuang Shi Technology, 旷视科技　https://www.megvii.com

첫 번째 제품인 Face++는 개발자 및 기업 고객을 대상으로 한 클라우드 서비스였으나 지금은 세계 최대의 얼굴 인식기술 플랫폼으로 성장했다. 알리바바, 레노보, 지아유안 센츄리 호텔, 메이투 씨우씨우 등에서 이 기술을 사용하고 있고, 금융, 보안, 소매 분야의 중국 기업들도 상업적으로 사용하기 시작했다.

몹보이 Mobvoi, 出门问问

https://www.chumenwenwen.com

추문원원로 불리는 몹보이는 중국 스마트워치 스타트업이다. 구글은 몹보이가 개발한 음성 인식 기능과 프로세싱 기술을 높게 평가해 2015년 C 라운드 투자를 결정했다. 2018년에는 두 가지 화면을 지닌 듀얼 스크린 스마트워치 '틱워치 프로'를 출시했다.

유비테크 UBTECH, 优必选科

https://www.cn.ubtrobot.com

2012년 선전에 설립되었고, 인공지능과 휴머노이드 로봇을 개발하며, 대표적으로는 소비자용 휴머노이드 로봇인 알파Alpha 시리즈가 있다. 2016년 춘절 갈라쇼 때 수백 개의 로봇들이 동시에 똑같이 춤을 추면서 공산당 분위기를 크게 연출했는데, 이때 쓰인 게 바로 유비테크의 로봇이다.

캠브리콘 Cambricon, 寒武纪

https://www.cambricon.com

인공지능 프로세서와 칩을 생산하는 기업이다. 화웨이의 협력사이며 최근 클라우드 서버용 칩 시장에도 진출했다. 2018년 6월 B 라운드 투자유치를 성공적으로 마치고 기업가치가 25억 달러로 뛰었다. 알리바바, 중국과학아카데미Chinese Academy of Sciences는 물론 중국 최대 음성인식 기술업체인 커다쉰페이iFLYTEK, 科大訊飛와 중국 최대 PC 업체인 레노버 등이 투자했다.

슈멍공창 DT Dream, 数梦工场

https://www.dtdream.com

2015년 3월 항저우에 설립되었고 클라우드 컴퓨팅, 빅데이터, 스마트 산업 및 전문 IT 서비스에 중점을 둔 기업이다. 사업 범위는 클라우드 컴퓨팅 하드웨어 및 소프트웨어, 빅데이터 기술 개발, 기술 서비스 및 컨설팅, 기술

유니콘; 중국 스타트업 생태계를 키우다　121

수입 및 수출이다.

리우리슈어 Liulishuo, 流利说　　　　　　　https://www.liulishuo.com

인공지능을 이용하여 영어 구술 학습을 제공하는 회사이다. 매일 영어권 국가의 대화 구문을 제공하고 영어 구술 능력을 향상시킬 수 있는 게임을 제공한다. 상하이에 위치해 있다.

○ 공유 서비스 분야의 유니콘 ○

자전거 공유 서비스도 크게 회자되었다. 공유 서비스라고는 하지만 엄밀히 말하면 '렌털 서비스'라고 볼 수 있다. 쓰던 자전거를 공유하는 개념이 아니라 대량생산된 자전거를 일정한 요금을 내고 타고 다니는 개념이기 때문이다. 대표적인 자전거 공유 서비스 기업인 모바이크와 오포는 전 세계로 무대를 넓혀가고 있다. 이외 주택을 단기 대여하는 샤오주, 사무실 공유 서비스인 유커궁창도 눈여겨 볼 기업들이다.

모바이크 Mobike, 摩拜单车　　　　　　　https://mobike.com

중국의 자전거 공유 서비스 업체. 전직 기자였던 후웨이웨이가 창업한 모바이크는 기술적인 면(GPS, QR 코드)과 디자인을 잘 다듬은 뒤 2016년 4월 상하이에서 론칭했으며, 같은 해 9월 베이징에서 론칭하면서 급속도로 퍼졌다. 이후 성장을 거듭하던 모바이크는 2018년 메이투안에 인수되었다.

오포 ofo, 小黄车 `https://www.ofo.so`

중국의 자전거 공유 서비스 업체. 베이징대에서 박사 과정을 밟던 중이던 다웨이가 2015년 창업했다. 오포는 일단 중국의 대학교 캠퍼스들을 중심으로 자전거를 확산시킨 이후 화웨이와 차이나유니콤 투자를 받아 기술적인 면을 끌어올리기 시작했다.

샤오주 Xiaozhu, 小猪短租 `https://www.xiaozhu.com`

2012년 베이징에 설립되었으며 중국 400개 도시, 해외 252개 도시에 42만 개의 주택을 보유하여 숙박 공유 서비스를 제공하고 있다(2018년 7월 기준). 일반 가정뿐만 아니라 정원, 오래된 건물, 기차 방, 숲 오두막과 같은 독특한 장소에 묵을 수 있도록 해준다.

유커궁창 URWORK, 优客工场 `https://www.urwork.cn`

2015년 4월 베이징에 설립된 사무실 공유 서비스이다. 커뮤니티 기반으로 비즈니스 소셜 플랫폼을 제공한다.

○ 이커머스 분야의 유니콘 ○

이커머스 유니콘 중에는 중국판 인스타그램으로 불리는 샤오훙슈와 '많이 모인다'라는 뜻의 공동구매 앱 핀뚜어뚜어가 주목할 만하다.

샤오홍슈 xiaohongshu, 小红书   http://www.xiaohongshu.com

2013년 설립된 커뮤니티형 이커머스로 몇 년 사이에 가파른 성장세를 보이고 있다. 현재 전 세계 9600만 명이 넘는 사용자가 샤오홍슈를 사용하고 있다(2018년 4월 기준). 머신러닝 기술을 이용하여 사용자에게 상품을 추천한다.

핀뚜어뚜어 Pinduoduo, 拼多多   https://www.pinduoduo.com

2015년 9월에 설립된 쇼핑 앱이다. 사용자는 친구, 가족, 이웃 등으로 그룹을 만들어 저렴한 가격으로 제품을 공동구매할 수 있다. 2018년 7월 26일에 미국에 상장했다.

○ 헬스케어 분야의 유니콘 ○

헬스케어 분야도 크게 떠오르고 있다. 2009년부터 중국의 건강의료 개혁이 이루어지기 시작했고, 중산층의 소득이 높아지면서 더 나은 진료에 대한 수요가 생겼기 때문이다. 중국은 1인당 GDP가 8100달러대에 있고(2017년 기준), 건강보험 정책에서도 2009년 이래 진료비의 개인 부담 비중을 20%까지 낮추는 등 앞서가고 있다.[19] 또 원격진료를 보건의료시스템 개혁에서 주요 수단으로 결정하면서 원격진료 시장이 증가하기 시작했다.[20]

현재 공공의료를 개선하기 위한 많은 기업들이 진출하고 있는데, 2016년에는 선전의 아이카본엑스가 10억 달러 펀딩을 받으면서 중국 최초의 헬스케어 유니콘이 되었고, 2017년에는 상하이의 렌잉의료, 밍마테크놀러지도 유니콘이 되었다.

아이카본엑스 iCarbonX, 碳云智能 https://www.icarbonx.com

2015년 10월 27일 선전에 설립, 인공지능을 기반으로 한 생명공학 회사이다. 유전체 정보와 각 의료기관에서의 진료 정보, 개인생활정보를 종합적으로 분석해 질병을 예측한다. 2016년에는 9월 이스라엘의 인공지능 회사인 Imagu Vision Technologies를 인수하고, 아이카본엑스-이스라엘iCar-bonX-Israel의 설립을 발표했다.

유나이티드이미징 United Imaging, 联影医疗 https://www.united-imaging.com

렌잉의료 혹은 유나이티드이미징이라고 불리는 이 기업은 전 세계적으로 주목받고 있는 의료기기 기업으로 2011년 창립 이후 2013년 미국에 R&D 센터를 설립했고 2014년부터 본격적으로 제품을 생산하기 시작했다. 2017년 매출액은 약 4000억 원에 달하며 말레이시아를 거점으로 홍콩, 태국, 베트남, 라오스, 캄보디아, 호주, 뉴질랜드 등 아시아태평양 지사를 순차적으로 확대해나가고 있다. 2018년부터는 일본, 인도 법인 설립과 전 세계 최대 의료기기 시장인 미국 진출도 본격화한다는 계획이다.

밍마테크놀러지 Mingma Technology, 明码科技 https://cn.wuxinextcode.com

밍마커지 혹은 밍마테크놀로지로 불리는 이 기업은 상하이에서 2015년 설립되었다. 컴퓨터 기술, 생명공학, 분자 진단 및 치료, 건강관리 컨설팅 분야의 기술을 개발한다. 기술 이전과 기술 컨설팅, 기술 서비스 또한 제공하고 있다.

○ 공유 주택 분야의 유니콘 ○

공동거주를 위한 주택 임대를 하는 스타트업도 크게 떠오르고 있다. 최근 몇 년 사이 중국에서 주거 소비의 큰 손으로 떠오르는 바링허우(80년대생)와 주링허우(90년대생)들이 부모로부터 독립하면서 '공동거주'라는 매력에 푹 빠지면서부터다. 대표적인 기업으로는 리엔지아, 모팡꽁위, 투지아, 아이우지우가 있다.

리엔지아 Lianjia, 链家
https://www.lianjia.com

2001년 베이징에 설립된 부동산 회사이다. 부동산 거래 서비스와 자산관리 서비스를 통합한 데이터 중심의 부동산 서비스 플랫폼으로 중고주택 및 신규주택 거래, 렌털 서비스를 제공한다. 리엔지아는 베이징, 상하이, 광저우, 선전, 천진, 우한, 청두, 청도, 충칭, 대련, 허페이 등 28개 지역에서 운영되고 있으며 전국에 8000여 개의 지점이 있다. 여기서 일하는 부동산 중개인은 13만 명이 넘는다.

모팡꽁위 Mofang Gongyu, 魔方公寓
https://www.52mf.com.cn

2009년 상하이에 설립된 공동거주 기업으로 빌라 건물에 입주자들이 함께 어울릴 수 있는 공동 사용공간을 크게 두는 특징이 있다. 포브스 선정 세계 1위 사모투자회사PE인 워버그 핀커스로부터 3억 달러를 받고 유니콘이 되었다.

투지아 Tujia, 途家网　　　　　　　　　https://www.tujia.com

중국판 에어비앤비인 투지아는 글로벌 아파트 및 호텔 예약 플랫폼이다. 2011년 12월 설립되었다. 투숙객에게는 안락하고 편안한 여행을 경험할 수 있게 하고 집주인에게는 안전한 주택 공유 플랫폼으로서 높은 수익률을 제공하고 있다.

아이우지우 Aiwujiwu, 爱屋吉屋　　　　　　https://www.iwjw.com

2014년 3월에 설립된 온오프라인 통합 부동산 중개 플랫폼이다. 지난 2년 동안 상하이, 광저우, 선전 등에서 중고주택 및 신규주택 거래, 임대 서비스를 제공하고 있다.

○ 중고차 시장 분야의 유니콘 ○

중고차 시장도 중국 스타트업 생태계에서 빼놓을 수 없다. 중국의 중고차 시장은 폭발적인 성장세로, 신차 시장의 성장이 둔화됨에 따라 커진 것으로 분석된다. 중국 사람들은 여전히 체면을 중시하기 때문에 저렴한 신차를 소유하기보다는 고급 차종으로 갈아타는 수단으로서 중고차를 선호한다. 2015년 중고차 거래 플랫폼으로 진출한 회사들 중 2016년 유니콘으로 올라선 기업에는 런런처와 꽈즈를 꼽을 수 있다. 참고로 2018년은 니오 같은 전기자동차 회사를 주목해볼 만하다.

런런처 Renrenche, 人人车

리지엔李健이 2014년 4월 베이징에 설립한 회사이다. C2C 비즈니스 모델로 중고차와 신차 매매는 물론 애프터서비스를 통합하는 자동차 거래 서비스 플랫폼으로 발전했다. 중고차를 전문적으로 평가하여 판매하는 데 특화되어 있고, 14일간의 반품 서비스를 제공한다.

꽈즈 Guazi, 瓜子

중고차가 주로 거래된다. 하지만 애프터서비스, 자동차 보험, 자동차 유지 보수, 신차 판매까지 차량과 관련한 전반적인 서비스를 제공하고 있다. 2015년 9월에 양 하오용杨浩涌에 의해 설립되었다.

니오 NIO, 蔚来汽车

2014년 11월에 설립된 스마트 전기자동차 회사이다. 온라인 자동차 거래 사이트 빗오토의 설립자 리빈李斌, 오토홈의 설립자 리샹李想, 징동 회장 류창둥刘强东, 텐센트의 레이쥔雷军, 샤오미 CEO가 운영하는 웨이 캐피털 등 최고의 인터넷 회사 및 기업가에 의해 설립되었다.

○ 기타 분야의 유니콘 ○

이밖에 IT 업계에 인력이 많이 필요해지면서 리에핀 같은 구인구직 스타트업이 크게 성장했고, 2017년에는 어린이 전문 화상 영어교육업체인 브이아이피키드가 유니콘으로 올라 전 세계로 뻗어나가고 있다.

리에핀 liepin, 猎聘网

https://www.liepin.com

전문직 종사자나 고위급 임원만을 기업과 연결해주는 유료 서비스를 제공한다. 2011년에 시작되었으며 2700만 명이 넘는 회원이 등록되어 있고 50만 개 이상의 기업에 서비스를 하고 있다(2015년 기준).

브이아이피키드 VIPKID

https://www.vipkid.com.cn

미원주엔米雯娟이 2013년 베이징에 설립하였다. 4~12세 어린이에게 일대 일로 영어 수업을 진행하는 기업으로 2017년 유니콘이 되었다. 북미에 4만 명의 영어 선생님들을 고용하고 있으며 중국 유료 사용자가 30만 명 정도이다. 수업료는 25분 수업에 14~22달러를 받는다. 북미의 결혼한 여성들, 특히 미국 동부나 중부 연안의 여성들이 주로 선생님이 되며, 교사 수업을 이수한 이들이 영어 수업을 진행한다.

지금까지 각 지역별로, 사업 분야별로 2016년과 2017년 중국 유니콘 기업들을 간략하게 살펴보며 앞으로 이들 중국 기업들이 어떤 방향으로 움직일 것인지 가늠해보는 시간을 가졌다. 그렇다면 이런 유니콘 기업을 통해 우리는 어떤 인사이트를 얻을 수 있을까?

먼저 중국의 유니콘들은 대다수가 베이징에 입지해 있다는 것을 확인할 수 있다. 베이징에 입지하면 우선 베이징대, 칭화대의 인력을 유치할 수 있다는 장점이 있다. 특히나 인터넷 기반 창업을 하는 스타트업들은 자연스럽게 베이징에 모이기 때문에 개발자를 구하는 것이 용이하다. 또한 벤처캐피털의 본사가 베이징에 위치한 경우가 많아 같은 스타트업이라도 투자금액을 더 크게 유치할 수 있다. 이 외에 많은 중국의 대기업들이 베이징에 본사를 두고 있기 때문에 이들에게 투자를 받거나 합병이 될 가능성도 엿볼 수 있고 혹은 대기업을 나와서 새로 창업을 하는 인물들도 많기 때문에 여러모로 시너지가 난다. 스타트업 행사 또한 베이징에서 큰 규모로 자주 열리므로 정보를 빠르게 입수할 수 있다.

둘째, 유니콘 기업들에 투자한 투자자를 보면, 흥미롭게도 2017년 새롭게 탄생한 유니콘 회사 34개의 60% 이상이 BAT와 직간접적으로 연결되어 있다는 것을 볼 수 있다. 이는 앞에서도 말했지만 중국 시장의 큰 장점이라고 할 수 있다. 스타트업이 대기업으로 성장한 후 다시 초기 스타트업에 투자함으로써 시장이 선순환하고 있는 것이기 때문이다.

셋째, 2016년과 2017년에 이슈가 된 서비스를 비교하면, 2016년에는 핀뚜어뚜어와 샤오홍슈를 대표로 하는 이커머스 회사들이 두드러졌고, 2017년에는 오포, 모바이크를 대표로 한 온디멘드형 회사들이 많이 나타난 것을 볼 수 있다. 나중에는 우산, 농구공 대여 서비스까지 나오는 등 온디멘드 시장이 핫이슈였다.

한편 인공지능은 2017년 내내 일관되게 인기있는 투자 분야였다. 아이티쥐즈 보고서에 따르면, 중국 인공지능 스타트업의 기업가치는 미국에 비해 2~4배 높다.[21]

액셀러레이터만 의존해서는 안 된다

중국 시장을 목표로 하는 대부분의 한국 기업이 비즈니스 모델과 사업의 지속성을 확보하기 어려워 철수를 하고 있다. 리쉐이 센터에 입주했던 기업만 보더라도 클로져, 스톰소프트, 제이앤피 게임즈 3개의 기업 외에는 모두 중국을 철수했다(2018년 3분기 기준).[22] 중국 지방정부에서는 취업비자 및 법인 설립 등 발빠르게 지원을 해주고 있으나 기업 대다수가 중국 내 사업 방향 및 파트너 확보, 비즈니스 모델 등을 주도적으로 해결하지 못하고 지원센터에만 의존하는 경향을 보이고 있다. 또한 한국에서 중국 법인을 운용하려는 하는 등 중국 내의 사업 진행에 큰 열정을 보여준 기업도 드물었다.

이런 이유로 최근 액셀러레이터는 한국 기업의 입주 시 좀 더 명확한 중국 진출 목적을 밝히도록 하고 있으며, 분명한 의지를 가진 기업에게만 지원하기 위해 심사조건을 까다롭게 변경하고 있다. 또한 한국 기업들이 겪는 가장 큰 어려움이 액셀러레이터의 지원이 부족해서라기보다는 사업자 자녀의 교육환경 변화에 대한 걱정 등 개인적인 이유에서 비롯되는 경향이 크다는 판단하에 가족 구성원의 중국 내 취업이나 자녀의 교육환경 지원 등을 추가적으로 검토하고 있다.

액셀러레이터와 밴처캐피털;
스타트업의 수호천사

    어느 곳인들 힘들지 않는 곳이 있겠느냐만 중국에서 창업하기란 정말 쉽지 않다. 중국에서 창업의 고된 길을 달릴 때 창업보육기관 역할을 해주는 기업이나 기관을 액셀러레이터라고 부른다.

    이들은 대체로 얼마간의 스타트업 지분을 가져가면서 일정 금액을 투자하고, 그들이 가지고 있는 내부 공간에 입주시켜 스타트업들에게 필요한 교육, 멘토링, 각종 자문, 파트너십 등을 도와준다.

    액셀러레이터에 따라 정해진 일정에 맞춰 스타트업을 도와주는 곳도 있고, 사무실만 임대해주고 필요한 부분을 요청하면 그에 맞는 도움을 주는 곳도 있다. 중국에 진출할 때 액셀러레이터에 관한 정보를 알고 있으면 알게 모르게 도움이 된다. 지금부터 이러한 액셀러레이터들을 살펴보도록 하자.

○ 상하이에 있는 한국 액셀러레이터 ○

중국 상하이에 입지한 한국 액셀러레이터에는 네오위즈에서 설립한 네오플라이, 한화에서 설립한 드림플러스, 스마일게이트에서 설립한 오렌지팜, 게임 스타트업 위주로 도와주는 리쉐이 센터가 있다.

공통적인 특징은 일정기간(1~3개월) 중국에 머물게 해주고 중국 기업과 파트너십 유치 등에 도움을 준다는 것이다. 회사 홈페이지를 통해 중국 진출 프로그램을 확인하여 신청하거나 이메일로 연락하면 된다.

네오플라이   https://www.neoply.com

상하이 푸단대학교 근처 텐센트 인큐베이터 센터 내에 위치해 있다. 주된 프로그램은 A 라운드 스타트업의 중국 진출을 돕는 것이다. 네오플라이의 엑셀러레이팅을 거친 기업에는 스마트스터디, 멤버쉽컴퍼니 등이 있다. 한편 여름방학, 겨울방학 기간에 2주 동안 대학생 창업캠프가 열리는데, 비즈니스 캔버스 실습, 시장조사, 잠재고객 만나기 등의 프로그램으로 운영된다. 마지막 날에는 2주간 창업 아이템을 준비한 내용을 바탕으로 데모데이 피칭을 한다.

드림플러스   https://www.dreamplus.asia

상하이 푸단대학교 대학로 입구에 위치해 있다. 중국에 진출했을 때 큰 성과를 보일 수 있는 한국 기업들을 선발하여 센터에 무료로 입주하게 해주며, 이 기업들이 중국 현지 기업과 파트너십을 맺을 수 있도록 적극적으로 도움을 주고 있다. 중국 파트너를 만나 함께 합작 애니메이션을 만들 수 있게 지원한 '크레이티브밤'이 대표적인 예다. 드림플러스는 향후 동남아시아 지역으로 확대하여 동남아시아에 진출하는 스타트업에게도 도움을 줄 계획이다. 항저우에도 드림플러스 센터를 설립할 예정이다.

오렌지팜

https://orangefarm.smilegate.com/main/main.asp

스마일게이트 그룹이 후배 스타트업의 동반 성장을 지원하기 위해 2014년 설립한 스타트업 인큐베이션 센터이다. 무상으로 사무실 및 운영 전반에 대한 비용을 지원해주고 법무, 세무, 개발 및 마케팅에 대한 멘토링을 해준다. 또한 스타트업이 놓치기 쉬운 계약과 지분 관련 법무 서비스를 제공한다. 2018년 7월부터는 경기창조경제혁신센터와 공동으로 '고 차이나랩'을 운영하고 있다. 고 차이나랩은 중국 진출을 희망하는 스타트업을 대상으로 총 4주 동안 진행하는 중국 진출 지원 프로그램이다. 인공지능, 사물인터넷을 활용한 하드웨어, 소프트웨어 스타트업이라면 노려볼 만하다.

리쉐이 센터

https://ictkorea.strikingly.com

2014년부터 상하이 근방에 있는 도시인 리쉐이, 항저우, 자싱에 센터를 설립했다. 이 센터에 3년 간 무료로 입주하게 해주고, 법인 설립이나 취업비자 처리를 지원해준다. 또한 세무회계 기장 대리, 데모데이 무료 참가 지원, 투자자 매칭 및 사업 파트너 매칭을 위한 FAFinancial Advisor 계약 체결을 지원해준다. 중국 내 파트너 기업과 투자자를 대상으로 사업 발표를 하는 데 모데이도 열고 있다. 2016년 이후 매년 2회 개최한다.

○ 영어권 액셀러레이터 ○

중국인 직원이 있거나 중국인과 공동창업을 한 것이라면, 혹은 중국어로 소통하는 데 문제가 없다면 뒤에서 소개할 창업방이나 페이마뤄와 같은 중국 액셀러레이터가 적당하지만, 영어로 소통하는 것이 더 편하다면 영어권 액셀러레이터를 추천한다. 상하이에 있는 차이나액셀러레이터와 선전의 핵스를 들 수 있다. 특히 차이나액셀러레이터는 위챗 공중계정으로 팔로어들을 모아 수익화할 수 있도록 가르친다.

차이나액셀러레이터 Chinaccelerator

에스오에스브이SOSV는 1995년 션 오설리반Sean O'Sullivan에 의해 미국에서 설립된 벤처캐피털이다. SOSV에서는 전 세계의 스타트업에 투자하기 위한 목적으로 4억 달러의 벤처펀드를 만들었고, 이 펀드로 전 세계 6개의 액셀러레이터가 운용되고 있다. 그중 상하이에 세운 것이 '차이나액셀러레이터'이다.[23] 2010년부터 세계 여러 나라에서 온 외국 스타트업들을 선발하고, 이들에게서 6%의 지분을 받고 투자를 한 다음 액셀러레이팅을 진행한다.

차이나액셀러레이터는 중국어가 부족한 외국인 창업가들이 위챗 공중계정이나 마케팅 부분에서 최대한 전문성을 살릴 수 있도록 프로그램을 운영한다. 또한 데모데이를 개최하여 스타트업들이 투자자들 앞에서 본인의 비즈니스 모델을 발표하도록 하고 있다(대개의 액셀러레이터는 스타트업의 일정 지분을 받고 일정 금액을 투자해주고, 3개월 동안 최대한 많은 성과를 내게 하여 이를 투자자들 앞에서 발표하게 하는 자리를 마련하고 있다.).

중국은 업계 흐름이 매우 빨라 매번 스타트업들이 집중을 해야 하는 이슈가 바뀐다. 가령 2015년 12월 데모데이 때는 위챗 공중계정을 최대로 활용해야 수익을 낼 수 있었고, 2016년 6월에는 중국 사람들의 소비 수준이 높아짐에 따라 해외 직구를 돕는 서비스들이 주목을 받았다. 2016년 12월에는 위챗 공중계정이 포화되었기 때문에 이외의 소셜 네트워크를 활용해 중국 소비자를 끌어 모은 스타트업들이 투자를 받았다.

핵스 HAX

SOSV가 운영하는 6개의 액셀러레이터 중 선전에 세운 것이 바로 하드웨어에 집중한 액셀러레이터 '핵스'이다.[24]

핵스는 전문화된 스타트업 육성센터로 외지에서 온 하드웨어 스타트업 중 상품성이 입증된 기업들을 선발하여 보다 빠르게 프로토타입을 제품화할 수 있도록 도와준다. 핵스 역시 매번 10개 정도의 스타트업을 선발하여 3달 간 액셀러레이팅을 거친 후 데모데이를 열고 있다.

○ 중국의 주요 액셀러레이터 ○

지에디치接地气라는 말이 있다. '땅을 딛는다'는 말인데, 중국에서 월 매출 4000만 원을 올리고 있는 한 싱가포르 스타트업 대표에게 그 비결을 물어보니 "중국인과 같은 땅을 딛는다."라는 말을 해준 적이 있다.

한국에 있는 정부의 창업기관을 통해 해외 액셀러레이터 프로그램을 신청하면 한국어로 문서를 작성해도 되고 한국의 다른 스타트업들과 친하게 지낼 수도 있지만, 중국 스타트업과 꽌시关系를 만들거나 중요 구성원이 모인 정보방에 들어가기 어렵다. 따라서 중국에 진출하고자 한다면 3개월 프로그램으로 중국에 출장을 다녀올 것이 아니라 개별적으로라도 중국 액셀러레이터 프로그램에 신청해 '중국 스타트업처럼' 창업하는 사례가 많이 나왔으면 좋겠다.

마케팅 채널을 중국인들이 즐겨 사용하는 플랫폼에 맞추고 그 눈높이를 맞추는 것은 비즈니스를 하는 데 있어 매우 중요한 일이다. 계속 강조하지만 중국에서의 창업은 중국 고객들이 원하는 것으로 해야 한다. 중국인이 어떤 소셜 네트워크를 쓰고 무엇에 관심을 가지는지 알려면 중국 스타트업들 사이에서 창업하는 것이 바람직하다. 그런 의미에서 중국의 대표적인 액셀러레이터를 살펴보도록 하자. 베이징에는 창업방, 페이마뤼가 있고, 상하이에는 이노스페이스, 엑스노드, 수허휘, 아이스타트 벤처스가 있다. 이 외에 홍콩의 패션 리테일러인 리앤펑 그룹 익스플로리엄과 테크노드가 운영하는 노드스페이스도 꼽을 수 있다.

창업방 创业邦

창업방은 2007년 설립되어 온라인 매체와 〈창업방〉이라는 월간잡지를 발행하고 있다. 베이징, 상하이를 포함한 중국 20개 도시에 코워킹 스페이스가 있고, 자체적인 창업보육 프로그램인 방캠프BANG CAMP를 베이징에서 매년 열고 있다.

페이마뤼 Feimalv, 飞马旅

페이마뤼는 '페가수스의 여행'이라는 뜻으로 상하이, 베이징을 포함한 9개 도시에 위치해 있다. 호라이즌 리서치 컨설턴트 그룹 회장인 위엔위에衷岳가 만들었다. P2P 대출 플랫폼인 처넝다이Chenengdai, 车能货, 미술 대중화를 목표로 관련 콘텐츠를 만드는 위챗 공식계정 이와이이슈Yiwai11, 意外艺术, 3분 정도의 휴먼 영상으로 이커머스 위챗 공중계정을 운영하는 이탸오Yitiao, 一条, 조선족 창업가가 만든 액세서리 점포 이보요Yiboyo와 처라이러 Chelaile, 车来了 등이 페이마뤼 출신이다.

이노스페이스 Innospace

부동산 회사에서 설립한 액셀러레이터이다. 푸단대와 퉁지대, 엔지니어링 대학이 몰려 있는 양푸 지역에 위치해 있다. 이 지역에는 텐센트 인큐베이터, 한화 드림플러스도 입지해 있다.

지금까지 이노스페이스를 거쳐 간 스타트업은 400개 남짓인데, 이중 75%가 3년 생존율을 보이고 있다. 이노스페이스는 지역을 국한하지 않고 투자하는 경향이 있다. 베이징, 상하이가 아닌 다른 지역에 있는 중국 스타트업도 투자받을 수 있는 것이다. 또 중국의 영향력 있는 벤처캐피털인 고비 파트너스, 프리엔젤 펀드, 이노엔젤, 아톰 벤처스와도 연결할 수 있는 길을 열어주고 있다.

이노스페이스는 투자할 분야를 정확하게 알고 투자하는 편이다. 이것이 가능한 이유는 이노스페이스에 지원하는 스타트업이 매우 많기 때문이다. 1년에 8000개가 넘는 지원서가 쏟아지므로 투자계획과 관련 있는 곳만 선발해 내부 액셀러레이터 프로그램에 참여시키고, 액셀러레이팅 프로그램에서 1차로 선발한 스타트업들을 지켜본 후 투자를 결정한다. 이노스페이스에서 3년 내에 1억 위안 기업가치가 넘은 기업들은 다음과 같다.

★ 이노스페이스에서 투자한 스타트업 ★

기업명	기업 설명
지위커지 极鱼科技	인간–컴퓨터 제스처 상호작용 기술 전문 솔루션 제공 업체
즈연우렌지 紫燕无人机	무인 항공기를 만드는 업체
싱저 行者	자전거 사이클링 및 야외 걷기, 달리기 등 야외 스포츠 기록 앱
우타샹지 毛他相机	실시간으로 얼굴 메이크업을 해서 영상을 찍고 사진을 찍을 수 있게 해주는 앱
미팡커지 幂方科技	고급 나노 반도체 물질 시스템을 통한 소프트웨어를 만드는 업체
후이주처 惠租车	180개국에서 이용되는 글로벌 렌터카 서비스 플랫폼
칭촹커지 擎创科技	인공 지능 및 기계 학습을 통해 기업 고객을 위해 대용량 데이터 분석 솔루션을 제공하는 업체
엑스파워 Xpower	모바일로 스마트 홈 전력 시스템을 제공하는 업체
지엔슈 简书	사용자들이 간단하게 자신의 책을 만들고 서로 소통할 수 있게 해주는 업체
요요이동 游友移动	100개 이상의 국가에서 와이파이를 쓸 수 있게 해주는 앱
차오짜오이 超交易	투자자를 위한 '금융 인공 지능 플랫폼'으로서 빅데이터 트랜잭션의 기술적 분석을 해주는 회사
슈어리엔커지 润联科技	프로토콜 통합, 네트워크 연결, 클라우드 서비스, 애플리케이션 개발을 제공하는 업체
판이커지 繁易科技	산업 기계 자동화 제어 및 산업용 장비를 개발, 제조, 판매하는 업체

앞으로 이노스페이스는 2억 위안(약 326억 6200만 원) 규모로 자동차, 스마트 제조, 신유통에 투자할 것으로 보인다.[25]

이노스페이스는 다른 나라 정부와도 활발하게 교류하고 있다. 최근 말레이시아, 홍콩에서도 이노스페이스에 방문하거나 자국의 스타트업을 모아 액셀러레이터 프로그램에 참여시키고 있다. 한국의 경우 창업진흥원을 통해 5~6개 정도의 한국 스타트업이 액셀러레이팅을 받고 있다.

이노스페이스에서는 액셀러레이터, 창업가 카페, 하드웨어 랩, 숙소, 체육관이 한 곳에 있기 때문에 이곳에 입주한 스타트업들은 온전히 사업에만 집중할 수 있다.

엑스노드 XNODE

2015년 부동산 업계에서 일하던 주웨이周炜가 설립했으며 일본, 영어권 국가의 스타트업을 주로 엑셀러레이팅하고 있다. 상하이에 위치한 엑스노드 내부에는 타쿠미 이노베이터와 호주의 어스트레이드 랜딩패드와 같은 액셀러레이터가 위치해 있다. 엑셀러레이터 안에 엑셀러레이터가 있는 셈이다. 이로 인해 중국에 진출하는 일본 기업, 호주 기업들이 엑스노드를 자주 찾는다.

핑크퐁으로 유명한 한국의 어린이 교육 스타트업 스마트스터디는 한국 디캠프*의 도움으로 2015년에 몇 달간 엑스노드에 입주한 바 있다. 엑스노드에는 교육 프로그램이나 강연이 별도로 존재하지 않는다. 공간만 대여해주는 방식이다. 다만 내부에 많은 외국인 창업가가 있고 창업 행사가 있기

---

* **한국 디캠프** 은행권청년창업재단이 운영하는 우리나라의 복합 창업 생태계 허브이며 스타트업 지원 기관이다.

때문에 보통의 코워킹 스페이스에 들어가는 것보다 네트워킹을 맺는 측면에서 더 유리할 수 있다.

수허휘 苏河汇

2012년 다렌 뤄Darren Luo가 설립했다. 현재 상하이, 청두에 입지해 있으며, 중국 정부의 지원을 통해 무상으로 사무실 공간과 책상 등의 사무기기를 제공받을 수 있다. 수허휘는 정부, 학교, 인큐베이터, 엔젤 투자자, 벤처 캐피털들과 함께 공동투자를 진행하기도 한다.

아이스타트 벤처스 iStart ventures

상하이에 위치한 기술 기반 창업보육센터이다. 지방정부, SB 차이나 벤처 캐피털, 그리고 엔젤투자자인 차리Cha Li가 설립했다.

아이스타트 벤처스의 벤처 펀드는 현재 중국 정부의 모태펀드*와 국내 투자금으로 운용되고 있다. 국내 투자금은 대기업이나 소수의 부유층이 유한책임 투자자LP, Limited Partner가 되어 조성한 것인데, 그중에는 상하이의 민항구**도 포함되어 있다. 참고로 업계에 투자하는 '투자자들에 대한 투자자'를 유한책임 투자자라고 한다. 업무집행 조합원GP, General Partner이 유한책임 투자자를 통해 자금을 조달하여 스타트업 기업에 투자하고, 투자한 기업의 가치가 높아져 수익이 창출되면 이를 배분하거나 매각하여 이익을 남긴다.[26]

---

* **모태펀드**　정부가 기금 및 예산을 벤처기업 또는 창업투자조합에 직접 투자하지 않고, 벤처캐피털에 출자하는 '상위의 펀드'를 말한다.[27]

** **민항구**　서울의 강남구와 같은 상하이의 구 이름이다. 상하이에서는 각 구마다 창업지원 자금을 확보하고 있다.

익스플로리엄 Explorium, 利程坊

2017년 12월 홍콩의 패션 리테일러인 리앤펑 그룹은 2017년 테크노드, 이노스페이스와 함께 신유통과 새로운 경험에 집중하는 익스플로리엄이라는 인큐베이터를 한인타운이 있는 상하이 허촨루 역 앞에 세웠다. 여기는 오로지 신유통, 공급망, 이커머스에 관련된 스타트업을 입주시키고 이들을 관련 업계와 연결시켜주는 등의 지원을 해주고 있다. 신유통에 집중하는 스타트업이라면 큰 리테일러와 빠른 시기에 협업을 통해 성장을 꾀하는 방법도 노려보길 바란다.

익스플로리엄을 방문하면 이제껏 리앤펑 그룹에서 투자한 여러 패션 의류 브랜드의 아울렛이 있어 여기가 정말 스타트업 인큐베이터인지 믿기지 않을 정도이다. 1층은 패션 의류 아울렛이, 2층은 미국의 백화점 브랜드인 Macy's와 테크노드 사무실과 신유통 인큐베이터 공간이 넓게 펼쳐져 있다.

노드스페이스 NodeSpace

중국 최대의 IT 미디어인 테크노드가 자체적으로 운영하는 노드스페이스는 항저우, 청두에 입지해 있다. 테크노드는 상하이에서는 익스플로리엄 내에, 베이징에서는 중국의 중신그룹에서 만든 코워킹 스페이스 안에 입주하여 스타트업들을 지원하는 업무를 하고 있다.

○ 한국과 중국 벤처캐피털의 차이점 ○

벤처캐피털VC, Venture Capital은 고도의 기술력을 갖추고 있으며 장래성도

중국 액셀러레이터를 경험한 한국 스타트업 인터뷰

중국 액셀러레이터를 경험해보면 각각의 액셀러레이터가 어떻게 꽌시 쪽으로 도움을 주는지, 정보방꾿(주로 위챗방)은 어떻게 만드는지 등에 대해 알게 된다. 중국 액셀러레이터를 경험한 브렉스랩, 크레이티브밤, 멤버쉽컴퍼니, 상상락 창의센터의 사례를 통해 중국 액셀러레이터의 특징을 살펴보도록 하자.

브렉스랩

한국 스타트업 최초로 차이나액셀러레이터에 선발된 브렉스랩VRex Lab은 커뮤니케이션, 네트워크, 그리고 창업자로서 좋은 습관을 들이는 데 도움을 받았다고 한다. 10개 창업가 팀이 기차를 타고 베이징 대기업들을 방문하는 '긱스 온 트레인Geeks On A Train' 행사를 비롯해 여러 행사에 참여하면서 커뮤니케이션 능력을 기를 수 있었고, 중국, 아시아 태평양 지역으로 진출한 대기업의 임원들, 벤처캐피털, 창업자들이 공식 멘토의 자격으로 법인 설립, 법률 자문 등에서 도움을 주었다는 것이다. 각종 통계수치를 정기적으로 확인하거나 투자자를 만난 뒤 팔로우업하는 법, 현지화하면서 부딪히는 문제, B2B 비즈니스 제휴 파트너를 연결해주고, 해당 제품을 어떻게 만들어야 하는지와 같은 제품 전략 등 헬스장의 퍼스널 트레이너처럼 창업가 옆에서 좋은 습관을 기를 수 있게 북돋아주었다.

크레이티브밤

크레이티브밤은 이노스페이스 프로그램 후 한화에서 설립한 드림플러스에 들어갔다. 드림플러스는 1992년부터 한국 스타트업들이 중국 기업과 파트너십을 맺을 수 있도록 실질적인 도움을 주고 있다. 크레이티브밤은 드림플러스의 도움으로 중국 직원이 없음에도 중국의 애니메이션 회사와 극장판 애니메이션 제작 계약을 체결할 수 있었다.

멤버쉽컴퍼니

멤버쉽컴퍼니는 창업방의 중국 스타트업을 대상으로 하는 방캠프 프로그램에 참여한 바 있다. 방캠프 프로그램에 선발된 한국 스타트업으로는 멤버쉽컴퍼니가 유일하다. 창업방은 위챗 그룹방을 만들어서 같은 기수, 혹은 전 기수의 스타트업과 소통을 할 수 있게 한다. 이곳에서 스타트업들은 각자 자신의 사업 아이템을 소개하면서 협업 가능성이 있다고 생각하는 스타트업들을 찾아보고 관계를 맺는다.

상상락 창의센터

상상락 창의센터는 페이마뤼에서 액셀러레이팅을 받았다. 페이마뤼에서의 가장 큰 장점은 네트워킹이다. 페이마뤼를 거친 기업들은 모두 업계가 다르기 때문에 300명이 넘는 위챗 그룹방에서 이야기를 나누다 보면 필요한 자원과 연락처를 거의 제공받을 수 있다.

엑셀러레이터의 데모데이

데모데이Demoday는 스타트업 기업이 투자자들에게 서비스나 제품, 아이디어 등을 소개하는 행사를 말한다. '전시용', '시험용'을 뜻하는 Demo와 Day의 합성어로, 본격적인 사업 진행에 앞서 투자자들에게 자신들의 아이디어와 사업 방향을 선보이고 준비한다는 의미가 있다.

데모데이는 여러 곳에서 자주 열린다. 이중 규모가 크고 기대가 되는 데모데이는 상하이에서 열리는 차이나액셀러레이터 데모데이다. 프레젠테이션은 모두 영어로 이루어진다. 차이나액셀러레이터 데모데이에서 발표하는 스타트업들은 대개 아주 오랜 기간 발표 연습을 하기 때문에 전달하고자 하는 비즈니스 모델이 명확하고 듣다 보면 빠져들게 되어 흥미진진한 쇼를 보는 것 같은 즐거움이 있다.

차이나액셀러레이터가 대단한 이유는 중국어를 전혀 하지 못하는, 중국을 처음 밟아보는 외국인 창업가를 3개월 안에 버젓하게 중국에서 살아남을 수 있는 서비스로 탈바꿈시키기 때문이다. 따라서 중국에 진출하려는 한국 기업 중 6월이나 12월에 상하이를 방문할 예정이라면 차이나액셀러레이터의 데모데이에 참관하길 권한다.

있으나 아직 경영기반이 약하고 일반 금융기관으로는 위험부담이 커서 융자받기 어려운 벤처 비즈니스에 대해 주식취득 등을 통하여 투자하는 기업 또는 이와 같은 기업의 자본을 말한다. 이와 같은 회사들은 투자한 기업의 주식공개를 통해 자본이익capital gain을 회수하는 것으로 수익을 올린다.

중국의 외국계 벤처캐피털 중 35위, 36위가 한국의 벤처캐피털이다. 35위는 한국투자파트너스이고, 36위가 엘비 인베스트먼트LB Investment이다. 벤처캐피털의 중요한 3가지 구성요소는 펀딩, 투자, 엑싯*인데, 한국투자파트너스의 경우에는 펀딩, 투자, 엑싯을 모두 중국에서 하고 있다. 즉 투자에 필요한 금액을 펀딩받는 것도 중국에서, 투자도 중국 기업들에게, 이들을 엑싯하는 것도 중국에서 이루어진다. 엘비 인베스트먼트의 경우에는 투자를 위한 펀딩은 한국에서 받고, 투자와 엑싯은 중국에서 하고 있다.

한국 벤처캐피털과 중국 벤처캐피털은 2가지 큰 차이점이 있다.

첫째, 중국 벤처캐피털은 엔젤 라운드, A, B, C 라운드 금액이 도식화되어 있는 반면 한국 벤처캐피털은 엔젤 라운드, A, B, C 라운드에 대해 얼마나 투자가 되는지 도식화된 규칙이 없다. 엔젤 라운드부터 활발하게 투자되는 것도 많지 않다. 반면 중국 벤처캐피털들은 지속적으로 수익이 나지 않더라도 C 라운드까지 투자하는 경향을 보인다.

---

* **엑싯**Exit　　투자자는 언젠가 회수해간다. 투자금이 한편으론 빚이라는 말이 그냥 나온 게 아니다. 때문에 투자 제안 단계에서도 엑싯 모델을 제시하는 것이 필요하다. 구체적으로 제시하는 것이 불가능하더라도 늘 고민해야 하는 부분이다. 엑싯의 방법으로는 인수합병M&A 또는 기업공개IPO가 있다.

★ 한국과 중국 벤처캐피털의 각 단계별 투자금액 ★

(단위 : 한화)

	엔젤	A 라운드	B 라운드	C 라운드	엑싯
중국		30~50억	100억	1000억	1조
한국				1000억	

 둘째, 중국이 한국보다 더 공격적으로 투자하는 스타일이라는 것이다. 중국 벤처캐피털은 한두 개 스타트업에 투자해서 이게 터지면 과감하게 다른 투자도 진행한다. 여러 벤처캐피털이 함께 투자하기보다 단독으로 투자하는 것을 선호하기 때문에, 좋은 스타트업이 나타나면 벤처캐피털끼리 비딩 bidding도 이루어진다. 그리고 어느 스타트업에 투자했다는 것을 대외적으로 홍보한다. 그것이 다시 승수 효과가 생겨서 브랜드와 기업가치에 영향을 주고, 투자에 성공했을 경우 기업공개가 조 단위 이상 되기도 한다. 특히 BAT는 상당수 스타트업에 투자하면서 기업공개까지 도와주고 스타트업 생태계를 만들어가고 있다. C 라운드까지 적자가 나도 용기 있게 투자하는 벤처캐피털이 많다. 투자한 액수보다 월등한 금액으로 엑싯시킨 경험이 있다 보니 중국 벤처캐피털은 A, B, C라운드에서 투자 금액이 올라가도 망설이지 않는다.

○ 중국에서 펀드레이징을 받는 방법 ○

 중국에서 펀드레이징을 받으려면 단계별로 전략이 필요하다. 한국 벤처캐피털에서 받을 것인지, 중국 벤처캐피털 인큐베이션 센터에서 받을 것인지, 자력으로 할 것인지, FAFinancial Advisor(보수를 받고 스타트업을 벤처캐피털에게 연결해주는 업체)를 통해서 할 것인지 등 다양한 방법을 고려하고 결정해야 할 것이다.

가장 추천하는 것은 일단 벤처캐피털 업계와 친해지라는 것이다. 창업가들이 벤처캐피털 업계의 생리와 논리를 많이 알아야 어떻게 접근해야 하는지 이해할 수 있다. 벤처캐피털의 투자 심사자를 만나 자기 사업 아이템에 대해 이야기하면 운이 좋은 경우 해당 벤처캐피탈의 투자를 받을 수 있고, 그렇지 못하더라도 거의 무료 컨설팅라고 할 수 있을 만큼 얻을 수 있는 것이 많다.

창업가가 투자 심사를 위한 질문을 받을 때도 곱씹으면 뭐가 부족한지 무엇을 보강하고 특화시켜야 하는지를 알게 된다. 벤처캐피털의 투자 심사자를 어떤 방법으로 접촉할 수 있을지는 사실 정형화된 것은 없다. 다만 스타트업 대표라면 벤처캐피털 업계와 친해지는 데 시간과 에너지를 좀더 많이 쏟아야 한다는 것이다.

○ 중국 벤처캐피털 업계는 경쟁 중 ○

중국에는 8000여 개의 펀드가 있다. 그리고 이 펀드는 인민폐, 달러화로 크게 나뉜다. 달러화는 2000여 개가 있다.

지금 중국 벤처캐피털은 투자자 간의 경쟁이 치열해 투자하고 싶어도 못하는 경우도 있다. 창업가들은 빨리 투자하고, 자율권 주고, 가치를 더해주는 투자자를 좋아하며 벤처캐피털 브랜드도 따진다. 초기 단계의 스타트업에 투자할수록 신속한 의사결정이 이루어지지만, 투자가 끝은 아니다. 다음 라운드를 찾아주는 것도 중요하고 스타트업이 필요로 하는 비즈니스 네트워킹을 도와주고 마케팅 전문가를 지원해주는 것도 벤처캐피털이 해야 하는 역할이다. 향후 전략에 대해 논의하고 방향을 바꿔야 할 때 벤처캐피털은 스타트업의 좋은 의논 상대가 되어주기도 한다.

광군지에;
알리바바의 힘을
보여주다

　중국에서 11월 11일은 중국 최대 규모의 온라인 쇼핑이 이루어지는 광군지에光棍节이다. 알리바바는 2016년 광군지에 하루 동안 1207억 위안(약 20조 7000억 원)을, 2017년에는 1682억 위안(28조 3078억 원)을 벌어들였다. 1자가 4개 모인 11월 11일은 원래 중국의 솔로데이였는데, 알리바바가 2009년부터 솔로들을 위한 쇼핑데이로 성공적으로 마케팅해 중국에서는 온라인상 최대의 할인가격으로 원하는 물건을 살 수 있는 날이 되었다.

　중국 사람들은 타오바오https://taobao.com에서 구매하고자 하는 상품을 미리 장바구니에 담아둔 뒤 11월 11일이 되는 순간, 품절되기 전에 구매하기 위해 클릭 경쟁을 펼친다. 거대한 고객들을 트래픽 상으로 감당해야 하는 이커머스 기업에게 11월은 무척 기대되면서도 긴장되는 달이다.

　광군지에로 중국 내의 쇼핑족들을 사로잡은 알리바바는 전 세계로 눈을 돌려 2016년부터 공격적으로 11월 11일을 '글로벌 쇼핑데이'라고 명명하고 마케팅을 벌였다. 매년 광군지에는 패션쇼에서 옷을 갈아입듯 그 해의 테크 트렌드를 찾아 갈아입는다. 2016년에는 가상현실, 2017년은 신유통이 트렌드였다. 이에 따라 알리바바의 광군지에 부스는 허마센셩, 무인결제시스템을 이용한 무인가게, 패션 인공지능을 이용한 스마트 거울 등을 선보였다.

○ 알리바바가 발전시키는 기술이 한 자리에 ○

광군지에 당일, 알리바바는 국내와 전 세계 600여 명의 기자들을 한 대형 미디어룸에 모은다. 그리고 전광판을 통해 전 세계 곳곳의 수치가 어떻게 바뀌는지 거래가 일어날 때마다 그 지역에 불꽃처럼 거래 빈도를 표시하여 보여준다.

스크린의 수치는 사회자가 계속해서 일목요연하게 정리해주어 기자들의 이해를 도왔고, 이에 광군지에 24시간 동안 스크린을 지켜봐야 하는 괴로움이 즐거움이 되는 축제의 장이 되었다.

2017년 광군지에로 보건데, 알리바바는 글로벌 쇼핑데이를 전 세계로 넓히는 것뿐만 아니라 농촌 지역까지 퍼뜨리는 것을 목표로 하고 있는 듯하다. 중국 각 지역에 배송물품을 전달받을 수 있는 오프라인 지점을 설치하고, 배송물품을 담을 수 있는 선반과 담소를 나눌 수 있는 자리 등을 마련하여 마을회관처럼 꾸몄다. 이곳으로 리포터들이 파견되어 어떤 방식으로 외딴 시골에서 상품을 주문하고 전달받는지 할머니 할아버지들과 실시간 인터뷰를 진행하는 모습도 선보였다.

알리바바가 발전시키고 있는 분야는 클라우드, 가상현실, 증강현실, 로봇, 인공지능이다. 이중 수면으로 떠오른 것은 가상현실을 기반으로 한 이커머스다. 알리바바와 협업하기로 한 HTC*는 광군지에에 모인 600명의 기자들에게 모바일로 된 헤드셋을 선보이며 알리바바의 BUY+를 직접 체험해보게 했다. 액자 속의 원하는 장소를 바라보고 있으면 그 지역으로 이동할 수 있었는데, 뉴욕의 Macy's 백화점도 가보고, 호주의 목장에서 우유도 사고, 도쿄의 백화점에서 상품들을 둘러보고 구매할 수도 있었다.

○ 알리바바를 하나의 경제로 보는 마윈 ○

2017년 11월 11일이 끝나기 2시간 전, 연회장의 열기가 갑자기 뜨거워졌다. 마윈 회장이 나타난 것이다. 이 자리에서 마윈 회장은 광군지에 매출 규모 자체는 알리바바에게 큰 의미가 없으며 더 큰 비전을 향해 나아가고 있다고 말했다. 그리고 알리바바는 엔지니어뿐만 아니라 경제학자, 사회학자 등이 필요한 경제 단위라고 하면서, 세계의 여러 이슈, 특히 환경오염, 농촌의 발전을 해결하기 위해 노력하겠다고 말했다.

알리바바의 광군지에 하루 총 매출이 브라질의 1년 이커머스 매출에 맞먹는다는 보도가 포브스지에 난 적이 있다. 마윈은 알리바바를 세계에 기여할 수 있는 경제 단위로 생각하고 이에 대한 사명감을 드러낸 것이다.

알리바바의 창의성은 광군지에를 관통하는 디자인에서도 엿볼 수 있다.

---

* **HTC** High Tech Computer Corporation 대만 타이페이에 본사를 두고 있는 대만의 가전제품 회사로 1997년에 설립되었다. 랩톱 컴퓨터의 설계 및 제조를 시작으로 스마트폰까지 만드는 장비 제조업체로 성장했으며, 2016년에는 HTC Vive로 알려진 가상현실 플랫폼을 만들기 위해 Valve와 파트너십을 맺고 비즈니스를 다각화하기 시작했다.

텐센트, 바이두, 화웨이가 믿음직한 30대 남자의 인상을 준다면, 알리바바는 자유분방한 20대 여성의 느낌을 준다. 2017년 광군지에 컨퍼런스에서 알리바바는 이를 극대화시켰다. 애니메이션에서 툭 튀어나온 것 같은 단순함과 귀여운 디자인은 주링허우(90년대생)들에게 제대로 먹혔다.

11월 11일이 되면, 전 세계 소비자가 보는 웹사이트 화면 이면에 이를 보도하기 위한 최적의 환경이 조성된다. 전 세계 각국에서 온 기자들로 하여금 티몰 스크린의 집계를 속속 보도할 수 있도록 할 뿐만 아니라 행사가 끝난 후 기자들의 다큐멘터리를 따로 만들기도 한다. 각기 다른 각도에서 광군지에를 조명하고 이를 다시 전 세계에 알리는 데 알리바바는 전력을 다하고 있다.

텐센트;
위챗으로 만드는
세상

　현재 중국 시장은 텐센트 진영과 알리바바 진영으로 양분되어 있으며, 지금도 이 두 회사는 많은 회사들을 끝없이 흡수·합병 중에 있다. 이중 텐센트의 발걸음은 언제나 상상을 뛰어넘기 때문에 앞으로의 행보가 더 궁금해진다.

　현재 텐센트는 다양한 기업에 투자를 하면서 산업 구조를 한 번에 엮으려는 시도를 하고 있다. 소셜커머스 다중디엔핑, 중국형 우버 디디추싱, 자전거 공유회사 모바이크, 쇼핑몰 징동 등에 지분투자를 함으로써 소비자 접점이 되는 플랫폼을 연합하고 빅데이터를 구성하고 있다. 시각을 넓혀 해외쪽으로 돌아보면, 텐센트는 다음카카오 2대 주주이고 글로벌 업체 테슬라, 넷마블, 블리자드 등의 지분을 상당 부분 보유하고 있다.

　텐센트가 보유한 기업들의 가치는 50조 원에 육박하고, 시가총액은 600조 원 가량으로 아시아에서 최고를 기록하고 있다. 중국의 IT 공룡인 텐센트는 세계에서 가장 큰 플랫폼이 될 것이 분명하다. 모바일, 콘텐츠, 미디어, 오프라인 서비스, 금융, 의료까지 텐센트의 비즈니스 생태계는 지금도 진화 중이다.

○ QQ와 위챗의 시작, 거대한 플랫폼의 꿈 ○

텐센트는 1998년 설립된 QQ라는 PC 메신저 기반으로 사업을 시작했다. 20년 전만 하더라도 중국에서 친구들을 만나면 QQ 번호를 서로 물어보는 것이 일반적인 인사였고 사람들의 필수 메신저 프로그램이었다. 당시 QQ는 MSN 메신저 짝퉁이라는 혹평이 많았지만, 중국에서 MSN 메신저는 너무 느려 사용하기 어려웠으므로 빠르고 안정적인 QQ 사용자가 급속하게 증가할 수밖에 없었다.

인터넷 서비스는 사용자 수가 깡패이다. 사용자를 기반으로 여러 영역으로 발전한다. 텐센트는 QQ와 함께 스마트폰 보급이 일반화되는 2011년 위챗이란 모바일 메신저를 선보이면서 메신저 시장을 완전히 평정하였다. 초기의 위챗은 카카오톡의 많은 요소를 따라하는 경향이 강했으나 최근에는 카카오톡보다 새로운 기능을 더 빨리 선보이고 있다.

지금의 위챗은 중국인들의 소비 패턴을 바꾸고, 심지어 위챗이 없으면 생활이 불가능할 정도에까지 이르렀다. 이는 위챗을 정확히 이해하면 비즈니스 기회를 만들어갈 수 있다는 것을 뜻한다.

현재 위챗을 사용하는 인구는 9억 명이다. 향후 텐센트는 이를 기반으로 진정한 플랫폼 사업을 꿈꾸고 있다. 9억 명의 빅데이터를 기반으로 한 위챗은 채팅 앱이 아니라 하나의 거대한 플랫폼이라 할 수 있다. 그러므로 현재 시점에서 비즈니스 기회를 잡고자 한다면 위챗의 행보를 주시해야 할 것이다.

○ 위챗페이로 무현금 시대를 앞당기다 ○

2011년 시작한 위챗이 불과 7년만에 중국인의 생활을 바꿀 수 있는 위력을 갖게 된 배경에는 스마트폰 보급이 있다. 이 시점에 스마트폰이 대중화되기 시작했고 3G의 등장으로 인터넷 속도가 빨라지면서 위챗 서비스 또한 순식간에 퍼진 것이다.

위챗이란 메신저와 모멘트라는 SNS 기능으로 충분한 사용자 수가 확보되자 텐센트는 이를 기반으로 2013년 위챗페이微信支付(웨이신즈푸) 서비스를 시작하였다. 당시에는 알리페이支付宝(즈푸바오)가 시장을 독점하던 시기라, 위챗페이는 카피 제품이라고 폄하되었으나 모바일 메신저를 바탕으로 하는 익숙하고 편리한 사용법이 사용자 수를 빠르게 증가시켰다. 2018년 3월 기준으로 SNS를 활용한 위챗페이 결제는 알리페이를 빠른 속도로 따라잡고 있다(알리페이 52%, 위챗페이 37%).

지금 중국은 무현금 사회로 가고 있다. 실제로 스마트폰만 있으면 현금 없이 돌아다녀도 아무런 불편함이 없다. 지하철, 택시를 포함해서 거의 모든 생활이 위챗페이와 알리페이로 연결되어 있다. 상하이에서는 재래시장에서도 QR 코드로 결제할 수 있어 과거처럼 잔돈 없다고 물건 값을 깎는 일이 벌어지지 않는다.

현금으로 결제하는 것이 아니다 보니 쉽게 소비를 하는 경향이 있거니와 소비자의 소비 패턴이 빅데이터로 모여 정확한 제품 추천을 할 수 있어 2차 소비가 이루어지고 있다. 3년 전 위챗페이가 빠른 속도로 확산될 때 온라인 세뱃돈이라 할 수 있는 위챗 훙빠오*를 선보이면서 엄청난 이슈가 된 것도 이를 뒷받침하는 사례라고 할 수 있다.

위챗페이는 소비에서 끝나는 것이 아니다. 위챗이 금융 서비스를 제공하면서 은행에 갈 일이 점점 없어지고 있다. 현금을 단기 이자 통장에 넣어두면 입출금이 편리할 뿐만 아니라 연간 4.5%대의 이자를 받을 수 있다(매일 이자가 계산되어 늘어가는 수치를 체크할 수도 있다). 재테크 상품理财产品은 5%대의 이자를 받을 수 있으며 각종 펀드도 위챗 하나로 구매할 수 있다. 신용도에 따라 대출도 가능하니 앞으로는 거의 모든 은행 업무가 위챗페이와 알리페이로 대체될 가능성도 높다.

이 외에도 생활에서 발생되는 전기세, 수도세 등 세금 및 공과금 대부분이 위챗페이로 해결되고 있다. 병원에서도 등록 및 결제상에서 벌어지는 불필요한 중간 과정이 위챗페이로 정리되었다. 줄서서 등록하고 결제하던 모습이 위챗페이가 가능해지면서 병원에서 대기하는 시간이 절반으로 줄어든 것이다. 소비자 편의를 위한 전방위 서비스, 생활에 필요한 모든 서비스가 연결되는 올커넥티드 환경이 텐센트가 원하는 방향이다.

---

* **훙빠오**紅包 세뱃돈이나 축의금 등 경사스러운 날, 돈을 빨간 봉투에 넣어서 준다 하여 훙빠오라고 부른다. 알리페이와 위챗페이에서 훙빠오는 실제 현금으로 사용할 수 있는 현금 쿠폰을 의미한다.

○ 개인도 기업도 할 수 있는 웨이상 ○

텐센트는 2013년부터 위챗을 기반으로 개인이 제품을 팔 수 있게 했는데, 이를 웨이상微商이라고 한다. 웨이상은 모바일 메신저를 통해 상품을 홍보하고 판매하는 오픈 마켓이다. 그동안 온라인 커머스는 알리바바의 타오바오가 거의 독식하고 있었는데, 텐센트가 새로운 오픈 마켓을 만들어냈다는 점에서 큰 의미가 있다. 웨이상으로 거래되는 전자상거래 규모는 2017년 기준으로 6800억 위안(약 11조 508억 원)이며, 2000만 명 이상의 사람들이 제품 판매를 하고 있다.

텐센트는 철저하게 SNS 메신저라는 위챗의 특색을 살려서 웨이상을 운영한다. 즉 개인의 SNS 계정으로 주변 지인에게 필요한 제품을 판매하도록 한 것인데, 직접 눈으로 확인한 제품도 믿지 않는 중국인의 특성상 지인을 통해 판매하는 이러한 판매 방식은 쉽게 퍼져나갈 수 있었다.

웨이상에서 팔기 적합한 제품은 미용, 패션 관련한 소비재들이다. 브랜드와 가격이 큰 영향을 미치는 생활재는 글로벌 기업이나 대기업들이 이미 선점하고 있어 적합하지 않다. 즉 지인 추천으로 먹히는 화장품 같은 소비재를 잘 골라 공략하면 비즈니스 기회를 잡을 수 있다.

미용, 패션 제품 외에 콘텐츠나 스토리를 기반으로 한 제품, 예를 들면 유아교육 제품들도 웨이상에서 팔기 적합한 제품이다. 특히 여성들은 가성비만을 따져 소비하는 것이 아니라서 화장품과 유아교육 제품은 마케팅 포인트가 비슷하다고 할 수 있다.

웨이상 등록은 매우 간단하다. 위챗을 통해서 인증을 받으면 누구나 열 수 있다. 앱에서 '微店店长版'을 설치한 후 개인 정보를 입력하고 여권을 통해 위챗 인증을 신청하고 기다리면 승인이 이루어진다. 승인받은 후에는 제품 등록 및 편집이 가능하다. 그러나 웨이상은 위챗 기반으로 주변 지인을 판매 대상으로 하기 때문에 일반적인 전자상거래와 다르다는 점을 유의해야 한다.

○ 텐센트의 가장 큰 수익은 게임 ○

수많은 게임들이 위챗과 연결되어 있다. 텐센트가 크게 성장한 배경에는 게임이 가장 큰 역할을 했는데, 지금도 게임 매출이 전체 매출의 41%를 차지한다(2017년 3분기 기준). 2018년 1월 왕저롱야오王者荣耀라는 개발팀에 1인당 약 1억 위안(약 163억 원)씩 춘절 보너스를 지급한 것도 화제다. 왕저롱야오는 유저가 2억 명이 넘고 1일 활동 계정이 5400만 명이라고 하니 대단한 숫자이다. 2017년 시나닷컴Sina.com, 新浪网에서 발표한 상위 10개 게임 중에서 5개가 텐센트가 개발한 것으로 알려졌다.

초기에 엄청난 자금력으로 게임회사를 인수하면서 시작된 텐센트 게임은 아이러니하게도 한국 게임을 효과적으로 활용했다. 한국산 게임을 노골적으로 카피하거나 기술력이 뛰어난 한국 게임 업체들과 퍼블리싱 계약을 맺는 방식으로 한국산 게임을 제공한 것이다.

현재 텐센트는 중국 게임 시장의 70%를 장악한 기업으로 성장했는데, 텐센트가 게임 아이템 판매로 벌어들이는 돈은 연간 5조 원이 넘는다(2017년 연말 기준). 이는 텐센트 전체 수입의 4분의 3에 달하는 수치이며, 텐센트가 온라인 게임을 통해 성공을 일군 회사라는 말을 듣는 이유이기도 하다. 텐센트는 자회사들끼리의 내부 경쟁을 통해서 성장하기로 유명하다.

○ 또 하나의 위챗 변화, 샤오청쉬 ○

우리는 최근 또 하나의 위챗 변화에 주목해야 한다. 바로 위챗 미니앱 샤오청쉬小程序이다. 샤오청쉬는 위챗 기반에서 운영되는 미니 응용 프로그램을 말한다. 위챗 사용자라면 별도로 모바일 앱을 다운로드할 필요 없이 위챗의 검색기능을 통해 기존 위챗 화면에서 날씨, 쇼핑, 게임, 음식배달 등 다양한 서비스를 이용할 수 있다.

샤오청쉬는 프로그램이 가벼워 필요한 메모리 용량이 적고, 위챗 기반이라 별도의 다운로드와 설치가 필요 없다는 점에서 기존 모바일 앱에 비해

샤오청쉬 메인 화면　　　　샤오청쉬에 있는 순풍 서비스　　　　샤오청쉬 대표 오락 게임

유리하다. 이젠 과거처럼 앱 개발에 엄청난 비용을 쓸 필요가 없어졌으니 이는 그동안 구글플레이와 애플스토어가 가져갔던 앱 수익 모델을 위챗이 위협하는 것이라 볼 수도 있다. 게다가 앱 개발을 하려면 안드로이드와 아이폰 두 가지 모델을 개발해야 하지만, 샤오청쉬는 위챗이 기반이라서 스마트폰의 종류와 상관없이 서비스가 가능하다는 장점도 있다.

소비자는 원래 변화를 싫어하고 사용 패턴을 쉽게 바꾸려 하지 않는다. 하지만 텐센트는 새로운 콘셉트를 만들고 이를 킬러 제품으로 만들어 순식간에 사용자 패턴을 바꾸는 것에 능숙하다. 과거 위챗페이를 대중화하기 위해 온라인 세뱃돈인 홍빠오를 만들어서 뿌린 것이나, 샤오청쉬 또한 위챗 미니게임 '점프점프跳一跳'를 통해 매일 사용자 1억 명을 돌파해낸 것이 이를 뒷받침한다. 앞으로 샤오청쉬는 중국에 진출하려는 한국 기업에게 유망한 마케팅 경로가 될 것이다. 불과 2년밖에 지나지 않았는데 샤오청쉬는 하루 2만 개씩 증가하고 있다(위챗과 샤오청쉬를 이용한 마케팅 방법은 p.235를 참고하기 바란다.).

가전&전자;
중국의 삼성은
누가 될 것인가

10여 년 전에 삼성전자에서 손님들이 오면 항상 모시고 가던 전시장이 있었다. 래미안 미래 전시장이다. 이곳에 가면 오늘날 우리가 말하는 사물인 터넷 제품들이 이미 실현되어 있었다. 서로 연결되어 유기적으로 사용되는 미래 가전제품들. 결국 미래의 모습은 우리가 상상한 대로 흘러가는 셈이다.

그렇다면 중국 가전 업체 중에 우리나라의 삼성전자 같은 기업이 나올 것인가? 어떤 기업이 중국의 삼성전자가 될 것인가?

메이디 Midea, 美的

한국에는 잘 알려지지 않은 브랜드이지만 '메이디'라는 회사가 가능성이 매우 높다. 그 이유는 다양한 제품군을 구성하고 있기 때문이다. 중국 가정에 가보면 최소한 하나 이상의 메이디 제품이 있다. 소형 가전에서 대형 가전까지 모두 아우른다. 또한 메이디는 2017년 연말 기준으로 2300억 위안 (37조 4095억 원) 매출액을 올렸고 그중에서 해외 매출이 40%를 차지한다.[28]

해외 수출이 이렇게 높은 비중을 차지하는 이유는 메이디가 수많은 브랜드의 OEM을 맡아서 하고 있기 때문이다. 제조업을 해본 사람은 규모의 경제가 얼마나 무서운지 안다. 연간 30만 대 에어컨을 생산하는 업체와 3000만 대를 생산하는 업체는 원재료 구매 가격부터 비교할 수가 없다.

최근 메이디는 인수합병을 통해 포트폴리오를 만들고 있다. 독일의 산업용 로봇 기업 쿠카KUKA를 인수하였고, 이는 4차 산업혁명의 주인공이 될 배경이 될 것이다. 2016년에는 도시바Toshiba의 가전 부문을 인수했고, 이탈리아의 에어컨 제조업체 클리베Clivet도 인수했다.

최근 중국은 가전제품 업그레이드 현상이 벌어지고 있다. 이에 따라 프리미엄 스마트 제품이 급성장 중이다. 메이디는 이에 대한 준비를 탄탄하게 진행하고 있다.

샤오미 xiaomi, 小米

한국에서도 유명한 중국 가전 업체다. 중국판 애플로도 불리는 이 기업은 처음에는 미투 전략으로 아이폰과 헷갈릴 정도로 디자인이 닮은 스마트폰을 출시하여 회자되기 시작했다. 미투 제품이긴 하지만 샤오미가 소프트웨어를 중시한다는 점, 즉 제품을 통해 사용자에게 어떤 경험을 제공하는 것에 중점을 둔다는 점에서 점수를 주고 싶다.

하지만 한계도 있어 보인다. 샤오미는 자기 공장이 없고 모두 OEM 방식으로 제품을 생산한다. 제조업에서 자기 공장이 없다는 것은 장기적인 발전에 걸림돌이다. 미밴드부터 스마트워치, 노트북, 청소 로봇, 세톱박스 등 사물인터넷을 기반으로 소형 가전 시장까지 손을 뻗치고 있긴 하지만 부문별 제품 포트폴리오 구성이 어려울 수밖에 없으며 이에 따른 연구개발 능력도 부족할 수밖에 없다.

그럼에도 중국의 미래 가전에 큰 방향성을 주었을 뿐만 아니라 향후 샤오미가 꿈꿔오는 미래가 실현될 가능성이 높다는 점에서 기대가 되는 기업이다. 샤오미가 꿈꾸는 미래는 모든 생활가전 제품을 샤오미로 연결해서 진정한 스마트 홈 시대를 만들어나가는 것이다. 생활 속의 사물인터넷 환경이 바로 샤오미의 미래이다. 시간이 걸리겠지만 샤오미의 방향은 멈추지 않고 나아가고 있다.

거리 GREE, 格力

세계 1위 에어컨 생산·판매회사이다. 연간 6500만 대를 생산하고 있으며 이는 전 세계 에어컨 생산량의 40% 정도를 차지하는 수치이다. 중국 내

샤오미와 거리그룹이 내기

2013년에 샤오미 레이쥔雷軍 대표와 거리그룹 둥밍주董明珠 대표가 10억 위안 내기를 했다. 레이쥔 대표는 5년 후인 2018년 샤오미의 매출액이 거리그룹을 충분히 뛰어넘을 것이다. 둥밍주 대표는 불가능하다고 했다.

둥밍주 대표는 샤오미가 가격 경쟁력만 있지 기술력이 없다고 했고, 레이쥔 대표는 샤오미가 공장은 없지만 세계에서 가장 좋은 공장을 사용할 수 있으며, 전자상거래가 기존의 유통과 소매점을 대신할 수 있으므로 제품 연구와 사용자 경험을 통해 제품 품질을 높이는 것이 맞다고 주장했다.

2017년 매출액을 보면 샤오미는 316억 위안(5조 1397억 원), 거리그룹은 1200억 위안(19조 5180억 원)이었다. 추세로 볼 때 당연히 거리그룹이 내기에서 이길 듯한데, 10억 위안을 어떻게 전달할지 궁금하다. 단순하게 돈으로 전달하지는 않을 테고 현명한 방법으로 세상을 놀라게 할 것이 분명하다.

수시장에서의 시장점유율은 약 50%이다. 브라질, 파키스탄 등 해외 10개 생산기지에서 8만여 명 직원이 근무한다. 거리그룹 둥밍주 대표는 직원 8만 명에게 "정년까지 일하면 집을 주겠다."는 약속을 했고 '1직원 1주택' 약속은 가시화되고 있다.

하지만 한계도 있다. 매출의 대부분이 에어컨에 집중되어 있고 다른 제품의 확장성 및 미래 가전에 대한 큰 그림이 보이지 않기 때문이다. 최근 스마트폰과 전기자동차 사업에 뛰어 들었으나 기대보다 성과가 나지 않고 있다. 제품의 포트폴리오를 잘 구성해야 하는데, 향후 행보를 지켜봐야겠다.

3부

중국 트렌드를 읽는 눈

다중디엔핑;
시장분석을 위한
최고의 툴

상하이에 있다 보면 수많은 아이템을 가지고 중국 시장을 노크하는 창업자들을 만나게 된다. 하지만 시장분석을 제대로 하고 시작하는 스타트업은 생각보다 많지 않다. 대부분은 "중국에는 이런 것이 없을 거야.", "우리 아이템은 다른 데와 달라." 하는 근거 없는 확신으로 한국에서 성공한 아이템을 중국에서도 해보려고 한다. 하지만 그런 아이템들은 십중팔구 중국에도 있을 때가 많고, 본질적으로 한국에 적합한 아이템이 대부분이다. 지금은 오히려 중국이 한국보다 앞선 스타트업들이 많다고 봐야 한다.

중국에서 어떻게 사업을 해야 할지 답답함을 느끼는 사람들에게 추천하고 싶은 앱이 있다. 다중디엔핑이다. 다중디엔핑은 중국 최대의 라이프스타일 플랫폼이다. 중국에 오래 있던 분들은 '맛집 찾기 앱' 또는 '소셜커머스'라고 말하는데, 그건 5~6년 전의 이야기이고 지금은 라이프스타일을 총망라한 가장 큰 규모의 이커머스 플랫폼이라고 보면 된다. 다중디엔핑을 자세히 보면 비즈니스 기회를 엿볼 수 있다.

○ 시장조사는 다중디엔핑으로 ○

중국에서는 '바이두' 광고, 즉 검색포털 광고는 가성비가 상당히 낮다. 중국의 바이두는 한국의 네이버와는 구조적으로 많이 다르며, 정보의 질과 신뢰도가 매우 낮아 고객 구매까지 이루어지지 않는다. 특히 유아 제품처럼 타깃 고객을 노려야 하거나 체험 소비를 노리는 비즈니스는 바이두 광고가 크게 의미가 없다. 이런 경우 선택할 만한 것이 '다중디엔핑 광고'이다.

다중디엔핑의 고객평가는 프랜차이즈 사업에도 많은 도움이 된다. 상하이를 포함해서 다른 여타 도시의 중국인들도 창업 전 시장조사를 위해 상하이의 다중디엔핑을 조회할 정도이다. 상하이는 중산층 소비자가 두터워 중국의 소비 트렌드를 대표한다고 봐도 되기 때문이다. 상하이에서 생존하는 브랜드는 2, 3선 도시로 퍼지기 쉬우며, 상하이의 유행이 몇 년 지나야 2, 3선 도시에서 돌기 시작한다.

실제 사례를 들어보자. 2013년 무렵 한국에서는 카페 비즈니스가 한창 잘나가던 시절이었고, 중국에서 카페 비즈니스를 해보려는 창업자들도 상당히 많았다. 이때 제대로 된 시장조사를 하려면 무엇부터 시작해야 할까? 다중디엔핑을 분석하면 길이 보였을 것이다. 지금부터 중국에서 카페 창업을 시작한다고 가정하고 다중디엔핑을 들여다보기로 하자.

흔히들 시장조사를 할 때 제일 먼저 하는 일이 1위 업체를 분석하는 것이다. 카페 창업의 경우 현재 1위 업체인 스타벅스부터 분석하면 될 것이다. 2017년 기준으로 상하이에 있는 스타벅스 매장은 520개이며 골목 상권까지 침투한 것으로 보인다. 다중디엔핑의 점포 수는 거의 정확하다. 인공지능을 통해 철저한 고객평가 시스템을 운영하고 있기 때문이다.

스타벅스 앱 화면   다중디엔핑에서 스타벅스를
검색한 화면

실제 점포가 생기면 소비자들 누구나 주소, 전화번호, 사진 등을 다중디
엔핑에 올릴 수 있다. 그러면 다중디엔핑에서 이를 자동 확인하고 바로 등
록까지 해준다. 신규 점포 등록 및 폐업 신고 시에는 포인트를 많이 제공하
기 때문에 소비자들은 적극적으로 참여하고 있다.

무엇보다도 무서운 것이 소비자의 눈이다. 고객들이 남긴 평가는 다른 소
비자들로 하여금 믿고 판단할 수 있는 정보가 된다.

다시 카페 창업 이야기로 돌아와서, 스타벅스 매장 수치로만 보면 상하
이에서 카페 창업을 하는 것은 상당히 매력적인 비즈니스로 보인다. 카페가
보편화되었고 방문자 수가 늘고 있으며 잠재력이 크다고 판단되니까 말이
다. 하지만 겉으로 보이는 이러한 근거로 섣불리 판단을 내려서는 안 된다.

스타벅스이기 때문에 가능한 일일 수도 있고, 고객 관점에서 좀 더 살펴볼 것들이 남아 있을 수도 있다.

예를 들어 한국에서 카페를 하려면 인테리어와 커피의 맛, 특히 로스팅과 추출법 등 바리스타의 전문적인 부분이 중요하다. 하지만 중국에서도 이런 부분이 경쟁력이 될지는 좀 더 조사해 보아야 한다. 이때도 다중디엔핑에서 고객평가를 보면 정확히 알 수 있다.

고객들이 스타벅스를 평가한 내용 중에 커피 맛에 대해 평가를 내리는 사람은 거의 찾아볼 수 없다. 고객들이 남긴 사진을 보면 주로 카페모카나 캬라멜 마키야토 등 달달한 커피와 디저트 위주이다. 스타벅스에는 많이 가지만 아메리카노를 마시는 중국인이 없다는 사실은 고객들이 커피를 맛으로 즐기는 것이 아니라는 의미이다. 중국 사람들은 스타벅스 브랜드를 소비하며 달달한 커피를 마시는 수준일 뿐 중국 시장에서 카페 창업을 할 때 중점을 둘 요소는 커피 맛이 아닌 다른 부분이라는 점을 찾을 수 있어야 한다.

덧붙이자면, 이는 한국 브랜드 중 중국에서 잘 나가는 '만커피Maan Coffee, 漫咖啡'라는 브랜드를 통해서 확인할 수 있다. 한국인에게 생소한 이 커피 브랜드는 중국에서는 한국식 커피 브랜드의 대표주자다. 만 커피의 특징은 커피 맛에 있지 않다. 커피 비중은 30%에 불과하고 디저트가 70%를 차지한다. 한국식 인테리어로 편안한 공간을 제공하고 다양한 디저트와 간단한 요리에 집중한 것이 중국 진출 성공에 주요하게 작용했다. 지금의 현실로 볼 때 커피 맛으로 중국 진출에 성공하려면 아마 10년은 걸리지 않을까 싶다.

어떤 업종이든 중국 시장에 진출하려면 한국에서의 현재 모습은 잊어버리고 중국 소비자를 연구하는 자세가 필요하다. 새로운 시장은 새롭게 접근해야 답이 보인다. 이때 다중디엔핑은 객관적인 시각에서 소비자를 분석하고 판단하는 데 도움이 되는 도구가 될 것이다.

○ 중국 소비자들이 가장 믿는 앱 ○

대학생 창업자들의 '맛집 찾기' 스타트업이 다중디엔핑의 시작이다. 2003년만 하더라도 객관적인 평가를 하는 맛집 사이트가 없었다. 대학생 창업자들은 식당들을 직접 찾아다니며 데이터베이스를 모았고 다중디엔핑 서비스를 시작했다. 모든 창업은 출발이 순수해야 하며 비전을 잘 잡아야 한다. 그 비전이 업의 본질을 담고 있으면 발전 가능성이 아주 높다. 다중디엔핑이 생각하는 업의 본질은 '소비자의 객관적인 평가'였다. 이를 지금까지 꾸준히 관리한 것이 오늘날 다중디엔핑의 소비자 평가관리 시스템이며 이는 다중디엔핑의 핵심 경쟁력이 된 것이다.

중국만큼 소비자 통제가 어려운 곳이 없다. 각종 광고와 가짜 평가가 난무해서 중국 소비자들 사이에도 불신 문화가 팽배하다. 그래서 다중디엔핑의 가치는 더욱 빛나 보인다.

다중디엔핑의 소비자 평가관리 시스템은 생각보다 체계적이고 객관적으로 운영된다. 간단히 설명하자면 각 소비자 아이디마다 8개로 등급이 나뉘어져 있다. 소비자는 평가내용에 따라 2~8점의 점수를 얻는다. 사진을 올리거나 동영상을 통해 점수를 얻고 평가의 진정성에 따라서 점수를 받는다. 평가의 진정성은 글자 수와 내용으로 검증한다. 5000점 이상이 되면 제일 높은 등급인 다이아몬드 등급이 된다. 등급이 높으면 다중디엔핑에서 매장 무료 체험 및 각종 혜택이 주어진다. 다이아몬드 고객은 어디를 가든 좋은 대우를 받는다. 각 등급별로 평가에 대한 비중이 다르기 때문에 다이아몬드급 고객의 평가는 매장의 등급에 큰 영향을 미친다.

다중디엔핑은 실제 소비자인지 가짜 소비자인지를 빅데이터 분석을 통해 철저하게 분류해낸다. 소비자의 나이, 성별, 친구, 생활패턴, 생활지역 등의 데이터를 분석하여 유아교육에 평가를 남긴 사람이 아이가 없는 사람이라는 것을 밝혀 경고를 한 적도 있고, 3개월 내에 매장 근처에 간 적이 없는 사람이 매장 평가를 올려 그 매장은 다중디엔핑에서 조회가 안 되는 경우도 있었다. 소비자가 직접 참여하고 진정한 평가를 내리고 이를 기반으로 데이터베이스가 구축되기 때문에 다중디엔핑은 시간이 갈수록 신뢰를 얻고 있다. 오늘날 다중디엔핑은 소비자들이 가장 믿는 앱이다.

○ 다중디엔핑과 바링허우 ○

다중디엔핑의 주요 타깃 고객은 '바링허우'라 불리는 80년대생이다. 바링허우는 1979년 '한 자녀 정책' 이후 태어난 중국의 젊은 세대로 소황제라 불리며 애지중지 풍요롭게 자라왔다. 중국의 경제 발전으로 부유해진 부모 세대로부터 지원을 받아 이들은 자기중심적 성향이 강하며 자신의 소득보다 훨씬 큰 소비를 하곤 한다.

다중디엔핑이 맛집 찾기에서 벗어난 계기는 주요 고객인 이들이 성장해 나가면서부터이다. 바링허우가 나이가 들면서 결혼을 하고 자식을 낳고 이제는 자식들의 교육이 필요한 시기가 오고 있다. 그리고 이들이 자라면서 중국의 전체 소비 패턴이 변화하고 있다. 5년 전 다중디엔핑에 결혼 관련

카테고리가 생기면서 예식장, 웨딩사진, 웨딩복, 화장, 예물, 신혼집 인테리어, 신혼여행 등 엄청난 구조 변화가 있었는데, 이후 이들이 아이를 낳으면서 지금의 다중디엔핑에서는 출산 및 육아에 관련된 소비가 폭발적으로 증가하고 있다. 산아제한 정책이 폐지된 이후 이들이 둘째를 낳기 시작했으니 당분간 중국에서 유아 및 교육 사업은 전망이 밝으리라 판단된다.

최근 다중디엔핑은 해외까지 정보를 제공하기 시작했다. 중국인 관광객이 많이 가는 지역의 여행 정보를 제공하는 것이다. 예를 들어 한국에 가서 다중디엔핑 앱을 켜면 근처에 있는 관광 및 맛집 소개가 아주 편리하게 제공된다. 한국인이 좋아하는 맛집과 중국인이 좋아하는 맛집은 차이가 있겠지만, 한국에서 중국 고객을 유치하고자 한다면 다중디엔핑에 과감하게 광고를 해보는 것도 좋을 것이다. 바링허우는 앞으로 중국 경제를 이끌어갈 주인공들이며 전 세계를 돌아다니며 소비를 할 주요 고객이다. 우리는 이것에 주목을 해야 한다.

○ 다중디엔핑에서 소비자 트렌드 읽기 ○

과거 다중디엔핑이 맛집 위주로 구성되었다면, 오늘날 다중디엔핑 메인화면에는 영화, 오락, 음식배달, 미용, 유아, 운동이 배치되어 있다. 다중디엔핑은 고객의 소비 트렌드에 따라 수많은 버전으로 변화해왔다. 단순이 화면만 바꾸는 것이 아니라 소비자 트렌드를 정확하게 반영해 전체 구성을 바꾼다. 또한 빅데이터를 활용해 소비자가 필요한 것을 정확하게 추천하기 때문에 2차, 3차 소비를 이끌어낸다.

다중디엔핑을 보면 비즈니스 기회가 보인다고 말하는 이유는 모든 비즈니스는 라이프스타일과 관련이 있기 때문이다. 16개로 분류된 다중디엔핑 메뉴를 들여다보면 사람이 태어나고, 성장하고, 결혼하고, 자식을 낳고, 죽을 때까지의 라이프스타일이 총망라되어 있음을 확인할 수 있다. 우리는 이 중에서 비즈니스 포인트를 찾아내야 한다. 내가 잘할 수 있고 성장성이 큰 분야를 선택해 소비자의 평가를 유심히 분석한다면 분명 비즈니스 기회가 보일 것이다.

최근 다중디엔핑을 보면 중국 소비자 트렌드가 변화하고 있음을 확인할 수 있다. 과거에는 값비싼 레스토랑들이 추천되고 평가가 좋았으나 경기가 위축되면서 지금은 가성비가 높은 식당들이 인기가 있고 평가가 좋다. 단지 식당에서만 나타나는 현상이 아니다. 전 업종이 비슷한 형태로 달라지고 있다.

다중디엔핑의 최근 트렌드

소비자들의 신뢰로 다져진 다중디엔핑은 아주 오랜 기간 커머스 플랫폼으로 소비자와 소통하며 성장하리라 예상된다. 중국에 진출하려는 스타트업에게도 다중디엔핑은 시행착오를 줄여주는 좋은 도구가 될 것이다.

다중디엔핑의 최근 움직임

다중디엔핑이 중국 전역을 커버하지는 않는다. 다중디엔핑의 처음 시작이 상하이였기에 상하이에서 가장 활발하게 사용되며 베이징, 항조우, 난징, 선전 등 대도시에서도 많이 사용되는 편이다. 상하이의 패턴을 2, 3선 도시가 천천히 따라가고 있기 때문이다. 한편 다중디엔핑은 2, 3선 도시에 빠르게 진출하기 위해 메이투안이란 중국 최대 소셜커머스 회사와 합병을 하였다(2015년 10월). 합병과 함께 텐센트가 주요 주주로 들어오면서 위챗과 연계하여 사용할 수 있다. 결국 중국에서의 생활은 위챗을 벗어나지 못하는 듯하다. 카카오톡 없는 한국을 상상하지 못하는 것처럼 말이다.

왕훙과 웨이상;
자체 브랜드로
무장하다

작은 스타트업이 대기업들을 무너뜨리는 일이 종종 벌어지는 것과 같은 이치로, 개인인 왕훙과 웨이상들이 수많은 연예인을 보유한 거대한 엔터테인먼트 회사나 대기업보다 마케팅 측면에서 중국 소비자들을 사로잡고 있다.

왕훙이란 '왕뤄훙런网络红人'의 줄임말로 온라인상의 유명인사를 가리키는데, 왕훙网红에서 왕网은 인터넷, 훙红은 빨강을 뜻하는 말로 인터넷에 불이 난 것처럼 인기를 끄는 '인터넷 스타'라고 말할 수 있다. 영어로 하면 KOLKey Opinion Leaders, 즉 '핵심 오피니언 리더' 정도가 된다.*

이들은 주로 웨이보 등 중국 소셜 네트워크 서비스SNS에서 활동하며 최소 50만 명 이상의 팬을 보유하고 있다. 한 마디로 우리나라의 '파워블로거',

---

* 지금 왕훙은 중국 대학생들의 인기 있는 장래희망이 되었다. 2017년 왕훙 커리어 보고서에 따르면 중국 대학생들의 54%가 왕훙이 되는 게 꿈이라고 답했다. 왕훙은 2016부터 유행하기 시작했고, 대표적으로 상하이의 인터넷 스타인 파피짱Papi을 예로 들 수 있다.

'1인 인터넷방송 진행자BJ', 해외의 '유튜버' 등과 유사하다. 대부분의 왕홍은 정규 훈련을 받지 않고, 자신의 아이디어와 취미를 바탕으로 방송 콘셉트를 잡고 진행하거나 잘생긴 외모, 재치있는 입담을 바탕으로 즈보直播와 같은 생방송을 한다. 즉 어떤 수익 모델 없이 많은 팔로워 수를 보유하고 있으면 왕홍인 것이다.[1] 참고로 왕홍 전문 에이전시인 파크루PARKLU에서 말하는 왕홍의 기준은 웨이보에 적어도 5만 명의 팔로워가 있어야 하고 위챗 기사당 5000뷰에 달해야 한다.

왕홍들이 자신의 예쁜 외모, 혹은 입담으로 수익모델을 만드는 방법에는 몇 가지 있다. 웨이보, 타오바오, 기타 인터넷에서 쇼호스트처럼 일정 금액을 받고 상품 광고를 하거나 웨이상을 해서 돈을 버는 것이 대표적이다. 왕홍이면서 웨이상을 하는 이들은 대체로 위챗 이외의 매체에서 인터넷 스타가 된 뒤, 그 팬을 위챗으로 끌어온 것이다.

웨이상Weishang, 微商은 위챗 상에서 물건을 판매하는 이들을 가리킨다. 이들은 상품을 위챗 모멘트에서 홍보한다. 상품에 대한 거래는 위챗 대화를 통해 이루어진다. 대체로 아는 사람들 사이에서 거래가 이루어지기 때문에 신뢰할 만하다.

중국에서 왕홍과 웨이상은 더 이상 개인이 아니다. 수천 명에서 수만 명을 거느린 회사들도 생겼고 매우 조직적이다. 자사가 보유한 왕홍이나 웨이상이 위챗 모멘트를 통해 제품을 홍보하면 이것을 보고 사람들이 사러 오는 방식으로 브랜드가 알려지는데, 특히 화장품 브랜드는 왕홍과 웨이상으로 마케팅하는 것이 적합한 제품이다.

○ 마케팅 주역으로 올라온 왕훙과 웨이상 ○

왕훙과 웨이상 마케팅은 브랜드 마케팅에 비해 6배나 효과가 있고 브랜드의 판촉 캠페인보다 3배 더 효과적이라고 한다. 브랜드 마케팅이 왕훙 마케팅에 비해 힘을 못 쓰는 이유는 사람 대 사람의 상호작용이 없기 때문이다.[2] 최근 왕훙과 웨이상의 트렌드는 3가지로 나타나고 있다.

하나, 짧은 영상을 활용한다

왕훙들은 콘텐츠를 직접 창작하고 라이브 스트리밍 활동을 하는데, 최근에는 뮤지컬리*나 도우인**처럼 짧은 영상을 띄우고 있다. 2017년 12월 기준으로 중국 사용자들은 이 짧은 영상에 누적 61억 시간을 보냈고, 라이브 스트리밍에는 누적 8억 시간을 보냈다.

둘, 자체 브랜드를 지향한다

고객들이 위챗페이를 이용해 쉽게 결제를 할 수 있게 된 2015년 이후 웨이상 형태의 판매 방식은 무척 활발해졌다. 특히 화장품 업계 웨이상들은 큰 수익을 벌어들이고 있다.

자체 브랜드로 무장한 중국의 웨이상과 왕훙들은 3, 4선 도시의 소비자

---

* **뮤지컬리**Musical.ly '립싱크 앱'으로 2014년에 서비스를 시작하여 2억 명이 훌쩍 넘는 사용자(뮤저)를 가지고 있다. 자신만의 뮤직비디오나 영상을 만들고 싶은 이들을 위한 앱이다. 25초 동안 유명 가수의 노래를 립싱크하면서 나만의 동영상을 찍을 수 있다. 2014년 중국 상하이에서 창업했다.

** **도우인**抖音 해외에서는 틱톡TikTok이라는 이름으로 알려져 있다. 흥미 위주의 짧은 영상을 볼 수 있는 소셜 네트워크 앱이다. 중국 사람들은 시간을 때우기 위해 이 영상을 많이 본다. 도우인은 많은 왕훙을 만들어냈다.

짧은 영상 플랫폼 도우인의 스크린 캡처

들을 사로잡고 있다. 1000명 단위의 조직화된 웨이상 화장품 브랜드들도 생겼다. 이들은 이미 한국 기초 화장품 브랜드의 경쟁 상대가 되었다고 봐야 한다.

이들은 처음에는 우리나라, 일본, 프랑스의 화장품을 수입해 개인적으로 웨이상을 했으나 이제는 한국의 화장품 OEM 회사들을 통해 화장품을 위탁 생산하고 자신만의 브랜드를 새로 만들어 회사를 차리고 있다. 프랑스, 이태리 화장품 OEM은 보수적인데 비해 한국은 화장품 품질도 좋고 일하는 속도도 빨라 한국 OEM 회사에게 화장품 생산을 의뢰한다고 한다. 자체 공장을 운영하는 큰 웨이상들도 많다.

현재 왕홍들의 움직임을 보면 위챗을 통해 웨이상을 하거나 이커머스 사이트에 자체 브랜드를 만들어 물건을 팔거나 자신의 수많은 팔로어들을 어떤 형태로든 수익화하는 것을 볼 수 있다. 이전에는 상품을 바탕으로 스타가 광고를 했다면, 이제는 스타가 된 개인이 자신과 자신이 들고나오는 상품을 브랜드화하면서 시장을 변화시키는 것이다. 대표적인 예로 유체인지*의 대표 니키 류Niki Liu는 웨이보의 유명한 왕홍이었으나 2015년에 시작한 화상품 브랜느를 3만 명 규모의 회사로 성장시켰다.

왕홍들은 이제 뷰티에서 영역을 넓혀 보육, 피트니스, 건강, 애견, 홈데코레이션 등으로 나아가고 있다. 중국의 주요 스마트폰 유저인 바링허우(80년대생), 주링허우(90년대생)가 결혼을 하면서 라이프스타일이나 여행 등에 관심을 가지게 되었기 때문이다.

셋, 전문가로 인정받는다

2017 빅토리아 시크릿 패션쇼에 중국의 패션 블로거인 고고보이gogoboi가 참석해 패션쇼의 하이라이트 사진과 설명을 담아 위챗에 포스팅한 적이 있다. 이 포스팅은 10만 뷰를 기록했다. 또 고고보이의 위챗 공중계정에 기벤치Givenchy 패션 브랜드와 콜라보레이션으로 행사를 진행한 적이 있다. 이 행사는 12분 만에 한정판 가방 80개가 동이 나는 기록을 세웠다.

이제 중국 소비자들은 왕홍을 한 분야의 전문가로 인식한다. 왕홍이 하는 말과 행동이 팔로워들에게 큰 영향을 미친다. 이를 잘 알고 있는 기업 마케터들은 왕홍을 이용한 마케팅을 시도하려 한다. 하지만 이를 위해서는 왕홍들에 대한 철저한 이해와 준비, 전략이 필요한데, 많은 기업 마케터들이 이를 간과하고 있어 안타깝다(아직도 많은 마케터들이 왕홍을 이용한 마케팅을 텔

---

* **유체인지**UChange　유체인지는 수천 명에 달하는 중국인 판매자를 거느리고 있는 기업이다.

레비전, 신문, 인터넷 검색 광고 집행과 비슷하게 생각한다.).

　기업 마케터들이 왕홍을 대할 때 필요한 자세는 왕홍을 세일즈맨이 아니라 한 영역의 전문가라 생각해야 한다는 것이다. 즉 "이렇게 해주세요." 방식이 아니라 "어떻게 하는 편이 좋을까요?"라고 질문하면서 적극적으로 소통해야 협업을 이룰 수 있다. 좋은 예시는 앞서 언급한 고고보이가 빅토리아 시크릿, 기벤치와 협업한 것을 들 수 있다. 이처럼 왕홍들에게 최대한 자율권을 부여해야 왕홍 마케팅의 효과를 볼 수 있다.

○ 화장품 업계와 웨이상 ○

　화장품 업계는 오프라인 시장만 보면 86%가 외국 화장품 회사들이 장악하고 있는 구조이지만 온라인 시장에서는 중국인들이 자체적으로 만든 화장품을 파는 웨이상의 입김이 매우 세다. 왕홍은 화장품을 팔기 전에는 현지에서 명품 위주의 구매대행 서비스를 하는 다이고우*를 많이 했다. 티몰에는 가짜 상품이 많았는데, 다이고우는 가격이 싸고 지인이 검증해주는 진품이다 보니 중국 소비자들이 이를 많이 이용한 것이다.

　화장품 브랜드가 중국에 진출하려면 자본을 많이 들여 각종 매체에 광고를 해야 하지만, 웨이상이 직접 화장품 브랜드를 만들면 광고에 돈을 들일

---

* **다이고우**代購　현지에서 구매대행 서비스를 하는 것을 말한다. 원래는 명품 위주였으나 현재는 실용품 구매대행이 증가하고 있다. 다이고우들은 현지 상품보다 값을 올리며 수익을 얻지만 이 가격은 중국 현지에서 판매되는 동일 제품보다도 현저히 저렴한 가격이다. 대표적인 상품으로 한국의 화장품, 호주의 분유가 있다. 중국에서 가짜 분유 사태가 발발하면서 자연스럽게 호주의 품질 좋은 분유가 인기를 끌게 되었다.

필요가 없다. 위챗 모멘트에 올리기만 해도 지인 사이에서 입소문을 타고 브랜드가 빠르게 전파된다. 웨이상은 정부의 승인 절차를 밟지 않아도 되고 세금도 내지 않는다.

게다가 지금은 중국 내의 택배 서비스가 잘 되어 있어 배송도 문제가 없다. 그래서 유명한 왕훙이나 중국 유통업계에서 일했던 사람들은 자신의 팔로워나 유통 채널을 믿고 화장품 브랜드를 시작하려 하고 있다. 하지만 유통 채널로서의 웨이상이 계속해서 승승장구할지는 아직 미지수이다. 중국에서 화장품은 그때그때 유행하는 유통 채널이 있었다. 처음에는 작은 매장의 소매점, 그 다음 유행한 것이 알리바바의 타오바오에 개인 화장품 샵을 열어 판매하는 방식, 세 번째로 위챗의 웨이상을 통해 파는 흐름으로 넘어갔다. 이 흐름은 얼마든지 바뀔 수 있기 때문에 웨이상이 유통 채널로서 완전히 자리 잡을지는 조금 더 지켜보아야 할 것 같다.

한국에서는 조금만 검색해도 화장품 정보에 대해 쉽게 알 수 있지만 중국은 워낙 넓고 브랜드도 많아 3, 4선 도시만 되어도 외국 브랜드 화장품에 대한 정보를 구하기가 어렵다. 그래서 중국 소비자들은 아는 사람이 검

상하이의 화장품 웨이상 기업 쩐주메이쉐 Pearlosophy, 真珠美学

10명 남짓이 근무하는 쩐주메이쉐에서는 매달 1000만 위안(약 17억 원)의 매출을 올리고 있다. 자체 브랜드를 개발해 1000여 명의 왕훙들에게 도매로 화장품을 팔고, 그 왕훙들이 각자의 팬들에게 화장품을 판매한다. 한 왕훙은 팔로워 수가 30만 명에 이르기도 하며, 이중 제일 화장품을 잘 파는 왕훙은 한 달 매출이 60만 위안(약 1억 원)에 이르기도 한다. 쩐주메이쉐는 왕훙들을 탑 셀러와 보통 왕훙들 그룹으로 분리해 관리하고 있다.

증해준 것, 혹은 친구가 위챗 모멘트에 올린 화장품을 보고 구매하는 편이다. 이는 웨이상들이 파는 화장품이 1, 2선 도시보다 3, 4선 도시에서 잘 팔리는 이유이기도 하다.

한국은 화장품을 라인별로 생산하지만 중국은 팩이나 크림 등을 단품으로 생산한다. 왜냐하면 한국에서는 '투명 메이크업'처럼 화장 스타일이 유행을 타는 반면, 중국에서는 화장을 잘하지 않는 데다 '진흙팩', '황금팩'과 같은 팩 종류가 특히 잘 팔리기 때문이다. 이는 유행하는 스타 제품 하나를 골라 셀카를 찍어 위챗 모멘트에 올리는 식으로 제품을 판매하고 수익을 올리는 왕훙과 웨이상들의 마케팅 방식과 깊은 관련이 있다.

덧붙여 말하자면 왕훙들이 제품을 마케팅하는 방법은 이렇다. 위챗 모멘트에 특정 제품을 홍보하고 그 홍보를 보고 사람들이 상품을 구매하면 얼마나 많이 결제되었는지를 인증샷으로 찍어 다시 위챗 모멘트에 올린다. 사무실에 쌓인 택배상자를 찍어 올리기도 한다.

중국 화장품 시장은 50% 이상이 기초 제품이고 나머지는 거의 팩이다. 중국인들이 화장을 하지 않는 이유 중 하나는 인체에 해로울 것이라는 인

중국에서 한국인은 웨이상으로 활동할 수 있을까

한국인 중에도 웨이상을 하는 사람이 있긴 있지만 크게 성장하기 어렵다. 웨이상은 자기 제품을 대량으로 사줄 만한 대리상을 찾는 작업이 무척 중요한데, 외국인 입장에서 그걸 찾는 게 어려울 수밖에 없다(결국 인맥 싸움이고 꽌시가 중요하다). 또 웨이상을 하려면 마케팅도 잘해야 하고 팀워크도 잘 관리해야 하는데, 한국 사람이 수많은 중국인을 관리하고 팀워크를 만들어내기가 쉽지 않다.

식 때문인데, 최근 업체들이 한국, 프랑스, 호주에서 원료를 가져오고 외국에서 OEM으로 생산하는 등 노력을 기울이고 있어 색조 화장에 대한 수요도 점차 증가할 것으로 보인다. 업계에서는 2, 3년 안에 색조 화장 전성기가 올 것으로 기대하고 있다.

6가지 앱으로
중국 트렌드를
몸으로 느껴라

지금 중국에서는 현금을 쓸 필요가 없고 물건을 소유할 필요가 없다. 알리페이와 위챗페이를 통해 모든 음식, 간식, 각종 공과금을 낼 수 있고, 자전거, 자동차, 사무실, 집까지 모든 것을 공유해서 사용할 수 있기 때문이다.

중국에서는 구글이나 페이스북을 사용할 수가 없다. 왓츠앱, 카카오톡, 라인도 중국에서는 막혀 있다. 다행히 중국의 앱들은 이 앱들의 빈자리를 매울 수 있을 만큼 성장했고 어떤 앱은 외국 앱보다 훨씬 성능이 좋다.

중국의 혁신을 몸소 체험하고 싶다면 중국에 와보길 바란다. 한국에서 로밍해서 오지 말고 중국에서 심 카드를 사서 중국 번호를 받고, 그런 다음 여권과 스마트폰을 가지고 중국에서 은행계좌를 만들길 바란다. 새로운 은행계정으로 알리페이나 위챗페이를 사용할 수 있으면 그때부터 당신은 이상한 나라의 앨리스처럼 중국에서 현금 없이 돌아다닐 준비가 된 것이다.

지금부터 중국에서의 생활을 풍부하게 만들어줄 6가지 앱을 소개하려고 한다. 이 앱들을 이용해 중국인들은 사업을 하고 돈을 벌고 네트워킹을 해

| 즈룸 | 모바이크 | 위챗 |

나간다. 상하이에는 뭐든 공유하는 문화가 있어 집, 사무실, 자전거, 정보, 인맥을 공유한다. 이렇게 공유해나가면서 건강하고 똑똑한 생활을 해나간다. 생활과 밀접하게 관련된 이 앱들을 앱스토어에서 다운받아 쓰다 보면 중국의 비즈니스 혁신 트렌드를 가장 확실히 느낄 수 있을 것이다.

거주 : 즈룸

즈룸Ziroom, 自如은 중국의 부동산 그룹인 리엔지아가 만든 스타트업이다. 즈룸 웹사이트나 앱을 통하면 살고 싶은 집을 찾을 수 있고 하우스메이트도 선택할 수 있다. 즈룸의 집은 인테리어가 잘 되어 있고 깨끗해서 젊은이들 취향에 잘 맞는다. 온라인에서 본 이미지와 크게 다르지 않아 믿을 만하다.

방은 각각에게 주어지나 거실, 부엌, 화장실 등 공용 공간은 하우스메이

| 알리페이 | 킵 | 다중디엔핑 |

트와 함께 사용해야 한다. 집 정리를 도와주시는 아주머니가 2주에 한 번씩 와서 공용 공간을 치워주기 때문에 누가 청소를 하느냐를 두고 싸울 필요가 없다. 집에 관해 불편한 점이 있으면 위챗으로 즈룸의 직원에게 요청을 하면 해결해준다. 계약기간은 1년이다.

교통 : 모바이크와 오포

중국은 자전거로 다니기 좋은 환경이다. 모바이크와 오포 같은 자전거 공유 서비스가 잘 되어 있다. 자전거 상태도 깨끗하고 지정된 주차선 안이라면 아무 곳이나 주차를 할 수 있다.

모바이크와 오포는 중국의 도시들을 바꾸어 놓고 있다. 모바이크가 2017년 5월에 발간한 보고서에 따르면 자전거 공유 서비스 덕에 자동차 사용량이 55% 줄어들었다.

일 : 위챗

중국 사람들은 대부분의 일을 위챗으로 한다. 2017년 위챗 사용자 보고서에 따르면 위챗 사용자들의 83%가 위챗을 업무 용도로 사용한다고 밝혔다. 그럼 위챗으로 어떻게 업무를 하는 것일까?

먼저 중국에서는 명함보다 중요한 것이 위챗이다. 누군가를 만나면 QR코드를 보여주면 되고 스캔을 하면 된다. 그 사람의 위챗 모멘트를 보면 무슨 일을 하고 무엇에 관심을 가지는지 쉽게 알 수 있다. 간혹 위챗 프로필에 링크드인을 연결해두면 링크드인 친구추가도 할 수 있다.

회사의 팀 업무도 위챗을 통해 이루어진다. 위챗 그룹챗과 그룹방을 이용해 하는 일을 공유하는 것이다.

특히 잘 모르는 도시에 갈 때 위챗은 무척 유용하다. 예를 들어 선전에 출장을 갈 때 선전에 사는 사람에게 선전 그룹방에 초대해달라고 하면 그 그룹방에서 필요한 사람을 컨택할 수 있다.

취미 : 알리페이

상하이에서는 모든 결제가 알리페이로 통한다. 여행을 한다면 기차표나 비행기표를 사고 에어비앤비로 숙소 예약하는 것까지 할 수 있다. 친구와의 모임에서 밥을 먹고 나서는 더치페이를 할 수 있어 누가 식사 비용을 지불할지 고민을 하지 않아도 된다. 학원의 수업료도 낼 수 있고, 상하이 교외의 작은 과일가게나 산꼭대기에서도 알리페이로 지불할 수 있다.

운동 : 킵

몸매 관리를 할 때 크게 도움을 주는 앱이다. 예를 들어 체중감량과 근육을 늘이는 4주 계획을 세우고 원하는 레벨을 선택하면 2~3개의 운동 영상이 업데이트되며, 이 영상에 맞게 운동을 해나가면 된다. 세션이 끝날 때마다 셀카를 찍어 타임라인에 공유하게 해서 성취감을 느끼게도 한다. 헬스장에 가면 사람들이 요가매트 위에 킵 앱을 켜놓고 운동하는 것을 볼 수 있다. 이 앱이 개인 트레이너들을 대체해나가고 있다.

음식 : 다중디엔핑

소비자에게는 원하는 상점을 찾을 수 있게 도와주고, 상점들은 다중디엔핑을 통해 소비자를 끌어들일 수 있다. 다중디엔핑에서 입소문을 타면 마케팅 비용 없이 수많은 고객들을 끌어모을 수 있다(자세한 내용은 p.167에 소개해놓았다.).

4부

중국인과
네트워킹
하기

중국 소셜 네트워크
서비스 활용하기

중국에 진출한 외국인 입장에서 중국 현지 사정을 알려주거나 꽌시를 맺을 만한 중국인 한 명 한 명을 알아가는 것은 간과해서는 안 될 매우 중요한 일이다. 이를 통해 새로운 비즈니스와 관련있는 업계 사람을 만나 정보를 얻고 일도 함께할 수 있을 것이기 때문이다. 그렇다면 중국인과는 어떤 식으로 친해질 수 있고 비즈니스에 도움을 받을 수 있을까?

마음을 열고 진심을 보이는 것. 친구를 사귀는 방법은 세계 어디나 비슷비슷할 것이다. 하지만 친구를 사귀고 싶다고 해도 그 친구가 어디에 있는지 인연이 닿을 수 없다면 무용지물이다. 이때 중국 현지에서 사용되는 소셜 네트워크 서비스를 활용하면 좀 더 수월하게 그들에게 다가갈 수 있다.

○ 위챗 그룹방 활용하기 ○

중국 대기업에 다니는 사람들과 네트워크를 맺고 싶을 때는 위챗 그룹방만 한 곳이 없다. 위챗 그룹방은 매우 많지만 어느 그룹방이든 중국 대기업에 다니는 사람은 꼭 있게 마련이다. 그룹방에서 적극적으로 자신의 하는 일과 회사를 소개하고 이야기하다 보면 알리바바와 같은 대기업에 있는 사람과 연결되기도 한다.

위챗 그룹방에 들어가려면, 이미 그룹방에 들어가 있는 사람을 통해 초대를 해달라고 해야 한다. 심사가 엄격한 그룹방은 그룹장의 승인을 통해야만 들어갈 수 있다. 혹은 본인이 직접 그룹방을 만들어 사람들을 초대할 수도 있다.

위챗 그룹방

○ 링크드인 활용하기 ○

링크드인은 영어권 국가에서 많이 사용하는 비즈니스 목적의 소셜 네트워크이다. 활용법은 이렇다.

우선 링크드인에서 관심있는 대기업 이름을 검색한다. 가령 "Alibaba"라고 검색한 뒤 친구신청을 하면서 그 사람과 친구를 맺고 싶은 이유 등으로 자연스럽게 말을 건넨다. 링크드인은 이직을 고민할 때도 도움이 된다. 링크드인에 계속해서 개인의 성과를 업데이트하면 애플, 레고, 매리어트 등 이직할 수 있는 회사 리스트가 뜬다.

링크드인

중국에서 비즈니스할 때 필요한 앱 3가지

아이티쥐즈 IT橘子

백과사전처럼 중국 모든 기업의 기본 정보를 알려주고, 해당 업계의 경쟁 스타트업도 리스트로 보여준다. 미국의 크런치베이스와 비슷하다. 모르는 스타트업이 있으면 바로바로 검색해서 정보를 취할 수 있다.

밋업닷컴 Meetup

중국에 연고가 없을 때 유용하다. 밋업을 통해 토론, 유화 그리기, 여행, 창업 관련 모임 등을 골라서 참여할 수 있다. 밋업닷컴은 미국 뉴욕에서 만든 웹사이트이자 앱이기 때문에 영어 사용자들이 많으며 모임에 참석하는 중국인들도 영어를 매우 잘하는 편이다. 중국에 처음 온 사람이라면 이 모임에 나갔을 때 많은 도움을 받을 수 있다.

플레코 pleco

영중·중영 사전이다. 친구들과 여럿이서 밥 먹을 때, 중국어 연극을 볼 때 이 앱을 켜놓고 모르는 단어를 즉각 검색하면 편리하다. 플레코는 앱이지만 웹상에서는 '페라페라 딕셔너리Perapera Dictionary' 웹 익스텐션을 깔아놓으면 좋다. 웹상에서 중국어 신문을 볼 때 마우스 커서를 올려놓으면 영어로 단어의 의미를 정확하게 알려준다. 특히 중국어 기사를 한글이나 영문으로 번역할 때 큰 도움이 된다.

네트워킹 행사;
인맥을 쌓는 지름길

"중국에서 사업을 하기 전에 먼저 친구가 되라先交朋友再谈生意"라는 말이 있다. 이 말은 참말이다. 중국인들과 비즈니스를 하다 보면 앞에서는 웃으면서 스마트폰으로 QR 코드를 찍어 위챗 친구를 추가해놓고는 정작 친구신청을 안 받아주거나 메시지를 보내도 답을 안 해주는 경우가 있다. 이는 필시단도직입적으로 비즈니스 이야기를 꺼냈기 때문일 공산이 크다.

어찌어찌하여 중국 벤처캐피털이나 창업가들이 모여 있는 그룹방에 초대받아 들어갔다면, 그때부터가 시작이라고 생각해야 한다. 그룹방 안에서개인은 철저히 이방인이기 때문에 아무리 비즈니스를 같이 하고 싶은 사람이 그룹방 안에 있어도 진정성을 보여주지 않으면 대꾸조차 해주지 않는다.

중국인과 비즈니스를 하려면 일단 일대일로 친해져야 한다. 예를 들어 각종 스타트업 행사나 네트워킹 행사에 참여해 직접 얼굴을 보며 이야기를 나누는 것이 매우 중요하다. 나름 친해졌다 하더라도 바로 본론으로 들어가일 얘기를 꺼내지 않도록 한다. 음식점 원탁 테이블에 둘러앉아 천천히 이야기하는 방법을 추천한다.

　그렇다면 중국 업계에서 네트워킹 행사는 어떻게 이루어지는지 예를 들어 살펴보기로 하자.

○ 네트워킹 행사 어떻게 이루어지나 ○

　위챗 그룹방의 방장을 '췬주群主'라고 한다. 췬주가 되는 것은 큰 의미가 있다. 췬주만이 전체 멤버들에게 @로 중요 메시지를 전달할 수 있고, 이 내용이 빨간색으로 채팅창에 표시되기 때문이다. 또 췬주의 허락을 받아야만 새로운 사람이 그룹방에 들어올 수 있는 경우도 있다.

　지금부터 예를 드는 리처드 왕은 실제로 DFJ의 파트너이자 432명 참여한 그룹방의 췬주이고 종종 크고 작은 행사를 주최한다. 리처드는 실리콘밸리에서 일하기 전에 미국과 중국에서 동시에 업무 경험을 쌓았고, 재정, 투자, 미디어, 컨설팅, 부동산, 법률 등 다양한 분야의 사람들을 지인으로 두고 있다. 그는 이러한 자신의 인맥들을 위챗 그룹방에 초대한 후 이를 통해 중요한 정보를 서로 나눈다.

　리처드는 위챗 그룹방의 사람들이 오프라인 모임에 나와서 대화를 나눌 수 있도록 재미있는 네트워킹 행사를 준비하곤 한다. 혹시 중국 상하이에서 네트워킹 행사를 계획한다면 상하이 전망이 보이는 와이탄이나 유명한 바에서 드레스코드를 중심으로 준비할 것을 권한다. 게임이나 상품 추첨도 좋다.

　리처드 왕이 주최하는 네트워킹 행사는 드레스코드를 두거나 게임의 콘셉트를 정하는 것이 주를 이룬다. '네트워킹 행사'라는 진부한 이름 대신 드레스코드를 '1920년대 개츠비 스타일', 혹은 '흰색 옷 입고 오기' 등으로 정하는 것이다.

리처드가 주최했던 네트워크 행사 중 인상 깊었던 하나는 '5월의 마피아 게임'이다. 마피아 게임은 마피아와 시민으로 역할을 나누어 추리를 통해 서로를 죽이고, 더 많이 살아남은 쪽이 이기는 게임이다. 마피아 게임은 8명이서 할 경우 한 판에 20분을 넘기기도 하므로 자신의 추리를 말하거나 다른 사람들의 추리를 들으며 대략적인 첫인상을 남길 수 있다. 누구랑 친구하고 싶은지 파악하는 데 좋은 게임이다.

원래 마피아 게임은 진행자가 모든 참여자에게 눈을 감고 고개를 숙이라고 한 후 건드리거나 카드를 뽑는 식으로 역할을 지정하는데, 위챗 게임을 개발하는 한 회사가 이 게임을 개발하여 위챗에 올렸다. 위챗에서 '狼人

마피아 게임 랑런샤

杀'를 검색하고 관주关注를 누른 뒤, 진행자가 참여자들에게 숫자를 알려주고 입력하게 하면 마피아, 경찰, 의사, 시민 배정이 자동으로 이루어진다.

네트워킹 행사에 온 사람들은 초면인 경우가 많다. 처음에는 이름도, 직업도 묻지 않는다. 마피아 게임이 7판 즈음 돌아가면 그제야 옆에 있는 사람에게 직업 같은 것을 묻는 분위기가 형성된다. 리처드 왕이 운영하는 위챗 그룹방은 중국 벤처캐피털 모임이라서 벤처캐피털 관계자가 50% 이상이고, 포춘 글로벌 500에 들어가는 그룹의 임원, 미술 평론가, 알리페이 고참직원, 창업가 등 다양한 사람들이 참여하고 있다. 이런 사람들이 마피아 게임을 하러 온 이유는 다양하다. 정말로 머리를 식히러 온 사람도 있고 인맥을 넓히러 왔다는 사람도 있다. 공통점은 비즈니스 이야기를 하려는 것이 아니라 정말로 친구를 사귀러 온 것이라는 점이다. 리처드는 이런 파티를 주최하는 궁극적인 목적이 친구를 만들고 도움이 필요한 창업가나 투자자를 도와주기 위한 것이라고 했다.

중국 문화에서, 특히 별로 안 친한 사람들 사이에서는 관계가 매우 사무적일 때가 많다. "내가 이걸 해주면 넌 나에게 뭘 해줄 거니?" 하는 식이다. 하지만 네트워킹 행사에서 만난 사람들 사이에서는 어떤 가시적인 성과나 결과가 없어도 괜찮다. "그냥 친구를 사귀다가 운이 좋으면 서로 도움을 주고받을 일이 있을지도 모른다."고 생각한다.

마피아 게임을 하고 나면 대개는 QR 코드 스캔을 통해 위챗 친구신청을 하거나 위챗 그룹에서 이름을 찾아 친구추가를 한다. 위챗을 등록한 뒤 서로 명함 사진을 보내고 친구가 되면 어떤 정보든 주고받는 게 상당히 자연스러워진다.

○ 진정한 비즈니스는 네트워킹으로 이루어진다 ○

중국에서 진정한 관계는 온라인과 오프라인이 섞인 이런 네트워킹 문화를 통해 형성된다. 하지만 이런 네트워킹 행사도 완전히 오픈된 형식과 초대한 그룹원만 갈 수 있는 모임으로 나뉜다. 완전히 오픈된 형식의 행사라면 훠둥싱活动行이나 밋업닷컴meetup.com을 통해 관심 있는 모임을 찾아 들어가 참석 여부를 밝히고 참석하면 된다. 간혹 비용을 내야 하는 경우도 있다. 하지만 완전 개방 형태인 그룹 안에서도 좀 더 긴밀하게 연락하는 모임이 따로 있을 수 있다. 이런 모임은 다수의 사람들이 서로를 초대하는 방식이 아니라 모임 안에 있는 사람의 추천을 통해서 위챗 양식으로 된 지원서를 전달받으면, 이 지원서에 여러 사항을 입력한 후 운영자가 심사를 하고 추천자의 초대를 통해 그룹방 안에 들어가게 된다.

네트워킹 행사를 매개로 함께 어울리다 보면 정말 비즈니스가 이루어지기도 한다. 가령 투자 분야가 비슷한 벤처캐피털을 만나면 공동으로 투자하는 경우도 생긴다.

개방형이든 초대로 모인 소수인원이든 네트워킹 행사는 본인의 목적에

모든 업무가 위챗으로 이루어지는 중국

위챗은 확실히 활용 가능성이 무궁무진한 소셜 네트워크 서비스다. 위챗 사용자 중에서 위챗으로 일처리를 한다고 대답한 비율이 83%에 이른다. 중국에서는 아무리 중요한 인물이라도 위챗으로 소개하고 명함도 사진으로 찍어서 위챗으로 보낸다. 투자 검토, 팀 회의 등 중요한 비즈니스 대화가 모두 위챗에서 일어난다. 워드나 PDF로 작성한 문서도 위챗으로 주고받는다.

따라 껍데기만 화려한 파티가 될 수도 있고 좋은 정보와 진솔한 대화를 나눌 수 있는 장이 되기도 한다. 본인의 중국어를 시험하는 계기가 될 수도 있고 그렇게 한 명씩 친구를 사귀어나갈 수도 있다. 중국에서는 사람들과 연결하고 서로 정보를 주고받는 게 정말 중요하다. 먼저 친구가 된 뒤 도움을 주고받는 문화임을 명심하자.

테크크런치 차이나;
중국 최대 규모의
창업 축제

테크 컨퍼런스는 중국에서 내로라하는 기업의 대표부터 야무진 스타트업까지 다양한 사람들을 한 자리에서 만날 수 있는 행사이다. 컨퍼런스에서 만나 위챗을 교환해 계속해서 정보를 주고받는 등 인연을 이어가는 경우도 생긴다. 창업가는 투자자를 만날 수 있고, 투자자들 역시 예상치 못한 좋은 스타트업을 발견할 수 있는 자리라고 할 수 있다. 예상치 못한 만남을 준비하는 곳! 바로 중국의 컨퍼런스이다.

전 세계 창업가들이 열광하고 설레게 하는 매체가 있으니 바로 '테크크런치Tech Crunch'이다. 테크크런치는 2006년 실리콘밸리에 설립된 테크미디어이자 북미 최대 정보기술IT 온라인 매체이다. 제품이나 서비스에 대한 솔직한 리뷰를 쓰는 블로거 덕분에 유명해졌는데, 그 영향력이 얼마나 큰지 테크크런치에서 다룬 스타트업 사이트들은 방문자 트래픽이 폭등해 서버가 다운되는 현상이 비일비재했다. 지금은 제품이나 서비스 리뷰 외에도 전 세계 IT 업계 소식이 모두 올라오므로 스타트업 창업가나 테크 업계에서 일하는 사람이라면 테크크런치 기사에 관심을 기울일 수밖에 없다.

테크크런치가 실리콘밸리에서 1년에 한 번 스타트업과 대기업, 벤처캐피털 관계자 등을 모아 진행하는 행사가 있으니 바로 '테크크런치 디스럽트 TechCrunch Disrupt'이다. IT 업계의 유명 CEO 강연과 스타트업 경연대회가 열리며, 상설부스를 통해 새로운 스타트업을 만날 수 있다. 한 마디로 글로벌 최대 규모의 '창업 축제'라고 할 수 있다.[1] 테크크런치 디스럽트에서는 아시아, 유럽 지역 등 다양한 국가에서 온 창업가들을 만날 수 있다. 2012년 행사에는 마크 저커버그가 등장해 화제가 되기도 했다.

중국에서 열리는 '테크크런치 차이나'도 마찬가지다. 테크크런치의 공식 파트너인 중국 테크미디어 테크노드가 주최하여 진행하는데, 지금까지 텐센트의 마화텅, 창업공장Innovation works의 리카이푸, 쩐거자본ZhenFund의 슈샤오핑, GGV 캐피털의 한스텅Hans Tung 등이 참석해 자리를 빛내주었다.

미래가 기대되는 한국 스타트업

최근 테크크런치 차이나에서 주목되는 한국 스타트업은 어린이 교육, 뷰티 이커머스, 기술 기반 스타트업이다. 스마트스터디, 크레이티브밤, 상상락 창의센터는 어린이 교육 분야이고 비투링크나 미미박스는 뷰티 이커머스 분야의 스타트업이다.

기술 기반 스타트업들은 가상현실 기술을 보유한 기업이든 하드웨어 기업이든 기술력이 매우 뛰어났는데, 태양 에너지를 이용하여 스마트 쓰레기통을 만드는 이큐브랩스, 가상현실의 아이트래킹 알고리즘과 이에 대한 데이터 분석 기술을 보유한 비주얼리드를 들 수 있다. 특히 이큐브랩스는 2017년에 아시아 하드웨어 배틀에서 우수한 성적을 보인 바 있다.

테크크런치 차이나에서는 실리콘밸리에서 열리는 테크크런치 디스럽트와 차별화된 행사도 진행된다. VC 밋업이나 사이드 행사 같은 것이 그것이다.

　VC 밋업은 창업가들이 중국의 정상급 엔젤투자자 혹은 벤처캐피털과 일대일로 만나 본인의 사업을 설명하고 피드백을 받을 수 있는 행사이며, 테크크런치 프로그램 중 하나이다.

　사이드 행사는 메인 스테이지와 비슷하게 패널이 계속해서 바뀌는데, 그때그때 사람들의 관심이 많은 분야, 예를 들어 블록체인, 커넥티드카, 신유통에 관한 주제를 정하여 해당 분야의 투자자, 창업가를 모아서 담론을 펼친다.

　테크크런치 차이나는 매년 상반기와 하반기 두 번 열리며, 베이징, 상하이, 선전, 항저우 중 한 도시에서 개최된다. 많게는 5000명이 참석하고, 토요일에서부터 화요일까지 총 4일간 진행된다. 토요일과 일요일은 해커톤과 미디어데이 행사가, 월요일과 화요일에는 본행사가 준비되어 있다. 예비창업가, 대학생, 창업가, 투자자, 중국에 진출하는 한국의 대기업 모두에게 도움이 되는 행사이므로 꼭 가보기를 권한다. 어떤 탁자에 자리해서 누구와 이야기를 나누느냐에 따라 얻는 것이 달라지는 느낌을 받을 수 있다.

해커톤

　테크크런치 차이나에서 예비창업가와 대학생에게 추천하는 행사는 토요일 오전 9시에서 일요일 오후 2시까지 열리는 '해커톤'이다. 해커톤은 24시간 안에 주어진 과제를 해결하고 시제품을 만들어 발표하는 공모전이라 할수 있다. 지금까지 모바이크, P2P 플랫폼인 디엔롱LendingClub, 프랑스의 자동차 회사 PSA, 유니레버 등에서 과제를 내었다. 이 대기업들의 임원들은 해커톤 행사 내내 행사장에 머무르면서 참가자들과 이야기를 나누고 질문을 받고 심사를 한다. 해커톤에 참여하지 않더라도 중국 대기업 관계자나 개발자들과 네트워킹을 맺고 싶다면 24시간 자유롭게 입장이 가능하므로 그냥 가서 둘러봐도 좋다.

지금까지의 해커톤 과제를 살펴보면 '모바이크와 블록체인을 이용한 앱 만들기', '세그웨이* 로봇을 이용한 앱 만들기', '시트로엥과 PSA 그룹의 커넥티드카에 들어갈 앱 만들기' 등이 있었다. 이러한 과제를 준비하느라 참가자들은 행사장에서 새우잠을 자면서 과제를 해결하기 위해 몰두한다. 대략 15개의 팀들이 24시간 동안 아이템을 고안한 후 발표하는데, 이에 대한 시연을 보는 것 또한 흥미진진하다.

VC 밋업

스타트업 창업가라면 월요일과 화요일 오후 2시부터 5시까지 열리는 'VC 밋업'을 최대한 활용하도록 한다. VC 밋업은 창업가들이 중국의 정상급 엔젤투자자 혹은 벤처캐피털과 일대일로 만나 자신의 사업을 설명하고 피드백을 받을 수 있는 기회이다. 미팅은 한 스타트업당 대략 10분 동안 이루어지는데, 이후 후속 미팅을 갖기도 하고 실제로 투자가 이루어지는 사례도 생기고 있다. 벤처캐피털 입장에서도 초기에 좋은 스타트업을 발견할 수 있는 기회가 되기 때문에 행사에 적극 참여하고 있다.

---

* **세그웨이** 2001년 미국의 발명가 딘 카멘Dean Kamen이 개발한 1인용 탈 것. 탑승자가 서서 타면 균형 메커니즘을 이용하여 넘어지지 않게 해준다. 전기모터로 구동된다.

스타트업 앨리

스타트업 앨리는 테크크런치 차이나 컨퍼런스 내내 스타트업들이 자기 상품을 전시할 수 있는 공간이다. 스타트업 앨리에 참여하면 중국 스타트업들과 친해지고 네트워킹하기가 수월하다. 여기서 만난 사람들이 있다면 위챗 ID를 꼭 교환하길 권한다. 만약 스타트업 부스로 참여한다면 중국 투자자들이나 미디어들과 최대한 네트워킹하길 추천한다.

미디어데이

미디어데이는 테크크런치 메인 컨퍼런스가 열리기 하루 전, 대체로 일요일에 열린다. 스타트업이라면 미디어데이를 최대한 활용하기를 바란다. 기자와 창업가들이 한 데 모여 네트워킹을 하는 행사이기 때문이다. 여러 매체의 기자도 만날 수 있고 다른 창업가들과 편한 공간에서 이야기 나눌 수 있어서 네트워킹하기에 아주 좋다.

메인 스테이지

메인 스테이지는 테크크런치 차이나 컨퍼런스 기간 중 월요일과 화요일에 열린다. 테크크런치 차이나의 꽃이라 할 수 있는 행사로 중국 업계 트렌드를 직접 보고 느낄 수 있다. 기업가와 투자자, 기자가 한 데 모여 미래의 전망을 이야기하고 업계에서 핫한 주제를 나누는데, 중국 대기업의 움직임을 현장에서 직접 들을 수 있어 매우 유용하다. 현재 부상하는 각 업계 전문가들의 이야기를 들을 수도 있고 경영상 위기에 처해 있는 기업은 기자의

곤란한 질문에 답을 하느라 진땀을 빼는 모습이 연출되기도 한다.[*]

지금껏 중국에 진출하려는 글로벌 기업들은 테크크런치 차이나를 많이 찾았다. 구글, 아마존, 애플 등이 그러하다. 특히 구글의 에릭 슈미츠Eric Schmidt는 2015년 행사에서 패널을 맡아 "구글은 한 번도 중국 시장을 포기한 적 없다."고 밝히기도 했다.

그렇다면 왜 글로벌 기업들은 테크크런치 차이나에 관심을 가지는 것일까? 이들 기업들은 덩치가 커서 자체적으로 혁신을 하기 어렵다. 그래서 보다 많은 스타트업 창업가들과 만나기 위해 이런 행사에 참여하는 것이다. 이들은 해커톤에서 예비창업가들에게 과제를 내리기도 하고, 사이드 행사를 개최해 자신의 위상을 내보이기도 한다. 가령 2017년 테크크런치 차이나에서는 리앤펑 그룹이 신유통 컨퍼런스를, 2017년 6월 테크크런치 차이나에서는 렌렌지능 FaceOS[**]이 사물인터넷과 인공지능에 대한 컨퍼런스를 열어 업계 내 영향력을 과시했다.

2018년 선전의 테크크런치 차이나 컨퍼런스는 11월 17일부터 3박 4일간 열린다. 이중 해커톤은 17~18일에, 미디어데이는 18일에, 메인 스테이지는 19~20일에 열리고, VC 밋업, 스타트업 앨리, 사이드 행사도 열릴 예정이다.

---

[*] 2016년 11월 러에코LeEco가 바로 그랬다. 당시 러에코는 무리한 미국 진출로 말미암아 재정 상태가 악화되고 있었는데, 테크크런치의 존 러셀이 이 부분을 집요하게 질문한 덕분에 보는 사람들의 즐거움이 매우 컸다.

[**] **렌렌지능 FaceOS**人人智能 기업 고객을 타깃으로 얼굴 인식 시스템을 만드는 업체이다. 지능형 칩을 기반으로 하여 사물인터넷을 위한 안면 인식 솔루션을 제공한다. 이 회사의 핵심 경쟁력은 심층 학습 알고리즘, 제품 시스템 엔지니어링 기능 및 인공지능 산업 응용 분야에 있다.[3]

중국의 대표 엔젤 투자자[2]

중국의 엔젤 투자는 초기 단계 스타트업에게 상대적으로 적은 금액을 투자하며 조언자로 참여하는 게 특징이다.

리카이푸 Kaifu Lee, 李开复

중국 테크 분야에서 저명한 인물 중 하나이다. 1988년 컴퓨터 과학 박사 학위를 받은 후 애플, 마이크로소프트, 구글에서 최고 경영자로 일했다. 미국 최고 기술 거장들과의 업무 경험은 중국뿐만 아니라 실리콘밸리에서 상당한 명성을 얻고 있다.

그는 현재 시노베이션 벤처스Sinovation Ventures의 설립자 겸 CEO로 재직 중이며 인공지능과 빅데이터, 콘텐츠 및 엔터테인먼트, B2B 무역 및 엔터프라이즈 서비스, 교육 등의 분야에 중점을 두고 있다. 기술력이 강한 스타트업을 선호하며 완두찌아Wandoujia, 즈후Zhihu, 메이투Meitu 등을 성공시켰다.

슈샤오핑 Bob Xu, 徐小平

중국에서 가장 큰 사립 교육 서비스 제공업체인 신동방 그룹New Oriental Education&Technology Group의 공동 창립자이다. 2006년 신동방에서 물러난 그는 게임, 온라인 교육, 이커머스 및 모바일 인터넷에 대한 투자에 집중하기 위해 전 파트너인 왕 치앙Wang Qiang과 함께 2011년 젠펀드ZhenFund를 설립했다. 젠펀드는 자위엔Jiayuan, 라잇인더박스Lightinthebox, 쥬메이Jumei, 이항Ehang, 추문원원Chumenwenwen 등의 스타트업에 투자했다.

차이웬성 蔡文胜

웹 디렉토리 265.com을 창업했다. 사진 중심의 히트 서비스 메이투Meitu, 비디오 플레이어 개발자 및 비디오 콘텐츠 제공업체인 바오펑Baofeng, 온라인 데이터 서비스 CNZZ, 부동산·차량·기타 물품 직거래 사이트 우빠통청58.com, 58同城, 모바일 및 웹 게임 개발 페이위Feiyu Technology에 투자했다.

차이나방;
중국 최고의 스타트업을
가리는 시상식

차이나방China Bang은 테크노드가 중국의 뛰어난 스타트업들을 인공지능, 블록체인, 외국인 창업가 등 각 부문별로 선정해 시상하는 연중 가장 큰 행사이다. 차이나방의 '방帮'은 돕는다는 뜻으로 각 부문별 우승자는 기자들의 추천 60%와 투자자 및 자가추천 40%의 비율로 선정된다. 2011년부터 매년 3, 4월에 중국의 한 도시에서 열리고 있다.

테크크런치 차이나 컨퍼런스는 개방된 형태로 동시에 여러 프로그램이 진행되기 때문에 누구나 각자 좋아하는 프로그램에 참가할 수 있지만 차이나방은 특별한 손님만을 초청해 정해진 순서대로 행사가 진행되므로 참석하고 싶다고 갈 수 있는 행사는 아니다.

하지만 일단 참석하게 되면 대략 300여 명의 벤처캐피털과 창업가들이 5성급 호텔에 2박 3일간 머무르는 만큼 네트워킹하기에 매우 좋은 기회이다.

연회에는 20개의 원탁이 있고 무대에서 가까운 원탁일수록 대기업이거나 중요한 인물이 앉는다. 해당 업계의 내로라하는 기업인이 많이 참여하기 때문에 원탁을 돌아다니면서 명함을 돌리고 이야기를 나누다 보면 사업상 좋은 파트너를 만날 수도 있다. 지난 5년 간 차이나방에서 수상한 기업에는 위챗, 모모, 디디다처, DJI, 샤오미 등이 있다. 지금은 거의 대부분이 대기업이 되어 상장까지 했다. 그래서 중국 내에서 차이나방의 수상은 언제나 핫이슈가 된다.

차이나방은 2015년은 베이징에서, 2016년은 청두에서, 2017년에는 창저우, 2018년에는 상하이에서 열렸다. 매번 다른 도시에서 열리는 이유가 있다. 중국의 각 지방정부는 어떻게든 더 많은 창업가들을 유치하고 싶어 창업을 지원하는 정책을 세우고 있는데, 2박 3일간 창업가, 투자자, 미디어가 참여하는 차이나방은 스타트업 창업가들에게 어필하기에 매우 매력있는 행사이기 때문이다.

각 부문별 수상 기업 후보는 학생, 스타트업 창업가 누구든 추천할 수 있으며 3월 초부터 진행된다. 이렇게 1차로 추천된 기업들 가운데 기자와 투자자들이 수상할 만한 좋은 기업을 가리는 것이다. 한편 투표를 많이 받은 기업은 인기상을 받는다. 2018년 인기상은 스마트스터디와 미식남녀(한국의 해먹남녀)가 수상했다.

○ 각 부문별 차이나방 수상 기업 ○

2018년에 각 부문별로 차이나방을 수상한 기업들을 살펴보자.

올해의 스타트업상

올해의 스타트업 상은 교육 서비스 업체인 브이아이피키드VIPKID가 수상했다. 4~12세 어린이에게 일대일로 영어 수업을 진행하는 기업인데 2017년 유니콘이 되었다. 북미에 4만 명의 영어 선생님들을 고용하고 있으며 중국 유료 사용자가 30만 명 정도이다. 수업료는 25분 수업에 14~22달러를 받는다. 북미의 결혼한 여성들, 특히 미국 동부나 중부 연안의 여성들이 주로 선생님이 되며, 이 북미 여성들이 브이아이피키드에서 제공하는 교사 수업을 이수한 이후 교사 자격을 얻어 아이들의 영어 수업을 진행한다.

올해의 교통수단상

자동차 공유 플랫폼인 아트주처Atzuche, 凹凸租车가 올해의 교통수단상을 받았다. 2013년 5월 상하이 출신들이 창업한 이 기업은 주로 여행 용도로 차를 대여한다. 자동차 공유 플랫폼은 여러 개가 있었으나 2016년에 거의 문을 닫았다. 다른 기업들이 마케팅에 돈을 쏟아 부으며 사용자 경험에 신경 쓰지 않을 때 아트주처는 사용자 집 앞으로 자동차를 보내주거나 보험을 가입해주거나 불만사항을 해결하는 등 서비스에 역량을 집중했다. 현재 아트주처는 62개 도시에서 운행되고 있다.

해외 진출 성공 기업상

해외 진출 성공 기업상에는 또 다른 자동차 공유 서비스 회사인 후이주처 Huizuche, 惠租车가 수상했다. 후이주처는 30여 개 나라에서 운영되는 자동차 공유 서비스이다. 중국 관광객의 해외여행이 급증함에 따라 후이주처 역시 크게 성장하고 있다. 후이주처는 중국 최대의 온라인 여행사 시트립Ctrip에 자동차 공유 서비스를 제공하기도 하고, 동방항공에 공항 픽업 서비스를 제공하기도 한다. 후이주처의 대표인 황 하오밍은 성공 비결로 중국인들에게 중국어 서비스를 제공하는 점, 가격을 비교하게 하고 경쟁사보다 낮은 가격에 서비스를 제공하는 점을 꼽았다.

자동차를 공유하는 사람 중 약 20% 정도는 스스로 운전하기를 바란다고 하는데, 이는 국가에 따라 조금씩 다르다. 북미 여행 시에는 스스로 운전을 하길 선호하고, 동남아 국가를 여행할 때에는 현지 운전수와 함께 중국인 통역가까지 고용한다고 한다.

페일 패스터와
스타트업 위크앤드;
팀 창업을 경험하다

    중국에 진출하려는 한국의 스타트업 중 기술기반 아이템을 하고 있다면 테크노드에서 진행하는 '해커톤 행사'를, 아이디어 기반이라면 '페일 패스터Fail Faster'나 '스타트업 위크앤드Startup Weekend'행사를 눈여겨보기 바란다. 사업 아이디어에 맞는 팀을 꾸려 2박 3일 동안 사업 아이디어를 창업해보고 마지막 날 투자자 앞에서 발표를 하는 대표적인 스타트업 행사인데, 본인의 사업 아이템을 구현하는 데 필요한 팀원도 찾을 수 있어 일거양득이다.

    페일 패스터는 중국 상하이에 위치한 비영리 기술연구기관인 테키주Techyizu 주최로 대체로 매년 9월 상하이 차이나액셀러레이터에서 열리고, 스타트업 위크앤드는 미국 실리콘밸리에서부터 시작된 행사로 전 세계에서 동시에 열린다(중국에서 열리는 스타트업 위크앤드는 진행자의 전문성이 낮고 참석자들이 자율적으로 해결해야 하는 것이 많은 편이다).

페일 패스터

페일 페스터는 금요일 저녁 7시에 시작한다. 100여 명 정도가 홀에 모여 사업 아이디어가 있는 사람들이 먼저 앞에 나와 1분씩 소개를 하면, 나머지 참석자들이 이를 들어보고 마음에 드는 사람에게 합류해 팀이 만들어지는 방식이다. 페일 페스터의 2박 3일 간 팀 창업은 이렇게 막이 오른다.

본격적인 프로그램은 토요일 오전 10시부터다. 진행자가 30분 세션을 하고 참여자가 다 같이 모여서 토의를 하고, 발표하고, 피드백을 받고, 다시 그 다음 단계로 넘어가는 형식으로 스케줄이 짜여 있다. 오후 2시가 되면 팀들을 바깥으로 내보내 목표 고객을 인터뷰하고 지금까지 세운 가설을 검증하는 과정을 거친다. 이를 통해 사업 아이디어의 실질 수요를 비교적 정확하게 파악할 수 있다.

밋업닷컴meetup.com에 "Techyizu"를 검색하면 언제 행사가 열리는지 확인할 수 있다. '상하이에서 창업하기', '스마트폰으로 2분 영화 찍기' 프로그램 등과 같은 특별한 과제가 주어지기도 하고, 믿음직한 외국 엑셀러레이팅 프로그램도 있어 매우 유익하다.

스타트업 위크앤드

금요일 저녁 6시부터 일요일 밤 9시까지 스타트업 하나를 만드는 행사로, 전 세계 214개 도시에서 동시에 열린다. 중국에서는 여러 도시가 돌아가면서 개최하는데, 이 행사를 통해 실제로 창업하는 회사도 생긴다. 전 세계적으로 동시에 행사가 열리는 만큼 행사가 진행되는 중에 다른 나라 팀들과 영상 통화가 이루어지기도 한다.

스타트업 위크앤드에서는 외국인 위주의 팀이더라도 1, 2명은 중국인이

들어가게 마련이라 중국 현지에서 풀어야 할 부분에서 도움을 받기가 수월하다. 그래서 52시간이 지나면 그럴듯한 스타트업이 선보이게 된다. 1등은 네이키드허브에 6개월간 무료로 입주할 수 있고 유클라우드를 제공받는다. 학생은 200위안(약 3만 2000원), 일반은 300위안(약 4만 8000원)으로 참여할 수 있다. 위챗 친구찾기에서 "TechstarsOfficial"로 검색하면 모든 소식을 받아볼 수 있다.

이외에 상하이에서 10월에 열리는 뉴코NewCo 행사도 참여해볼 만하다. 일반 참가자들도 참석할 수 있고, 오전 8시에 모여서 아침을 먹고 15명 단위로 9시부터 오후 5시까지 대략 5개의 스타트업을 방문한다. 성공한 외국 스타트업이나 B 라운드* 이상 투자를 받은 중국 스타트업을 직접 방문해 창업가에게 이야기를 듣고 질문을 할 수 있는 게 특징이다. 뉴코 행사에는 A, B, C, D, E 트랙이 준비되어 있는데, 마음에 드는 트랙을 선택할 수 있다. 언어는 영어와 중국어 중에서 선택하면 된다. 차이나액셀러레이터가 주최하며 참석 비용은 188위안(약 3만 원) 정도이다.

---

* 고객이 일정 정도의 규모가 되어 대대적인 인력확보나 적극적인 마케팅, 신규 비즈니스 기회 개발 등 비즈니스 확장이 필요할 때를 위한 투자를 말한다. 즉 어느 정도 시장에서 인정받거나 고정적인 수익이 있어 서비스가 안정화 단계일 때 진행된다. B 라운드 투자를 통해 기대하는 것은 시장점유율을 확대하는 것이다.[4]

페일 패스터 참석 후기

2017년 페일 페스터에 직접 참여하여 2박 3일 동안 팀을 이루어 실제로 사업 아이디어를 구체화하는 경험을 소개해보겠다.

우리 팀의 목표 고객은 부동산 중개사들이었고, 검증 가설은 "사람들은 부동산을 구할 때 안전 문제로 애를 먹고 있다"였다. 여기서 안전 문제라 함은 식품안전, 교통안전, 공기오염 등을 의미한다. 가설을 검증하기 위해 우리 팀은 바깥으로 나가 목표 고객을 인터뷰하기로 했다. 우루무치루, 푸싱시루 쪽으로 걸으면서 10여 개의 부동산에 들어갔다. 그리고 여러 번 거절 끝에 아파트 앞에서 고객을 모으는 6명의 부동산 중개인을 인터뷰할 수 있었다. 그리고 이를 통해 우리가 세운 가설은 틀렸다는 것을 확인했다. "사람들은 집을 살 때 안전 문제를 중요시하지 않았다. 가격과 위치가 가장 중요했다."
가설 검증의 실패 이후 우리는 "중국에 사는 외국인은 식품 안전에 대해 고민이 있을 것이다"로 다시 가설을 수정했고, 페일 페스터 참가자 중 외국인 11명을 선별해 인터뷰를 진행했다. 이번 가설은 적중했다.
이처럼 페일 패스터 프로그램의 특징은 고객들이 공감하는 문제를 해결할 수 있을 때까지 반복하여 가설을 세우고 이를 검증하면서 사업 아이디어를 구체화시켜나갈 수 있다는 것이다. 가설을 검증할 때 설문 자료를 더 많이 뿌리고 싶다면 온라인 설문조사 서비스 원줸왕问卷网을 이용하면 된다. 무료이다.

우리 팀은 이 행사에서 조사한 것들을 토대로 최소한의 시제품MVP, Minimum Viable Product를 구상하고 이를 마지막 날인 일요일에 발표했다. 하지만 우승은 팀스피릿이라는 다른 팀에게 돌아갔다. 이 팀의 스타트업 아이템은 '외국인을 위한 중고장터 모델'이었는데, 원래는 중국에 사는 25~35세 외국인에게 대만의 위스키를 팔려고 했다고 한다. 하지만 외국인 설문조사를 해본 결과 수요가 없음을 발견, 실시간 거래장터 모델로 목표를 변경한 것이다.

팀스피릿 팀이 우승한 요인은 이미 작동이 되는 시제품을 만들어냈기 때문인 것으로 보인다. 스트라이킹리Strikingly라는 랜딩 페이지(웹사이트 링크를 클릭했을 때 제일 먼저 뜨는

페이지)를 만들어 실제로 사람들이 중고 물품을 사진 찍어 가격을 책정하게 했더니 침구, 스쿠터 등 총 1만 위안 어치의 물건들이 플랫폼에 올라왔고 무려 50위안을 벌기까지 했으니 우승할 만하다.

이 팀은 "사람들은 투명하고 알람 기능이 있는 플랫폼에 대해 돈을 지불할 의사가 있었다. 길거리 설문조사 중 87%가 이 서비스를 원했다. 사람들은 바로 제품을 팔길 바랬다."고 말했다.

5부

중국에서 창업하기

제조업 트렌드가
바뀌었다

중국에 초기 진출한 한국 기업들은 대부분 제조업이었다. 중국의 저렴한 노동력으로 가격 경쟁력 있는 제품을 만들기 위해 진출했고 이렇게 만든 제품을 전 세계에 수출했다. 즉 기술력을 우위에 두고 중국의 값싼 인건비를 취해 수출 위주의 전략을 펼쳤던 것이다.

그러나 이러한 방식의 제조 경쟁력은 점차 사라지고 있다. 인건비가 높아져 주문량이 뒷받침되지 않으면 가격 경쟁력을 가질 수 없고, 기술만큼은 우리가 앞선다고 생각했지만 중국은 경제 개방 이후 30년 동안 다른 나라의 하청 주문을 받으며 첨단 기술을 훔쳐내기도 하고, 전수받기도 하면서 자기 것으로 만들었다. 이제 중국의 기술력은 4차 산업혁명을 선도하는 모습이다. 확실한 사업적 기술과 수익모델을 제시하지 않으면, 우리는 고용주로서 힘을 행사하기는커녕 중국 기업과 파트너가 되기도 쉽지 않을 정도가 되었다.

첨언하자면 중국 회사가 기업의 가치를 판단하는 기준은 심플하다. 그들에게 회사의 매출액, 회사의 비전과 브랜드 유무 같은 것은 고려 대상이 되지 않는다. 그들은 단지 '주문량'을 보고 그 회사의 가치를 판단한다. 그러므로 중국 회사와 제휴를 하고자 한다면 회사의 비전을 내세울 게 아니라 그들 규모에 맞는 주문량 또는 구체적인 사업모델과 수익배분 등을 가지고 접근해야 할 것이다.

○ 제조업으로 진출할 때 알아야 할 것들 ○

이제 중국에서 단순 제조업으로는 성공하기가 어렵다. 그러나 역으로 생각해본다면, 중국은 모든 제품의 제조공장이 있다고 해도 과언이 아니므로 이를 이용하여 새로운 제조업 기반의 비즈니스를 해볼 기회로 만들 수 있다. 가령 선전의 테크단지에 가면 한국에서는 큰 자본이 있어야 만들 수 있는 제품들을 훨씬 저렴한 비용으로 만들어 시장에서 테스트해볼 수 있다. 좋은 아이디어와 개발 능력만 있으면 생산 및 제조를 해볼 만한 기회가 있는 곳이 바로 중국이다(자세한 내용은 '하드웨어 스타트업의 성지; 선전은 지금' p.21을 참고하기 바란다.).

중국 공장들은 대부분 두 개의 트랙을 가지고 운영한다. 수출용 제품과 내수용 제품이다. 내수용 제품들은 품질보다는 가격 경쟁력이 더 중요하다. 중국인들은 품질은 정품에 미치지 못하지만 외관상 비슷하게 만든 제품이 절반 가격이라면, 서슴없이 저렴한 가격의 모조품을 선택한다. 제품의 완성도와 정교함보다는 가격에 민감하다는 의미이다. 경험상 품질 좋은 제품을 오래 써본 경험이 부족한 것이 이유일 수도 있겠다. 가격에 대한 민감도는 타오바오나 알리바바 등 전자상거래로 인해 더 심화되어 나타나고 있다.

이런 상황에서 우리의 기회는 과연 무엇일까? 중국인들은 자국 제품에 대한 불신이 있다. 그래서 고품질 제품을 찾는 소비자는 대개 해외 제품을 직접 구매하는 경향이 있는데, 식품이나 화장품, 유아용품 등이 그런 제품들이다. 이런 제품들은 비싸더라도 정품을 찾는다. '메이드 인 코리아'가 장점을 발휘하는 제품을 고민해보자. 그런 품질 민감 제품군이 경쟁력을 가질 수 있다. 최근에 발생한 가짜 백신 사건* 또한 중국인들에게 자국 제품에 대한 불신을 더 심어주었다. 중국 내수 제품들과 경쟁을 하려면 디자인과 아이디어 그리고 품질 차별화를 통해 브랜딩을 해야 한다. 이때의 핵심은 브랜드 신뢰성이다.

한편 한국 제조업체들이 중국 판매에서 간과하는 부분이 있는데, 한국 소비자를 기준으로 두고 오버스펙 제품을 만드는 것이다. 스펙이 높으면 제품 성능은 더 좋아지겠지만 제조단가가 높아져 경쟁력이 없을 경우가 많다. 중국 내수 판매 제품은 소비자 요구사항에 맞춰 가성비를 고려해 만들어야 한다.

중국 공장과 일을 해보면 답답할 때가 많다. 여러 가지 아이디어를 한 공장에서는 구현하기가 어려워 여러 공장을 아웃소싱해야 할 때가 많기 때문이다. 중국은 하나의 기술만으로도 엄청난 규모의 회사로 운영된다. 때문에

---

* **가짜 백신 사건**   2018년 7월 중국 길림성의 창성바이오 회사가 인체용 광견병 백신 생산 기록을 조작하여 유아용 디피티 백신을 생산했다. 가짜 백신 사건이란 이 불량 백신 25만여 개가 유통되어 수십만 명의 영유아에게 접종된 사건을 말한다. 중국 당국은 시진핑 국가주석의 철저한 조사 지시에 따라 제약회사 대표와 핵심 관련자 15명을 구속하며 전방위적인 수사에 착수했다.

다른 제품과의 연계성이 떨어진다. 제품들과의 연계성에서 우리의 창의성이 발휘될 순 없을지 다시 한 번 점검해볼 필요가 있다.

현재 중국 제조업은 저부가가치 제품에서 고부가가치 제품으로 변화하고 있다. 때문에 이 시기에 맞는 사업을 구상해야 한다. 한국은 일본으로부터 반도체 사업을 배웠고 오늘날 반도체 사업은 한국 경제를 떠받들 버팀목으로 성장했다. 하지만 여전히 주요 제조 공정 및 반도체 설비는 일본에서 수입하고 있다. 일본의 기초 정밀 기술은 지금까지도 전 세계에서 가장 뛰어나며, 소비자들은 일본 제품 품질에 대한 믿음이 있다. 이런 관점에서 볼 때 과연 중국과의 제조업 경쟁에서 우리는 어떤 부분에서 경쟁력을 확보할 수 있을지 고민해야 할 것이다.

최근 중국은 양적 확장에서 질적 향상으로 변화하기 위해 중복되는 업종은 합병하고 효율이 낮은 공기업은 민영화하고 있다. 산업 조정 기간인 셈인데, 이후 살아남은 회사들은 큰 이익을 창출할 것으로 보인다. 이런 면에서 중국 제조업의 미래는 밝은 편이라 할 수 있겠다.

중국 정부는 중공업의 환경오염 문제를 중요한 해결과제로 생각하고 있다. 그동안 양적 성장을 위해서 환경오염을 동반하는 제조업을 눈감아줬지만 중국 정부가 관여하기 시작했다.[1] 결국 중국 제조업은 부가가치가 있는 제품과 환경오염이 덜한 제조업에 집중될 것이다. 이 또한 우리의 기회가 될 수 있는 지점이다.

중국 시장에
대한 이해 없이
성공도 없다

중국은 56개의 소수민족, 100여 가지 언어가 있어 중국의 성 간의 차이가 미국의 주 별 차이보다 클 수도 있다. 그럼에도 중국은 하나의 대륙이라고 바라봐야 되고, 하나의 보편성을 가졌다고 이해해야 한다. 가장 가난한 나라에서 문화대혁명*를 겪고 40~50년 만에 G2가 되었기 때문에 세대 간의 차이도 매우 크다. 매우 복잡한 나라라서 입체적으로 사고해야 한다.

이런 나라이다 보니 한국 시장에 맞는 것을 그대로 중국 시장에 가져오면 실패할 확률이 높다. 그럼에도 아직도 많은 창업가들이 중국 시장을 제대로 이해하지 못한 채 창업하고 있는 것도 사실이다. 중국 시장에 대한 이해는 창업가라면 반드시 필요하다. 그만큼 시행착오를 줄일 수 있다.

---

* **문화대혁명** 1966년부터 1976년까지 10년간 중국 최고 지도자 마오쩌둥이 주도한 극좌 사회주의 운동이다. 낡은 사상과 자본주의를 완전히 버리고 사회주의 실천을 강화하자는 운동으로 그 이면에는 권력투쟁으로 인해 많은 사람들의 목숨이 희생되었다. 때문에 중국 사람들도 당시 이야기를 꺼린다.

가령 O2O 모델을 신규 아이템으로 한다면 바이두에 일단 조회를 해보는 것이 바람직하다. 분명 이미 누군가가 서비스를 하고 있을 것이다. 중국은 워낙 창업자가 많아 거의 모든 산업 분야가 개발되어 있다고 봐야 한다.

자, 그렇다면 여기서 우리는 중요한 선택의 지점에 놓인다. 누군가 하고 있는 사업이라면 포기하는 게 맞을까? 중국의 온라인 대기업들이 가로막고 있으면 그만두는 게 맞을까?

창업에서 새로운 아이디어나 새로운 플랫폼이 중요하던 시기는 지났다. 중국의 대기업들은 시장을 독점적으로 지배하지 않고 새로운 서비스에도 크게 욕심내지 않는다. 그들은 플랫폼으로 성장하기를 원한다.

예를 들어 외식배달 서비스의 경우 중국 중소기업들이 먼저 서비스를 시작했고, 이후 대기업들은 중소기업을 인수하거나 투자해 한 단계 업그레이드된 서비스로 그들만의 경제 생태계를 만들어나갔다. 대기업과 싸우지 않고도 함께 공생할 수 있는 분위기가 조성되어 있다는 것이 중국 시장의 특징이다. 그러므로 얼마나 특화된 부분에 경쟁력을 가지고 있느냐를 더 고민해야 한다.

○ 한국에서의 경험을 버려라 ○

중국에서 창업할 때 가장 먼저 생각해야 할 부분은 한국에서의 경험을 버려야 한다는 것이다. 한국에서의 성공이 독이 되는 경우가 많기 때문이다. 같은 서비스라도 소비자가 다르면 그에 맞게 현지화해야 성공할 수 있다. 그동안 중국에서의 많은 실패들은 현지화를 간과했거나 극복하지 못했기 때문이다. 한국에서의 경험을 버리고 중국 소비자 입장에서 다시 비즈니스 모델을 세워보길 권한다.

미국식 비즈니스 모델을 주로 따라한 한국 기업들은 단기 실적에 집중한 업무 스타일이 배어있다. 성과가 나지 않으면 바로 정리하거나 빼버린다. 게다가 중국에 대한 불신도 자리하고 있어 조직의 리더를 빈번하게 교체해 문제가 되고 있다. 중국에서 이런 스타일로 비즈니스를 할 경우 수없이 기회를 놓치게 된다.

대륙을 가로지르는 국경을 가진 중국은 그 광활함만큼 시간과 돈도 많이 들어간다. 진출하려는 사업 분야에서 본인은 어떤 장점을 가지고 있는지, 해당 업종이 5년 또는 10년 후 어떤 모습이 될지 장기적인 그림을 그리고 시작해야 한다.

그런 면에서 대만 기업들은 벤치마킹이 될 만하다. 한국 기업과 달리 대만 기업들은 충분한 자금과 시간을 들여 중국에 들어온다. 그래서 성공한 회사를 쉽게 만날 수 있다. 예를 들어 대만계 기업 중 유아교육 분야의 기업으로 짐보리, Otto2, 기린영어 등이 있는데, 중국에 들어오는 초기부터 자금력을 확보하고 장기전을 준비하면서 들어왔다. 이들은 초기에는 브랜드에 집중하고 그 이후 확대를 하기 시작했다.

대만 자체를 연구해보는 것도 중국 비즈니스에 도움이 된다. 대만 고객은 중국 고객들과 성향도 비슷하고 중국이 현재 겪고 있는 부분을 이미 경험해 봤기 때문에 최종 목적지에 대한 그림이 분명한 편이다.

○ 무조건 대도시에서 시작할 필요는 없다 ○

대도시에서 비즈니스를 시작하는 것은 비용이 많이 들뿐더러 경쟁이 매우 심하다는 점을 감안해야 한다. 대도시에서는 소비자 트렌드를 빨리 읽을 수 있고 활용할 수 있는 자원들도 많지만, 개인 창업자라면 글로벌 기업들이 득실득실한 이곳에서의 경쟁을 이겨내기가 쉽지 않을 것이다. 같은 노력이라면 2, 3선 도시에서 시작하는 것이 초기 비용 부담도 덜고 외국인으로 창업할 때의 장점도 살릴 수 있다.

예를 들어 상하이 사람들은 한국이나 일본에 자주 여행을 다니고 지하철만 타도 외국인이 많기 때문에 외국인 창업자라고 특별한 기회가 주어지지 않는다. 하지만 2, 3선 도시는 외국인 비율이 적어서 창업할 경우 현지인들에게 그만큼 신선하게 다가올 수 있고, 외국인이라는 이유 하나만으로도 주목받을 수 있다는 장점이 있다(그렇다고 4, 5선 도시에서 창업하란 이야기는 아니다. 4, 5선 도시는 아직 시장이 형성되지 않아 시장 개척 자체가 어려울 수 있다.).

화동 지역에 있는 2, 3선 도시만 하더라도 인구 규모가 작게는 500만 명이고 1000만 명이 넘는 곳이 여러 곳이다. 소비자의 구매력을 가늠할 수 있는 물가 또한 1선 도시인 상하이에 근접하니 이를 노려보길 권한다.

○ 중국인과 협업하면 손해를 본다? ○

신뢰를 바탕으로 각자가 맡은 역할을 명확히 한다면, 중국에서의 비즈니스는 혼자 하는 것보다 중국인과 협업하는 것이 여러모로 바람직하다. 과거에는 중국에서 사기를 당한 사람도 많고, 중국인은 믿을 수 없다는 이런 저런 소문들이 많아서 함께 일하기를 꺼려했지만, 지금은 중국 정부의 창업지원 정책부터 초기 투자를 받기까지 중국인과 같이 창업을 하면 시너지가 많이 난다.

예를 들어 중국인이 사업 파트너로 있으면 법인 설립부터 창업지원금 및 세금 혜택을 쉽게 받을 수 있다. 각 대학마다 또는 지역마다 창업지원센터들이 자금이나 장소를 제공해주는데, 외국인 단독 창업의 경우 지원을 받지 못할 때가 대부분이다. 최근에는 중국인도 외국인과 창업하는 것을 선호하고 있는데, 외국인과 같이 창업하면 국내 스타트업과는 차별화가 될 수 있고, 창업 팀에 외국인이 포함되어 있다는 것이 홍보가 되기 때문이다. 아이템과 인력 구성이 중요한 초기 스타트업에게 국적의 다양성은 장점이 될 수 있다.

그렇다면 중국 파트너는 어디에서 어떻게 만날 수 있을까? 지금은 중국에서도 좋은 사업 파트너를 만날 기회가 매우 많다. 이에 대한 내용은 '4부. 중국인과 네트워킹하기'를 참고하기 바란다.

○ 직접 확인하며 일을 하라 ○

중국에서 사업하면서 꼭 명심해야 할 것은 말만 듣고 판단하지 말고 꼭 확인해야 한다는 것이다. 사업계획을 수립하고 법인 설립을 하면서부터 많은 문제들이 발생하고 이런저런 주변의 얘기들도 들릴 것이다. 그래서 고민도 더 깊어지겠지만 중국에서는 실제로 확인을 해야 풀리는 일이 많다.

혈연, 지연, 학연만 믿고 일을 진행하기보다 하나하나 직접 부딪혀 문제 해결을 해야 한다는 뜻이다. 일을 하다 보면 생각보다 문제들이 쉽게 풀린다.

예를 들어 중국에서 법인을 설립한다고 할 때, '외국인 입장에서 하기는 쉽지 않을 거야'라는 생각으로 대부분은 대행사를 통해서 맡기곤 한다. 대행사가 꽌시를 통해서 해결한다고 알고 있고 그만큼 그들을 전문가라고 생각하는 것이다. 그러나 여러 가지 복잡한 절차가 있기는 하지만 결국 서류를 여러 번 보완해서 진행하면 문제가 없다는 것을 일을 하다 보면 알게 된다. 오히려 현장에서 더 좋은 정보를 들을 수도 있다. 세금 감면이라든지, 아니면 새로운 정책이 나왔다면서 도움을 주는 경우도 있다. 시진핑 시대에 들어선 2013년부터 꽌시로만 해결하던 관행들이 개선되기 시작했다. 공무원들 스스로 꽌시를 부담스러워한다. 식사를 접대 받거나 홍빠오 받는 것에 대해 엄격하게 처벌하면서 최근 관공서들은 원칙에 맞게 일을 처리하고 있다.

중국만큼 법규 및 시장이 빨리 변하는 나라가 없다. 직원들 또는 지인들의 의견이 정말로 현재 상황을 의미하는 것이 맞는지 확인해야 한다. 예를 들어 중국에서 400으로 시작하는 전화번호는 한국의 700처럼 회사들이 대외적으로 서비스 전화번호가 필요할 때 신청하는 수신자 부담 전화 국번이다. 예전에는 400 국번 전화를 신청하려면 대행하는 회사들에 맡겼어야 했다. 하지만 중계회사들이 폭리를 취하면서 회사가 직접 신청해도 되도록 최근에 규정이 바뀌었다.

그런데 이를 모르는 회사들이 많다. 이런 규정까지 잘 알아보지 않으면 비싼 가격으로 대행을 맡겨 사용하게 되는 것이다. 전화번호는 한 번 사용하기 시작하면 바꾸기 어렵기 때문에 울며겨자 먹기로 대행을 연장해야 할 수도 있다.

중국 현지 법규 및 규정을 제대로 알아보려면 인터넷 정보나 주변 지인들의 말만 듣고 판단하지 말고 관련 부서 혹은 실제 담당자에게 전화를 걸어 확인을 하는 것이 가장 좋다.

○ 무모한 계획을 경계한다 ○

앞서도 말했지만 중국은 시장이 매우 크다는 생각에 무모한 계획으로 진출하는 사업가가 많다. 일례로 "한류 열풍으로 치맥이 뜬다고 하니 중국에서 치킨집을 하면 성공할 것이다", "14억 중국인에게 1위안짜리 마스크팩 하나씩만 팔아도 14억 위안이다"라고 생각하며 쉽게 중국 시장에 진입하는 것이다.

하지만 중국 문화와 법률, 현지 소비자 습관 등 객관적인 시장 상황을 모르고 범람하는 정보와 일시적인 유행만을 쫓아 사업을 계획하면, 비즈니스 기회가 크게 여겨지는 것만큼 실패 시 감당해야 할 리스크 또한 크다는 것을 각오해야 한다. 전통적으로 중국에서는 차가운 물을 마시지 않기 때문에, 식당에 가서도 찾기가 어렵다. 차가운 물을 마시면 위장이 탈이 난다고 생각해서 심지어 맥주마저도 상온 상태에서 마시는 편이다. 이러한 현지 사정을 간과하고 치킨집을 차린다면 결과가 어떨지는 어렵지 않게 짐작할 수 있다. 마스크팩 또한 마찬가지다. 중국에서 마스크팩을 팔려면 이러저러한 규제와 통관을 거쳐야 한다. 이에 대한 시장조사를 철저히 해야 한다는 말이다. 철저한 시장조사 결과 '그럼에도 불구하고' 승산있다고 판단되면 진출하되, 초기 사업은 반드시 작게 시작해야 한다. 잘하는 분야에 집중해서 타깃을 좁혀 가볍게 시작한 후 성공 가능성이 있다고 판단되면 시장흐름에 따라 변화를 주며 자본을 집행하는 전술을 취하는 것이 좋다.

자본을 초기에 쏟아 부으면 정말 필요할 때 버티지 못한다. 사업을 하다 보면 의외의 비용과 변수가 생기기 마련이라 예비비가 없는 경우 잘 되도 문을 닫는 경우가 비일비재하다. 예전에 한 의류 대표는 초기에 판매가 잘 되어서 쉽게 정착할 것이라 기대했으나 매출 채권이 감당 못할 만큼 늘어나면서 사업을 접어야 했다. 중국의 경우 여신기간이 상당히 길고 외상 매출이 많은데 이를 미처 대비하지 못한 것이다.

한국과 중국의 비즈니스 관습이 다르다는 것은 언제나 명심해야 한다. 장기적으로 거래하지 않는 회사가 아니라면 약속을 어기는 것이 다반사이다. 중국에서 사업해본 사람들이 한결같이 말하는 것이 있는데, '중국인에게 돈을 받아내기 상당히 어렵다'는 것이다.

비즈니스는 '진입기-성장기-성숙기-쇠퇴기'와 같은 단계가 있고 그때마다 준비해야 할 그릇의 크기가 다르다. 준비하고 있는 사업 계획보다 큰 그릇 또는 작은 그릇에 비즈니스를 담으면 탈이 나게 되어 있다. 일단 사업을 시작할 때는 유용가능한 자금의 70% 수준으로 비즈니스 플랜을 세우도록 하자.

○ 반드시 중국 현지에서 R&D를 해야 한다 ○

한국의 게임 업체들은 중국 소비자에 대한 치밀한 분석 없이 그래픽 디자이너만 채용하여 사업을 운영했다. 그 결과 중국 소비자를 더 잘 아는 중국 게임 유통 기업들이 자체적으로 더 좋은 게임을 만들게 되었다. 한국 게임 기업이 중국 업체들에게 밀린 것은 현지 R&D에 투자하지 않았기 때문이다.

한국, 일본, 유럽 기업은 비교적 보수적이고 자체 보유한 기술이 좋아서 중국에서 R&D를 할 이유가 없다고 생각한다. 그렇다 보니 대기업조차도 중국에서 성공한 예를 찾아보기 어렵다. 대기업도 상황이 이런데 해외 스타트업이 중국에 와서 창업하려면 더 강한 마인드로 무장해야 할 것이다. 창업가가 중국에 이사 와서 사업할 각오가 없다면 굉장히 혁신적인 아이템이 아닌 한 정말 어렵다.

참고로 중국에서 R&D 인력을 고용할 때는 나이와 성별에 상관 없이 최고 실력의 중국인을 고용해야 한다. 한국, 일본 기업에 비해 중국 기업은 어린 사람, 여성에게 주는 기회가 많고, 실력 있는 사람이라면 연봉이 두 배, 세 배가 되는 경우도 드물지 않다.

○ 한국인이 중국 진출 시 가지는 강점 ○

한국은 내수시장이 작음에도 제조업을 기반으로 수출을 주도한 바 있다. 특히 기간산업인 자동차, 조선, 철강 등의 경쟁력이 높았다. 하지만 지금은 반도체를 제외하고는 경쟁력을 점차 잃어가고 있다. 반도체의 경쟁력도 얼마 남지 않은 듯하다. 중국의 저가 공세와 일본의 고품질 사이 애매한 지점에 있으니 말이다.

일본의 정밀기계와 원천기술은 여전히 비싼 가격으로 팔리고 있다. 다시 말해 일본은 글로벌 시장에서 '비싸지만 품질은 믿을 만하다'는 명확한 포지셔닝이 있다. 그렇다면 한국이 선점해야 할 포지셔닝은 어떠해야 할까? 몇 가지가 보인다.

일단 한류라는 문화 콘텐츠. 신기술과 제조업이 아무리 발전해도 결국 그 안에 담을 콘텐츠가 필요하다. 그러므로 우리는 하드웨어가 아닌 소프트웨어에 집중하는 전략이 바람직할 수 있다. 한국은 다른 나라에 비해 창의성과 감성이 풍부하며 스토리를 잘 만들어낸다. 콘텐츠의 힘이 미래 먹거리가 될 수 있는 것이다. 예를 들어 우리나라의 교재 개발 능력은 전 세계 최고 수준이라고 한다. 레고 회사가 한국만큼 교재를 잘 만드는 나라가 없다며 한국에 레고를 활용한 수업 교재 개발을 맡길 정도다. 한국 대학생들의 프레젠테이션 만드는 수준을 보면, 중국에서 전문 디자이너로 활동해도 무리가 없을 정도다.

다른 하나는 미에 대한 감각이다. 지금까지 나온 영화와 드라마, 한류 스타들과 그들의 뮤직비디오 등만 보더라도 한국은 아름다움을 만들어낼 수 있는 나라라는 게 검증되었다. 일본이나 중국이 아무리 따라잡으려 해도 한국의 미적 감각은 따라오기 힘들다. 특히 뷰티 관련 산업은 대한민국이 가진 큰 힘이다.

위챗 공식계정과 샤오청쉬;
마케팅에 활용하라

    한국 스타트업이 중국에서 창업을 할 때 착각하기 쉬운 부분이 있다. 바로 앱 개발을 해서 서비스를 하려는 것이다. 물론 중국에서 성공한 상하이의 머니락커*나 베이징의 타타유에프오** 같은 한국 스타트업을 보면 애플리케이션 기반이다. 하지만 이 기업들은 2011~2012년에 창업한 기업이고 그 당시 중국은 앱에서 확장해나가는 비즈니스가 가능한 시점이었다. 하지만 지금의 중국에서 앱은 이미 포화 상태이며, 앱을 만든다고 해도 성공 가능성이 제로에 가깝다. 그 이유는 두 가지로 정리할 수 있다.

---

* **머니락커**MONEY LOCKER　스마트폰 잠금 화면을 활용한 스크린 락커 앱이다. 머니락커의 유저는 잠금화면에서 광고를 볼 수 있고 앱과 게임을 다운로드할 수 있다.

** **타타유에프오**tataUFO　인스타그램과 같은 소셜 네트워크 서비스이다. 중국 젊은층을 중심으로 사용자가 1100만 명 이상이며, 400여 개 대학교가 등록되어 매일 8000만 건의 메시지가 오간다. 타타유에프오의 특징은 TTC 프로토콜을 이용해 소셜 네트워크 내에서의 활동에 대한 보상이 자동으로 주어진다는 데 있다.

첫째, 한국에서 앱 서비스를 하려면 애플의 iOS와 구글의 안드로이드 운영체제에만 올리면 되지만 중국 앱 스토어 시장은 매우 복잡하다.

구글이 되는 나라는 안드로이드 스토어에 앱을 올리면 된다. 하지만 중국에는 구글이 존재하지 않기 때문에 안드로이드 마켓의 빈자리를 수많은 중국의 대기업, 통신사, 스마트폰 제조사들이 차지하고 있다. 바이두, 텐센트, 치후 각각 앱 스토어가 있고, 통신사인 차이나 유니콤과 차이나 모바일, 스마트폰 제조사인 화웨이, 샤오미도 앱 스토어가 따로 있다. 결과적으로 중국에는 200개가 넘는 앱 스토어가 있다 보니, 사용자 입장에서 보면 어떤 앱은 이 앱 스토어에는 있고 다른 앱 스토어에는 없는 경험을 하게 된다.

그럼에도 굳이 안드로이드 앱을 만들어 서비스를 하고 싶다면, 중국 앱 스토어 시장점유율에 맞게 텐센트(24.7%), 치후(15.5%), 샤오미(13.0%), 바이두, 화웨이 앱마켓 순으로 앱을 올리면 중국 앱 스토어 시장의 75%는 커버할 수 있다. 아이폰을 사용하는 사람들을 위해 iOS 앱만을 만든다면 그것도 괜찮은 전략이다.

둘째, 앱을 만들고 유지하고 홍보하는 데 돈이 많이 든다.

자본력이 뒷받침된다면 보조금을 풀고 쿠폰 등을 이용해 소비자를 모아 앱을 홍보하고 유지할 수 있지만, 자금이 부족한 스타트업이 그러기란 매우 힘든 일이다. 앱의 종류나 크기에 따라 다르지만 외국인 창업가가 만든 니하오 앱의 경우, 앱을 유지하기 위해 3만 위안(약 491만 원)을 매달 내야 한다.

위챗 마케팅 토털 솔루션을 제공하는 밍보Mingbo, 鳴博에 따르면 앱을 홍보하는 데 리테일 기업은 사용자당 3위안에서 20위안을 내야 한다. B2B 비즈니스의 경우 기업 고객을 확보해야 하므로 100위안 정도로 높다. 다시 말해 리테일 비즈니스를 하는 기업이 100만 사용자를 유지하려면 연간 300만 위안(약 4억 9000만 원)을 내야 하는 것이다.

○ 위챗만으로 수익을 창출할 수 있다 ○

앱을 개발하는 것이 비효율적이라면, 앱 서비스와 같은 역할은 어떻게 구현해야 할까? 위챗이다. 위챗 안에서도 두 가지 서비스를 추천하는데, 위챗 공중계정과 위챗 샤오청쉬가 그것이다.

위챗 공중계정은 유명인, 정부, 미디어, 정부기관 등이 자신의 브랜드를 위챗 사용자들에게 인지시킬 수 있게 만든 '위챗 위의 플랫폼'으로 비즈니스로 수익화하기에 이보다 좋은 플랫폼은 없다고 해도 과언이 아니다. 쉽게 생각하면 페이스북의 페이지와 비슷하다고 볼 수 있는데, 차이나액셀러레이터에서 3개월 동안 이를 지원받으면서 매출을 일으킨 스타트업들도 상당하다. 일례로 레스토랑 추천 서비스를 하는 얼벰은 1000달러를, 영화 등 티켓 예매 서비스를 하는 247티켓은 약 16만 4000달러를 위챗 공중계정을 통해 벌어들였다. 이렇게 3~4개월간 액셀러레이터에서 지원 프로그램을 밟으면서 매출을 일으키고 유료 사용자를 모으다 보니 외부에서 투자자에게 투자를 받아야 하는 금액도 줄어들고 있다.

- **얼벰**Urbem : 위치, 메뉴 기반 레스토랑 추천 서비스이다. 위치나 메뉴를 입력하면 빅데이터 분석 기능을 넣은 위챗 계정을 통해 레스토랑을 추천해준다. VIP 회원은 15~50% 할인된 가격에 이용할 수 있다. 이러

한 방법으로 론칭 2주만에 1000달러를 벌었다.

- **247티켓**247tickets : 영화, 라이브 공연, 여행 티켓을 예약할 수 있는 플랫폼이다. 사용자는 위챗에서 인공지능 챗봇과 이야기하는 방식으로 영화나 공연, 여행지를 추천받는다. 웨이표Wepiao, 그와라Gewara 같은 대형 업체가 있지만 247티켓은 개인에게 더 맞춤화된 서비스에 집중하고 있다.

위챗 공중계정은 웬만한 웹사이트 링크보다 낫다. 웹사이트 링크는 한 번 열어보고 재방문하는 확률이 매우 낮지만 위챗 공중계정은 팔로우하면 언팔로우하지 않는 이상 1주일에 한 번씩 소식을 받아보기 때문에 리텐션*이 높아지는 측면이 있다.

페이스북과 비교해보더라도 페이스북 구매 전환율이 0.03% 정도라면 위챗의 구매 전환율은 4% 정도 된다는 것이 전문가의 견해다.[2] 스타트업 창업가들이 필수적으로 갖추어야 하는 서비스 채널이 웹사이트 다음으로 위챗 공중계정이 된 것이다.

○ 위챗 공중계정 만들기와 위챗 마케팅의 한계 ○

그렇다면 위챗 공중계정은 어떻게 만들 수 있을까? 위챗 공중계정은 구

---

* **리텐션**retention   전화번호든 이메일이든 이미 있는 고객 데이터베이스를 활용하여 마케팅을 해서 기존 고객을 유지하면서 반복적인 구매를 일으키고 지속적인 관심을 갖게 만드는 것을 말한다.

독형과 서비스형 두 가지가 있으며 만드는 데는 비용이 들지 않는다. 다만 서비스형 계정은 중국에 법인이 있어야 등록할 수 있다. 홍콩에 법인이 있어도 소용없다.

서비스형 계정은 각종 기능을 구성할 수 있고 인증을 통해 전자상거래가 가능하다는 장점이 있지만, 구독 계정만으로도 사용자들에게 콘텐츠를 업데이트해서 보여줄 수 있는 만큼 이를 활용하는 것이 좋다.

만약 중국 법인 없이 국내 사업자 등록증만으로 서비스 계정을 열고 싶다면 제일기획의 중국 디지털마케팅 자회사인 펑타이를 활용해보자. 펑타이는 텐센트로부터 2015년 11월 계정심사 권리를 확보했다.

위챗 공중계정을 여는 것이 준비도 번거롭고 복잡하다 보니, 이런 위챗 마케팅을 돕는 전문 기업들도 등장했다. 빅데이터 혹은 분석 알고리즘을 이용하여 위챗 마케팅을 돕는 이들 스타트업은 밍보와 로빈에잇이 내표적이다.

- **밍보**Mingbo, 鳴博 : 브랜드를 위한 위챗 토털 솔루션을 제공한다. 연간 단위로 위챗 서비스를 대행하고 분석 결과를 제공하는 데 무려 15만 위안(한화 2800만 원)을 받는다.

- **로빈에잇**Robin8 : 콘텐츠 분석을 통해 특정 내용을 가장 잘 퍼뜨릴 수 있는 KOL에게 기업의 광고, 홍보 내용을 전달한다. 가령 홍보하려는 콘텐츠가 다이어트에 관련된 내용이라면 평소 다이어트, 운동에 대한 글을 많이 쓰는 사람들 혹은 KOL에게 이 콘텐츠를 전달하여 이들에게

글을 쓰게끔 유도한다.[*]

모바일 상에서 공유되는 콘텐츠에 대해 위챗페이로 팁을 주는 것도 가능하다. 다상打赏이 그것이다. 이밖에 위챗 구독 계정이 다른 기업의 광고 채널로 쓰이기도 하면서 PPL도 등장했다. 예를 들면 별자리를 테마로 귀여운 캐릭터와 재치있는 내용을 선보여 매 콘텐츠마다 10만 뷰를 기록하는 통다오다슈Tongdaodashu, 同道大叔는 콘텐츠 내에 O2O 앱, 상품에 대한 PPL 광고를 삽입해 수익을 올리고 있다.

그러나 위챗 마케팅 전략의 중요성이 알려지면서, 이제 위챗 공중계정은 웬만큼 좋은 콘텐츠가 아니면 팔로워를 확보하기 어려워졌다. 따라서 위챗 공중계정을 기본으로 하되 다른 중국 플랫폼들, 예를 들어 주제별로 다양한 커뮤니티를 보유하고 있는 바이두 티에바Baidu Tieba, 운동 소셜 네트워크 킵Keep, 위치기반 소셜 네트워크 모모Momo, 이미지 필터 서비스 먀오파이Miaopai, 문학·영화 등에 대한 커뮤니티를 보유한 도우반Douban, 지식 공유 서비스 즈후Zhihu 등을 이용해 사용자를 위챗 공중계정으로 유인하는 전략을 사용해야 할 것이다. 실제로 싱가포르의 패션 이커머스 스타트업인 패쇼리Fashory는 이 전략으로 일주일 동안 4200만 원의 매출을 올리기도 했다.

---

[*] 로빈에잇의 분석 툴을 이용해 지금껏 내가 쓴 기사들은 하드웨어 기업에 관련된 것이 가장 많다는 사실을 발견했다. 그러니 로빈에잇에서는 앞으로도 하드웨어 기업의 기사를 쓸 수 있게끔 관련 기업의 소식들을 나에게 메일로 보낼 것이다.

○ 위챗 샤오청쉬 활용하기 ○

위챗 샤오청쉬는 앱의 기능을 위챗 안에서 구현할 수 있게 만든 앱이다. 미니앱이라고도 불리며 중국에서는 2017년 1월에 시작된 신생 서비스이다. 중국의 앱스토어에는 3만 개의 앱이 있으며 위챗 안에 등록된 미니앱은 2000개가 있다(2018년 초 기준). 그러니까 지금의 스타트업 입장에서는 앱을 만들어서 다른 3만 개 앱 속에서 경쟁하는 것보다 샤오청쉬를 만들어 2000개 샤오청쉬에서 경쟁하는 게 낫다.

샤오청쉬를 활용하는 중국 순풍택배順丰速运公司 서비스를 예로 들어보겠다. 순풍택배를 이용하려면 순풍택배가 비치해놓은 스티커의 QR 코드를 위챗으로 스캔하면 된다. 그러면 순풍의 샤오청쉬가 바로 열리고 지도가 뜨면서 수신자와 발신자의 주소와 전화번호, 이름을 입력할 수 있다. '보내기'를 누르면 몇 십 분 만에 순풍의 택배원이 우편물을 가지러 온다. 위챗페이로 택배 비용까지 지불할 수 있으므로 위챗 하나만 있으면 번거롭게 앱을 다운받지 않아도 되는 것이다.

중국에서
직원 채용하기

2017년 12월 상하이시는 2020년까지 상하이시 인구를 2500만 명 이내로 제한하겠다는 계획을 발표했다.[3] 현재 국가 통계국의 공식적인 상하이 인구는 2400만 명이지만 실제 이동인구 포함해서 3000만 명 이상이 거주하고 있다.

정책적인 영향이 아니더라도 중국 대도시 인구는 자연스럽게 줄어들고 있다. 살인적인 물가로 현지인이 아니면 대도시에서 살아남기 어렵기 때문이다. 특히 부동산 가격 폭등으로 임대료가 너무 올라 외지인이 상하이에서 월급만으로 생활하기란 불가능에 가깝게 되었다. 덧붙여 말하자면, 상하이에서는 대졸 초임이 4000~5000위안(약 65~82만 원) 정도인데, 이 정도의 임금으로는 원룸 구하기도 힘들다. 상황이 이렇다 보니 자연스럽게 사람들이 상하이를 떠나 지방도시로 향하고 있다.

○ 중국에서 사람 구하기가 어려운 이유 ○

덩샤오핑의 개혁·개방 정책 이후 중국 사회는 보이지 않는 계급이 생겼다. 사영기업가, 도시공, 농민공이 그것이다. 돈과 호적에 따라 구분되는 계급이라 할 수 있는데, 사영기업가는 8인 이상의 직원을 고용한 기업가를 말하고, 도시공은 도시 호적을 가지고 있는 노동자를, 농민공은 호적상 농민의 신분이지만 실제로는 도시에서 일하는 노동자를 뜻한다.

과거 한국도 그랬지만 중국도 경제발전을 위해 공장을 세웠고 공장에서 일할 인력이 많이 필요했다. 농촌 사람은 돈을 벌기 위해 도시로 올라와 공장에 취업했다. 그들이 바로 농민공이다.

농민공들을 주로 공장에서 제공하는 기숙사에 매달 돈을 내고 생활한다. 기숙사에는 살림을 차릴 공간이 없고 기숙사를 나가 월세로 생활하자니 생활비가 모자라 기혼 비율이 떨어진다. 아이를 낳으면 상황은 더 복잡해진다. 중국의 호적제도에 따라 아이 호적은 부모의 고향을 따르게 되어 있어 실제 거주하는 지역의 공립학교를 다니기가 어렵기 때문이다.

농민공은 그동안 저렴한 노동력으로 중국에 진출한 한국 기업을 뒷받침해주었으나 이제 저렴한 인건비에 풍부한 노동력을 제공받기는 어려워진 듯싶다. 두 가지 이유를 들 수 있는데, 하나는 시간이 흘러 바링허우(80년대생)와 주링허우(90년대생)가 농민공의 대다수를 차지하기 때문이다. 이들 신세대 농민공은 이전 세대보다 교육 수준이 높아 회사 복지를 상당히 중요하게 생각하고 힘든 제조업보다는 서비스직이나 사무직으로 취업하기를 희망한다.

또 다른 이유는 동부 연안 지역에만 밀집되어 있던 공장들이 중국 경제 정책의 변화에 따라 이동하면서 중국 서부 및 북부 지역에도 일자리가 생겼기 때문이다. 고향과 가까운 곳에 일자리가 생기자 춘절 휴가 때 고향에 내려가 다시 올라오지 않는 농민공이 상당수에 이른다. 이래저래 대도시 기업들이 직원 관리에 힘을 기울일 수밖에 없는 상황에 직면한 것이다.

중국의 호적 제도

1958년 시작된 중국의 호적 제도의 취지는 농촌 주민의 도시 유입을 막기 위한 것이었다. 중국은 1985년부터 거주 이전의 자유가 조금씩 생겼지만 지금까지도 완전히 자유롭지는 않다. 2001년부터 고정 거주지와 합법적 소득이 있으면 도시 호적을 주기도 하지만 하늘의 별따기다. 대학 학위가 있다거나, 사회보험료를 3년 이상 납부했다거나, 3년 이상 납세액이 10만 위안을 넘는다거나 하는 등 조건별로 점수를 매겨 지역사회 공헌도에 따라 발급하기 때문이다.

그럼에도 굳이 현지 호적을 받고자 하는 이들이 많은데, 현지 호적이 없으면 불편한 점이 많기 때문이다. 현지 호적이 없으면 아이를 학교에 보내기도 어렵고(현지 호적이 있는 아이에게 입학 우선권이 있고, 입학을 하더라도 학비가 두 배 이상 차이가 난다), 아파트나 주택을 구입하기도 힘들다(도심에 있는 아파트는 물론 비교적 저렴한 경제형 주택도 구매하기 어렵다.). 또한 도시에서 오래 일을 해 고정 주택도 있고 의료보험을 꼬박꼬박 냈어도, 퇴직 후에는 의료보험이 원래 호적지로 이전되어 아무리 도시에 오래 살고 공헌을 해도 의료 혜택을 볼 수도 없다.

대도시 노동자 중 상당수는 농촌에서 온 농민공인데, 계약직일 확률이 높고 현지 호적을 사기에는 형편이 넉넉지 않은 터라 외지에서 가족과 함께 생활한다는 것은 꿈도 못 꾼다. 중국 정부는 이런 '호적 차별'이 국가 발전에 여러모로 걸림돌이 된다고 판단하여 2015년 전국에 거주증 제도를 실시하겠다는 조례를 통과시켰지만 아직은 시작 단계다. 참고로, 중국의 지역색이 두드러진 이유를 호적 제도의 영향으로 보는 견해도 있다. 호적에 따라 생활에 발목이 잡히는 경우가 많다 보니 같은 고향 사람과 결혼하려는 성향이 두드러졌고 같은 지역 출신끼리 뭉쳐 지역색이 더 강해졌다고 보는 것이다.

○ 어렵고 힘든 일을 기피하는 중국인들 ○

앞서와 같은 이유로 상하이에서는 외지인보다 현지인이 일자리를 차지하는 비중이 높아졌다. 상하이인들은 일단 상하이에 거주지가 있기 때문에 출퇴근 교통비와 생활비 정도만 있어도 생활이 어렵지 않고, 부동산 가격의 상승으로 자산가가 된 부모가 많아 월급이 그다지 중요한 변수가 아니기 때문이다. 하지만 이와 별개로 힘들고 어려운 직종은 인건비가 천정부지로 높아지고 직원 구하기도 점점 힘들어지고 있다.

1970년대 일본의 가정집에서는 모두 세탁기가 있었는데, 한국은 세탁기 보급률이 20%도 안 되었던 시절이 있다. 삼성과 금성(오늘날의 LG) 등 대기업들이 몇 년간 엄청난 홍보를 했으나 세탁기 보급률은 크게 늘지 않았다. 그러다가 1970년대 말, 생각지도 못한 이유로 세탁기 보급률이 70%가 넘게 되었다. 이유인즉슨 인건비가 상승했기 때문이다. 인건비가 상승하면서 집안일을 도와주던 가정부의 임금이 부담스러워 주부들이 스스로 집안일을 하기 시작한 것이다.

최근 중국도 육체적으로 힘이 드는 기초 업종의 인건비가 천정부지로 높아졌다. 8년 전 3000위안 정도였던 입주 가정부가 지금은 6000위안을 줘도 적다고 한다. 사무직 경리 직원은 4000위안 정도면 충분히 구할 수 있으나 에어컨 수리 기사나 택배 기사는 7000위안 이상을 주어야 한다.

편한 일만 하려 하고 힘이 드는 일은 꺼려하기 때문에 상하이 노동 시장은 수요에 비해 공급이 매우 부족하다. 산업 발전에 필요한 대부분의 업종이 비슷한 상황이다. 사람이 엄청 귀해졌다.

하지만 어느 한순간 수요와 공급이 바뀌는 시기가 올 것이다. 성장기에는 인력의 공급보다 수요가 많기에 사람 구하기가 힘들지만, 경기가 침체되고 저성장 기조가 계속되면 그때부터는 인력 수급이 쉬워지고 반대로 회사가 우수 인력을 골라 뽑는 형태가 된다. 이는 한국의 발전 과정을 돌이켜봐도 알 수 있다.

○ 직원 채용 시 알아야 할 것들 ○

사업을 함에 있어서 가장 중요한 것은 직원이다. 중국에서 대졸 사무직이나 경력직을 뽑으려면 짜오핑닷컴zhaopin.com과 우야오잡51job.com을 추천한다. 전국적으로 활용하기에는 짜오핑닷컴이 적합하며 일부 지역에서는 우야오잡이 더 효과적이다. 두 사이트 모두 유료이다.

이 외에 간지왕ganji.com, 우빠통청58.com, 대학별 취업 사이트, 지역별 구직 사이트 등에서도 필요한 인력을 찾을 수 있는데, 기초 노동 인력을 구하기 쉽다. 용도와 지역에 따라 판단해서 활용하면 된다.

구직 사이트에 구인 공고를 올리고 지원한 사람들에게 면접 일정을 알려주려 연락을 하면 그때부터 또 다른 문제가 기다리고 있다. 절반은 자기가 그 회사에 지원을 했는지도 모른다. 아마 여러 회사에서 연락이 와서 그런 것 같다. 그러므로 직원을 뽑으려면 회사 설명을 잘해야 한다. 특히 지명도가 부족한 회사는 면접에 오도록 갖은 노력을 다해야 한다.

이렇게 해서 면접 날짜를 잡아도 실제 면접에 오는 사람은 20~30%에 불과하다. 면접을 보고 마음에 들어 채용 합격 통지를 위해 전화해보면 다른 곳에 취업했다거나 전화를 안 받는 게 다반사다. 직원 뽑기가 이 정도로 힘이 들다.

직원 뽑기가 어렵다 보니 헤드헌터 회사들이 많이 등장했다. 하지만 스타트업이나 초기 사업자는 활용하기 힘들다. 그래서 중국에서 초기 스타트업이 알아두면 좋을 직원 채용 노하우를 3가지로 정리해보았다.

첫째, 인재에 대한 눈높이를 낮춰라

똑똑한 친구들은 이미 창업을 했거나 경쟁 회사에서 관리자급으로 일하고 있을 것이다. 일단 전공이나 경력을 보지 말고 면접을 많이 봐야 한다. 기본 소양이 있는 인재를 뽑아서 키우는 것이 현실적이다. 사실 중국은 전문성을 갖춘 인재를 뽑기 힘들기 때문에 신입을 뽑아 1~2년 키우는 것이 바람직하다. 경력이 있어서 뽑았는데 그렇지 않은 경우가 많다. 가령 디자인 경력 5년차라고 해서 뽑았는데, 포토샵이나 일러스트를 못 다루는 경우가 허다하다. 보통은 2개월간의 수습기간이 주어지므로 면접 시 한 말을 믿지 말고 일을 해가면서 판단해도 늦지 않다. 중국에서 직원은 실무 능력을 보고 판단해야 한다. 그리고 문제해결 능력과 소통 능력을 가장 중점적으로 봐야 한다.

둘째, 팀을 구성해서 운영해라

핵심 인력은 경험자로, 나머지는 비경험자로 팀을 구성하도록 한다. 모든 팀원이 비경험자라면 시간과 비용이 많이 들고, 모든 팀원이 경험자라면 내부 충돌이 자주 일어날 것이기 때문이다. 어떤 조직이든 기획력이 있는 직원, 실무를 잘하는 직원, 영업력이 있는 직원 등 다양한 구성원의 유기적 협업이 잘 되어야 제대로 돌아간다. 그러므로 각자의 팀원에게 어떤 역할과

직위를 맡길지를 고려하여 팀을 구성한다. 예를 들면 기질이 외향적이며 영업 성향의 사람에게 안내 데스크나 경리 업무를 맡기면 본연의 능력을 발휘하기 어려울 것이다. 직원들의 특성을 잘 살펴 적재적소에 인재를 배치하는 것은 창업자가 해야 할 일 중 하나이다. 한 가지 더 조언하자면, 10인 이하의 조직에서는 업무분장을 명확하게 하여 분업화하기보다는 서로의 업무를 공유하면서 공통 목표를 위해 함께 뛸 수 있도록 조직을 구성하는 것이 힘을 발휘하기에 바람직하다.

셋째, 현지 지역 직원을 채용해라

중국은 직원들의 이직이 잦다. 조건이 맞으면 자주 옮기는 편이다. 그래서 채용할 때 우수인력의 안정적 확보가 가장 중요하다. 이때 현지 지역 사람을 채용하면 인맥과 자원이 자연스럽게 연결되고 안정적으로 회사에 오랫동안 일할 가능성이 높다. 왜냐하면 현지 사람은 결혼 전에는 부모와 함께 생활하므로 주거비와 기타 고정비들이 상대적으로 적게 들고, 결혼 후에도 안정적인 주거를 바탕으로 직장생활을 고려하기 때문이다.

외지 지역 사람들은 수입에 민감할 수밖에 없다. 어느 날 갑자기 다른 도시로 떠나거나 결혼 후 고향으로 가는 경우가 많다. 고용의 안정성이 떨어짐을 명심하자.

지금 중국은 사람 구하기가 매우 어려운 시기라고 말했지만, 노력하다 보면 언젠가는 본인과 잘 맞는 직원이 나타나게 되어 있다. 이 직원들과 사업을 함께 성장시킬 생각을 하자. 초기 사업에서 직원만큼 소중한 사람이 없다. 의지를 가지면 인재는 반드시 나타난다.

중국에서 창업자의 3년

중국에서 사업으로 성공한 사람들을 보면 운이 좋아서 갑자기 성공한 것처럼 보이지만 1~2년 만에 대박이 난 경우는 거의 없다. 엄청난 시행착오와 고생을 겪고 나서야 비로소 제대로 된 회사가 되는 것이다. 어떤 업무에서 전문가가 되려면 일정한 시간이 필요하다. 지금은 혼자서만 겪는 힘든 시간이라 생각되겠지만, 성공한 창업자도 과거 동일한 경험을 겪은 경우가 많다. 창업부터 3년 간 창업자가 중점적으로 해야 할 일들을 정리해보았다.

창업 1년차 : 일을 파악하고 손수 챙겨야 하는 시기

창업자가 일을 안 하면 아무도 일을 하는 사람이 없다. 사실 비즈니스 계획을 세우고 실행을 해야 하는 단계라서 창업자만큼 잘 아는 사람도 없을 것이기 때문에 누가 대신 해줄 수도 도와줄 수도 없다. 바닥부터 시작한 창업자가 끝내 성공할 수 있다. 모든 경험을 직접 해봤기 때문에 업의 본질을 파악할 수 있기 때문이다.

창업 2년차 : 직원을 챙기고 조직을 관리하는 시기

창업 후 1년이 지나면 희한하게도 직원들끼리 불화가 생기거나 회사를 떠나는 사람들이 생긴다. 이때 창업자는 분명한 선택을 해야 한다. 장기적으로 같이 갈 핵심 멤버를 정하고 내부 조직을 재정비해야 하는 것이다. 회사의 장기적인 방향과 맞지 않는 사람이나 갈등을 만드는 사람은 반드시 내보내고, 함께할 직원들에게 정성을 쏟도록 한다. 초기 핵심 멤버가 사업을 하는 데 전부라고 봐도 좋다.

창업 3년차 : 브랜드를 만드는 시기

사업 초기부터 브랜드에만 집중하는 사람들이 있다. 흔히들 얘기하는 대기업병이다. 열매가 열리지도 않았는데 포장만 열심히 해봤자 의미가 없다. 그러나 3년차가 되면 그 기업은 알게 모르게 브랜드가 형성된다. 창업자는 이때부터 비즈니스에 대한 큰 그림을 그려야 하는데, 이때 중요한 것이 브랜드이다. 아이덴티티를 구축해서 중장기 전략을 수립해야 한다.

춘절,
중국의 1월은
마무리를 하는 달

　같은 동양권 문화라서 그런지 중국의 명절은 한국과 매우 유사하다. 특히 중국의 대표적인 명절인 춘절春节은 음력 1월 1일로 한국의 설날과 같으며 일반적으로 7일간 연휴를 보낸다. 외지 노동자들은 보통 보름에서 한 달여간을 쉰다(중국인에게 한국도 중국과 음력 날짜가 똑같고 음력 새해를 보낸다고 하면 놀라는 사람이 많다. 사실 한국뿐만 아니라 동남아 많은 국가들이 음력 새해를 보낸다.).

　춘절하면 생각나는 것이 '중국 민족 대이동'이다. 중국인에게 춘절은 1년 동안 외지에 나가서 일하다가 가족과 친지들을 다 같이 볼 수 있는 일년 중 한 번뿐인 명절이다. 우리나라도 추석, 설날 같은 명절에는 귀경 인파로 고속도로가 꽉꽉 막히지만 중국은 땅이 워낙 넓어 차보다는 기차로 이동한다. 2억 명 이상이 고향에 가려고 기차역에 미어터지게 올라타는 모습은 가히 놀라울 정도다.

○ 춘절의 모습이 달라지고 있다 ○

그러나 최근 대도시의 경우 춘절의 모습이 과거와 많이 달라졌다. 먼저 교통의 발달로 말미암아 이동시간이 짧아졌다. 고속 전철로 상하이에서 남경까지 2시간 내에 도착할 수 있고 자동차를 소유한 사람들이 많아지면서 장거리가 아니면 차로 이동을 하는 이들도 늘고 있다. 소득 수준이 높아지면서 젊은 세대들은 명절 당일만 친인척과 보내고 바로 해외여행을 가는 경우도 보편화되었다. 사실 이들은 외동인 경우가 많아 고향에 가도 어울릴 만한 형제나 가족이 많지 않은 편이다.

2016년부터는 환경오염 및 위험을 이유로 상하이 및 대도시 중심에서 폭죽을 터트리지 못하게 한 것도 변화의 한 모습이다. 폭죽은 전통적으로 잡귀를 물리친다는 의미에서 터트렸고 춘절로 넘어가는 그날 새벽과 춘절 연휴 5일째 새벽이 하이라이트이다. 특히 5일째 새벽에는 재물신이 온다고 해서 춘절보다 더 심하게 터트리곤 했는데, 이제는 춘절 연휴 내내 조용한 편이다. 춘절만 되면 여기저기 울리는 폭죽 소리에 잠을 못 이루던 때가 불과 몇 년 전인데 격세지감이다.

예전에는 춘절기간 동안 상점들이 모두 문을 닫아서 미리 먹을 것을 준비해놓지 않으면 명절 기간 내내 일상생활이 어려울 정도였으나 최근 대도시는 춘절 연휴 3일간을 제외하고 4일째부터는 상점들이 오픈한다. 큰 쇼핑몰들은 춘절 당일만 쉬고 2일째부터 영업을 시작하는데 이 또한 과거와 많이 달라진 모습이다. 중국 대도시의 변화는 정말 빠르다.

○ 중국의 1월은 시작이 아니다 ○

중국에서 연말이란 '춘절 이전'을 뜻한다. 예를 들어 거래처에서 "연말 전에 한번 봅시다."라고 하면 여기서 말하는 연말은 12월 말이 아니고 춘절 이전을 의미하는 것이다(춘절 연휴는 음력 1월 1일이므로 매년 바뀌다 보니 일정하지는 않다.).

춘절을 마치고 다시 돌아와 일을 하는 것이 새해의 시작이다. 과거에는 춘절부터 정월대보름까지 15일간 쉬는 것이 외지에서 일하는 노동자들의 관행이었다. 심지어는 한 달 이상 쉬는 노동자들도 많았다. 그리고 외지 노동자들은 춘절 연휴가 끝나도 안 돌아오는 것이 부지기수다.

모든 업무가 정지되다 보니 중국에서 사업을 하다 보면 춘절 기간이 가장 힘들다고들 한다. 나 또한 중국에서의 1월을 잘 이해하지 못해 사업 초기 많은 시행착오를 겪었다. 가령 중국 하얼빈에서 상상락 센터를 오픈할 때, 12월에 공사를 시작해서 2월에 오픈할 계획이었으나 인테리어 인력들 대부분이 보름에서 한 달 정도 고향으로 떠나버렸고 인테리어 자재와 물류 모두가 멈추어서 공사를 할 수가 없었다. 결국 한 달 동안 임대료와 고정비만 고스란히 추가로 들어갔다.

상상락을 오픈한 후에도 시행착오를 겪었다. 한국에서 대기업에 다녔던 나는 재직 시절 보고 경험했던 시스템을 그대로 적용해 10월부터 내년 계획을 세우고 12월에는 연말 마감과 송년회, 종무식을 거행, 그리고 1월 새해를 맞아 새로운 마음으로 시작하자며 시무식까지 마쳤다. 하지만 그 해의 춘절은 2월에 있었고 한 달 동안 신규 업무 진행이 애매한 상황에 처해 버렸다.

아마 한국에서 중국 사람들과 일을 해봤던 사람들이라면 춘절이란 이유로 공장과 물류가 2주간 완전히 문을 닫아 고충을 겪은 일이 있을 것이다. 미리 재고를 확보해두지 않으면 각종 부품의 수급 문제와 재고 및 물류 시스템이 엉망이 되어버리고 춘절 때문에 새로운 시스템을 만들어야 할 정도로 난감할 때도 있다.

○ 춘절에 대비하는 현명함 ○

어떤 나라든 외국에서 비즈니스를 하려면 그 나라의 문화와 관습을 잘 이해하고 현지화하는 게 필요하다. 한국에서 해왔던 것을 고집하다 보면 아무리 좋은 취지라도 문제가 계속해서 발생한다. 일단 중국에서는 춘절에 모든 비즈니스를 잠시 접어둔다고 생각해야 한다. 가령 매장을 오픈해야 한다면 3월에 시공이 들어가서 5월에 오픈하는 것이 좋다.

그렇다면 중국에서 비즈니스를 할 때 1월에는 무엇을 하는 것이 좋은지 간략하게 요약해보자.

첫째, 춘절 전후 인력 관리를 해야 한다.

왜 춘절에 맞춰 인력 관리를 해야 할까? 중국은 1~2월에 직원 구하기가 가장 어렵다. 중국은 춘절 전 훙빠오(보너스)를 주는 것이 관례인데, 훙빠오를 받고서 이직하는 사람이 많기도 하고 춘절이 지나서 새로운 일자리를 찾아 도시를 바꾸는 경우도 흔하기 때문이다. 이를 반대로 생각해보면 춘절이 지나면 직원 구하기가 쉬워진다는 뜻이므로 직원들의 이직을 고려해 춘절 전에 10~20% 여유 인력을 준비해놓고 춘절 이후 인재들이 가장 많이 나오는 시기에 구인 활동에 집중하면 될 것이다. 실제로 알마니라는 미용 프렌차이즈 대표는 연말마다 인력 이동이 너무 커서 12월 말이 되면 20% 정도의 여유 인력을 대비한다고 한다. 업종마다 환경이 다르기 때문에 정답은 없다.

홍빠오 이야기가 나왔으니 이에 대한 이야기도 해보자. 춘절을 맞아 홍빠오는 어떻게 얼마나 줘야 할까? 과거에는 한 달 치 월급을 주는 것이 관례였으나 2015년 마윈이 알리바바 직원들에게 춘절 보너스를 주지 않겠다고 선언한 이후 요즘은 꼭 그렇지는 않다. 즉 성과에 대한 보상은 하지만 과거처럼 누구나 1개월씩 월급을 가져가는 관행은 없어졌다고 보면 된다. 평소의 월급이 많이 오른 이유도 있다.

그렇다고 아예 홍빠오를 주지 않는 것은 바람직하지 않다. 회사 사정과

춘절에 생활에 도움이 될 만한 팁들

유학을 오거나 잠시 비즈니스를 하러 중국에 온 사람이라면 춘절 연휴 2주 동안 버틸 만한 식자재와 생활용품을 미리 사두는 것이 좋다. 빠르게 변하고는 있으나 춘절 기간 동안 문을 닫는 상점들이 꽤 많다. 게다가 춘절 전후로는 식자재 가격이 폭등을 한다.

춘절 관련하여 여행 팁이 있다. 춘절 앞뒤로 교통편과 숙박비는 평소의 몇 배 정도로 가격이 비싸다. 그러나 춘절 전날부터 연휴 3일까지는 의외로 평소보다 저렴하고 한가하다. 외국인으로서 이 기간에 중국 여행을 계획한다면 생각보다 편안하고 여유있게 다녀올 수 있다.

다른 업종과 달리 춘절 연휴 기간 요식업은 성수기이다. 중국은 가족과 친척끼리 춘절 전날 니엔예판年夜饭이라고 저녁을 먹는 문화가 있는데, 최근에는 대부분 호텔이나 식당에 가서 외식을 하거나 인터넷으로 주문해서 먹는 경우가 많다. 춘절 기간은 모든 중국인이 가족친지와 함께 마음껏 먹고 쉬는 기간이다. 이 기간만큼은 소비를 아끼지 않는다.

개인의 평가에 따라 차등 지급한다. 이때 주의할 것은 절대 선물로 대신하려 해서는 안 된다는 것이다. 중국은 현금을 중시하는 문화라서 현금이나 상품권으로 지급하는 것이 무난하다. 참고로 추석이나 다른 명절에는 아무 것도 주지 않아도 괜찮다.

둘째, 현금흐름을 파악하고 미리 준비해야 한다.

흔히들 중국 비즈니스는 1~2월만 잘 버티면 1년은 문제없다고 말한다. 틀린 말이 아니다. 대부분의 중국 기업들은 1~2월이 가장 버티기가 힘들다. 2월은 다른 달에 비해 일수가 적은 데다가 위엔단元旦, 춘지에春节 등 휴일이 길고, 가족들과 지인들의 홍빠오를 비롯해 지출해야 할 비용이 평소보다 많다. 특히 매장을 운영하거나 고정비가 큰 업종은 이 기간 동안 지출계획을 잘 세워두어야 한다. 12월에 최대한 현금을 보유해서 1~2월을 잘 버텨나갈 수 있도록 준비한다. 3월부터 바로 매출이 회복되는 경우가 많다.

셋째, 춘절 연휴 바로 이전에 연회를 연다.

연회年会는 지난 1년간 고생한 직원들을 위해서 하는 연말 행사라고 생각하면 된다. 중국은 회사 대표들이 젊은 편이라 직원들과 함께 퍼포먼스 행사를 많이 한다. 알리바바 대표 마윈도 매년 연회에 참석해 직원들과 소통을 하는 기회로 삼고 있다. 한국인인 당신이 대표라면 특히 이런 기회를 잘 활용해 직원들과 함께 적극적으로 소통하는 모습을 보여주는 것이 필요할 것이다. 연회를 마치고 나면 자연스럽게 한 해의 업무도 마무리된다.

정리하자면, 업종에 따라 조금씩 다르지만 일반적으로 비즈니스는 1년

주기로 패턴이 반복되기 때문에 1년간의 데이터베이스를 잘 남겨놔야 하며, 춘절 기간을 비즈니스 평균으로 생각하지 말라는 것이다. 비수기인 1~2월만 지나면 비즈니스 환경이 갑자기 좋아진다. 인재도 들어오고 매출도 예상 외로 좋아진다.

　사업은 지속성이 중요하다. 그리고 성수기와 비수기를 잘 관리해야 지속성이 있는 사업이 된다. 어차피 춘절 연후 앞뒤로는 소비자들도 고향을 가므로 사업상으로 비수기일 수밖에 없다. 이점을 인정하고 버텨야 하는 것이다. 사업 초기에는 조바심이 생겨서 비수기를 성수기로 만들고자 무리한 노력을 하곤 하는데, 비수기를 성수기로 만들 수는 없다. 개인의 노력으로 극복되는 것이 아니기 때문이다. 비수기는 버티고 성수기에 집중하는 것이 답이다.

기업문화;
직원의 가족을 챙기면
기업이 선다

하이디라오海底撈라는 중국 샤브샤브 1위 요식업 회사가 있다. 레드오션이라고 생각한 훠궈hot pot, 火鍋(샤브샤브의 원형인 중국의 국물 요리)로 새로운 외식 시장을 연 회사이다. 중국 전역에 230개 이상의 직영점을 운영하고 있고 직원이 2만 명 이상 된다. 대륙에서 '소비자 만족도 1위 중국 식당' 하면 바로 하이디라오가 떠오를 정도이다. 현재 글로벌 시장에 진출하였으며 한국에도 3호점까지 열었다.

훠궈를 얼마나 맛있게 만들기에 요식업 1위 업체가 되었을까? 쓰촨 음식인 훠궈는 진하게 끓인 육수에 각종 채소와 다양한 식재료를 담가 익혀 먹는 것이라서 재료의 신선도와 국물 맛이 중요하다. 그렇다면 하이디라오의 훠궈는 어떤 맛이길래? 중국 일반 소비자들에게 물어보니 음식 맛은 나쁘지 않은 정도일 뿐 특별하게 차별화된 맛은 아닌 것 같다. 가격도 일반 훠궈에 비해 약간 비싼 편이다. 실제로 하이디라오에 한 번이라도 가본 사람이 기억하는 것은 맛이 아니라 그곳만의 특별한 서비스였다.

○ 하이디라오만의 특별한 기업문화 ○

　입구에 들어서면 직원들의 살아있는 눈빛이 바로 느껴진다. 식당 입구에는 식사 테이블 못지않은 대기실이 있는데 간단한 음료 및 다과가 무료로 준비되어 있고, 매니큐어 관리, 구두닦이, 안마의자, 컴퓨터, 간단한 보드게임 등을 무료로 이용할 수 있다. 손님들이 대기시간을 지루하지 않게 보내도록 한 것이다. 테이블에는 스마트폰 보호케이스, 여성들을 위한 머리끈, 안경 쓴 사람들을 위한 안경 닦이, 아이들의 장난감 선물 등이 있다. 그중에서 가장 돋보이는 것은 다른 식당과 다르게 직원들의 눈빛이 살아있다는 것이다. 손님이 무엇인가 부족하다고 여기면 직원 중 누군가가 바로 나타나서 문제를 해결해준다.

　어떻게 이런 서비스가 중국에서 가능한지 의문이 들지 않는가? 일반적인 중국 직원에게서 기대할 수 없는 회사에 대한 소속감을 갖게 한 동력은 무엇일까?

　그 정답은 가족에서 찾을 수 있었다. 고객 만족이 높은 회사, 서비스를 잘하는 회사 등은 단지 표면적으로 보이는 것이다. 이 회사의 내면적 핵심 가치는 '직원을 가족처럼 대우한다'는 데 있다. 가족이란 가치를 최우선으로 둔 기업문화가 중국 제1의 서비스와 소비자 만족도를 가져온 것이다. 가령 하이디라오는 업무 성과 보너스가 나오면 고향의 가족에게 송금한다. 우수 사원으로 선정되면 온가족 단체 여행을 시켜준다. 자녀들의 학자금은 100% 지원된다. 이런 경영 방침이 하이디라오만의 기업문화를 만들었고, 이는 기존 중국 기업들이 생각하지 못한 것들을 가능하게 했다.

○ 직원의 가족을 챙겨라 ○

앞서 하이디라오라는 회사를 소개한 이유는 중국의 독특한 가족관을 말하기 위함이다.

현재 중국 헌법은 종교의 자유를 보장하고 있다. 그러나 중국인에게 종교가 무엇이냐고 물어본다면 대부분은 답을 하지 못한다(종교에 대해서 제대로 생각해본 적이 없어서일 수도 있다.). 1970년 이전 사람들은 종교와 상관없이 대부분 불교나 도교 사원에 가서 기도를 올렸으나 중국 문화대혁명 시기와 맞물린 1980년대 사람들은 종교에 대한 개념이 모호하다. 이들에게는 종교보다는 가족이라는 개념이 훨씬 크게 자리하고 있다.

하이디라오 워궈 매장. 입구에 들어서면 직원들의 살아있는 눈빛을 느낄 수 있다.

가족을 무엇보다 우선시하는 나라이다 보니 기업을 경영함에 있어 가족을 챙기면 여러모로 직원들의 만족도가 높아진다. 가령 직원 가족들의 생일을 기억하고 있다가 챙겨준다거나, 연말을 맞아 직원 가족들에게 편지 혹은 상품권을 보내거나, 우수사원 가족을 찾아가서 함께하는 등의 사소한 것들을 챙기면 회사에 대한 소속감이 그 몇 배로 돌아온다. 최근 거리라는 에어컨 회사 대표는 모든 직원들에게 아파트를 제공하겠다고 발표했다. 그리고 실제로 직원들이 거주할 아파트를 건설하기 시작했다. 중국에서 가족은 종교이며 직원의 가족을 감동시키는 것만큼 효과적인 기업문화는 없다는 것을 보여주는 또 하나의 사례이다.

○ 중국인을 이해할 수 있는 6가지 특성 ○

외국인인 우리가 중국에서 비즈니스를 하려면 중국 기업문화를 이해하고 인사관리를 할 필요가 있다. 업무에 대한 전문성이 있는 직원은 회사의 자원이자 경쟁력이기 때문이다.

특히 중국 직원과 한국 직원의 차이를 이해하고 존중해야 한다. 예를 들어 중국인에게는 회사에 대한 청사진을 제시하면서 오랫동안 함께 일하기를 기대해서는 안 된다. 그동안 중국은 빠른 경제 성장 덕분에 노동시장에서 공급이 늘 부족했고, 직원 대부분이 회사를 옮겨가며 몸값을 올려온 터라 한 회사에 오래 근무하는 것을 오히려 어리석게 여긴다(중국인들은 회사에 대한 소속감이 별로 없어서 더 좋은 대우를 해주는 회사가 나타나면 바로 회사를 옮기곤 한다.). 그렇다면 회사의 소속감을 높이고 능력 있는 직원을 잡아두려면 어떻게 해야 할까? 일단 중국 문화를 이해하는 것이 먼저다.

첫째, 남들 앞에서 직원을 꾸짖지 않는다

중국은 체면을 매우 중시하는 문화이므로 남들 앞에서 좋지 않은 평가를 해서는 안 된다. 중국인에게 '미안하다对不起'는 말을 좀처럼 듣기 어려운 이유와도 같다. 중국인들에게 있어 미안하다는 말은 자신의 잘못을 인정하는 것과 마찬가지이며 그 책임 또한 본인이 져야 하는 것을 의미한다. 따라서 직원의 잘못된 점을 지적하려면 일대일로 불러서 직접 이야기를 해야 한다. 개인적으로 만나 지적하면 의외로 잘 이해하는 편이다. 이때 잘못된 부분은 간접적으로 돌려서 말하지 말고 구체적으로 말해주는 편이 효과적이다. 우리는 사실 상대방을 배려한다는 명목으로 많은 부분을 돌려서 말하고 알아서 해주었으면 하는 믿음을 기대하지만, 중국 직원들과 그렇게 일한다면 오히려 더 많은 오해와 문제가 야기될 수 있다.

둘째, 퇴근 후 회식 문화가 거의 없다.

물론 접대 문화가 있어서 고객과 만날 때면 식사와 술을 기본으로 융성하게 대접하는 것이 관례이다. 그러나 회식 문화는 한국과 같지 않다. 직원들 대부분이 80년대 이후 외동으로 태어나서 개인적 성향이 강하기 때문인 듯하다.

셋째, 개인주의적 성향이 강하다.

중국인들과 노래방을 가면 한국과는 다른 장면이 연출된다. 한국에서는 상대방을 배려하며 무언의 순서로 한 곡씩 부르지만 중국인들은 자신이 좋아하는 노래를 눈치 보지 않고 여러 개 예약해버린다. 노래 잘하는 사람은 많이 부르고 노래를 못하면 부르지 않아도 된다. 노래 선곡도 전체적인 분위기와 흥을 돋우는 곡보다는 자기 취향대로 불러 언뜻 보면 남에 대한 배려가 없어 보인다.

넷째, 나이와 연공서열이 의미가 없다.

중국 직원들은 대개 회사 사장을 제외하고는 눈치를 보지 않고 거리낌 없이 말한다. 또한 회사에서는 사적인 가족 얘기나 평소 관심사에 대해서도 서로 말하지 않는다. 나이와 연공서열도 별로 의미가 없다. 직책보다는 직무 내용과 난이도에 따라 임금을 지급하는 경우가 많다. 물론 성과와 실적 위주로 급여를 결정하되, 공평한 기회를 보장해야 직원들의 동기 부여가 유지될 것이다. 다양한 인센티브와 포상 제도를 잘 활용해야 하는 이유다.

다섯째, 의사결정이 빠르다.

중국은 비규제를 통해 산업을 먼저 성장시킨 후 이를 규제화하는 정책을 펴고 있다. 그래서 중국 회사들은 어떤 문제를 논의할 때 의사결정이 빠르다. 그리고 이는 중국 기업들이 빠르게 성장하고 새로운 것을 시도할 수 있는 배경이 되고 있다. 더딘 의사결정은 중국에서 커다란 걸림돌이다. 불필요한 절차를 없애고 빠르게 일을 진행해야 중국에서 생존할 수 있다. 이를 기업문화에 반드시 안착시켜야 한다.

여섯째, 현지 지역출신을 고용한다.

중국인과 일을 하려면 '꽌시'를 맺어야 한다는 말을 들어본 적이 있을 것이다. 사업을 하다 보면 꽌시로 풀리는 일들이 상당히 많은데, 꽌시는 특히 지역적 특색이 매우 강하다. 그래서 현지 출신 직원들이 쉽게 문제를 해결하는 경우가 많다. 이런 점을 고려할 때, 예를 들어 상하이 지역에서 업무가 대부분 일어난다면 상하이 지역 출신 직원에게 영업 및 관리 등 고객 접점 업무를 맡기는 것이 바람직하다. 같은 업무를 하더라도 상하이 사투리를 쓰면 상대방의 태도가 달라질 것이기 때문이다(부산에서 부산 사투리로 일하는 것과 같다). '팔은 안으로 굽는다'는 것은 아시아에 있는 나라에서 공통적으로 보이는 모습이다.

외국인인 우리가 꽌시를 만들기 가장 좋은 방법은 학교를 다니는 것이다. 학연도 사실 지역사회에서 많은 힘을 발휘하는데, 현지 학교를 다니거나 직장인이라면 파트 타임 MBA 등을 다니면서 인맥을 다지는 것도 하나의 방법이 될 것이다.

이상 회사에서 볼 수 있는 중국 문화를 짚어보았다. 결론은 중국에서 사업을 계속하려면 한국에서와 같은 기업문화를 강요하면 안 된다는 것이다. 중국에서는 현지화된 기업문화를 새로 만들어야 한다. 공정함을 기반으로 성과에 대한 보상을 명확히 하며, 직원의 가족에게 마음을 전달하는 문화가 중요하다. 이성과 감성을 동시에 충족시키는 것! 규모가 작은 초기 기업일수록 가족적인 분위기는 더욱 중요하다.

중국에서
외국인으로 창업해
성공한 스타트업 이야기

　외국인 창업가들은 일단 중국에 엉덩이를 붙이고 시간싸움을 하는 이들이 나중에라도 빛을 보는 경우가 많다. '스타트업'이라는 이름에 걸맞게 단기간에 고속성장하는 스타트업들은 중국 현지인이 창업한 기업 이외에는 보기 드물다. 그도 그럴 것이 중국 투자자 입장에서 볼 때, 중국 시장을 잘 이해하고 중국어도 잘 하는 창업가에게 투자하고 싶을 것이기 때문이다. 그럼에도 중국에서 비교적 성공한 외국 창업가들을 적지 않게 찾아볼 수 있다.

○ 중국에 유학한 후 창업한 스타트업 ○

　중국에서 잘하고 있는 한국 스타트업 두 곳 있다. 머니락커와 타타유에프오이다. 이들 창업가의 공통점은 중국에서 오랜 시간 유학생활을 해서 중국어가 매우 유창하다는 것이다.

머니락커 MONEY LOCKER

스마트폰 잠금화면을 해제할 때 광고를 배치하여 사용자들에게 금전적 혜택을 주는 스타트업이다. 머니라커의 강민구 대표는 고등학교를 상하이에서 나왔고, 대학 친구와 함께 2014년 창업을 결심했다. 현재 1000개가 넘는 기업들에게서 광고 수익을 올리고 있고 전체 수익의 90%가 광고 수익이다.

머니락커는 '고아찾기 캠페인'으로 3명의 고아를 찾아내 중국 화동 지역에서 마케팅상을 수상하기도 했다. 알리바바가 유괴당해 잃어버린 애들을 찾아주겠다고 만든 〈실고〉라는 영화가 있다. 영화를 보고 감명을 받은 강민구 대표는 2016년 6월 1일 어린이날에 공익활동 이벤트의 일환으로 미아들의 사진을 잠금화면에 올렸다. 사실 스타트업의 공익활동은 티가 잘 나지 않는데, 잠금화면은 사람들이 스마트폰을 사용할 때 가장 먼저 보는 것이라 성공할 수 있었다. 사진이 올라간 미아들은 모두 시골 지역 아이들이었고 이중 3명을 찾았다.

타타유에프오 tataUFO

타타유에프오는 1995년생 이후의 대학생들을 위한 소셜 네트워크이다. 1995년 이후 세대는 한국 대학생보다 개방적이고 자유롭다. 60년대생이 중국의 1990년대 개혁·개방에서 가장 이득을 많이 본 층인데 그 자녀들이 주링허우(90년대생)이다. 이들은 사회가 성장하고 발전할 때 태어난 세대라서 소비 성향이 강하고 자유롭다.

타타유에프오의 정현우 대표는 베이징 대학교 경제학과를 나왔고, 원래 소프트뱅크 벤처스의 애널리스트로 일하다가 2013년 창업을 했다. 소프트뱅크벤처스에 따르면 타타유에프오에는 베이징대, 칭와대 등 대학생 사용자가 1100만 명이고 일간 활성 사용자는 250만 명이다. 중국 QQ의 주요 사용자인 청소년보다는 나이가 많고 80~90년생 위주인 위챗보다는 나이가 어린 편이다.

○ 중국 기업에서 일한 경험으로 창업한 스타트업 ○

창업 인프라, 비즈니스 모델, 기술 혁신 등 지금 중국은 한국보다 모든 분야에서 높은 수준이다. 2014년 전후로 비즈니스 환경이 급격하게 바뀌었기 때문에 중국에서 잘 되는 비즈니스 모델을 한국에 가져오는 게 나을 정도다.

중국에서 창업을 하고 싶다면 정말 목숨 걸고 해도 쉽지 않다. 한국에서 해도 쉽지 않은데 중국은 더 힘들다. 그럼에도 중국에서 창업하려면 중국에서 학교를 다니고 친구를 사귀고 문화를 잘 이해하고서 시작하는 게 좋다. 중국은 알기 힘든 사회라서 준비하는 데 시간을 많이 들여야 한다. 중국에서 유학할 기회가 없었다면 중국에서 오랜 기간 일하는 경험을 쌓는 것이 좋다. 성공한 외국인 창업가들 대부분이 중국에서 일한 경험이 있다.

차이나넷클라우드 ChinaNetCloud

중국에 있는 회사들의 인터넷 서버를 관리해주는 스타트업이다. 창업가인 스티브 무셰로Steve Mushero는 2005년에 중국에 와서 동영상 사이트인 투도우에서 최고기술책임자를 역임했다. 그는 클라우드컴퓨팅 분야에 큰 기회가 있음을 발견하고 2008년에 회사를 창립했다. 그는 "중국에 빨리 와서 공부하고 배워라. 현지 사람들이나 외국인 상사를 통해 배우라."고 조언했다.

차이나액셀러레이터

차이나액셀러레이터의 매니징 디렉터인 윌리엄 바오빈은 미국에서 태어난 중국인이고 중국어 실력을 향상시키기 위해 20년 전 중국에 왔다. 그는 증권 리서치 애널리스트로 소프트뱅크 중국을 담당했고, 싱텔에서 기술투자 애널리스트로 일한 뒤, 중국의 초기 기업들에게 투자하는 차이나액셀러레이터의 매니징 디렉터를 역임했다. 그는 오랜 시간 중국과 미국을 비교하면서 "미국에서는 목표를 실행할 때 3가지 단계를 밟는다. 전략을 세우고 구체적인 실행방안을 준비하여 실행한다. 하지만 중국에서는 실행이 가장 중요하다. 일단 실행을 하고 어떻게 되는지 보는 것이다. 그러니 전략을 세우는 데 너무 오랜 시간을 할애하지 마라."고 조언했다.

○ 중국 대기업과 파트너십 맺은 스타트업 ○

외국인이 중국에서 창업한 후 성장 궤도에 들어서면 중국 대기업이 다가와 파트너십을 체결하는 경우가 많다.

메이닷컴(알리바바와 파트너십)

럭셔리 이커머스 스타트업인 메이닷컴은 알리바바와 파트너십을 맺었다. 해외 유명 패션 브랜드와 직접 연결해 상하이에서 제품 촬영, 제품 배송, 애프터서비스까지 다 맡고 있는 이 회사에 알리바바는 1억 달러를 투자했고 계속해서 메이닷컴의 빅데이터 분석에 도움을 주고 있다. 덕분에 메이닷컴의 고객 유치 비용은 660위안에서 50위안으로 현격히 줄어들었다. 메이닷컴은 가상현실 기반 패션쇼를 준비하고 있는데, 알리바바의 가상현실 팀인 Buy+Plan과 연결될지는 아직 지켜봐야 할 것 같다.

구루루 스마트 물병(폭스콘과 파트너십)

사물인터넷 기반 스마트 물병을 만들고 있는 구루루 스마트 물병은 폭스콘*과 파트너십을 맺었다. 폭스콘의 투자로 대량생산을 하여 킥스타터에 올라 목표금액의 두 배인 20만 달러를 달성했다. 구루루 스마트 물병의 창업가인 앨빈 창은 대만인인데다, 중국판 페이스북인 렌렌의 CMO와 알리바바의 부사장을 역임한 터라 대만에 본사를 둔 폭스콘과 연결되는 게 비교적 쉬웠다고 한다. 폭스콘은 전자기기 주문자 상표 부착 생산에선 세계 최대 규모를 자랑하고 애플의 아이폰을 제작하는 것으로 유명하다. 이렇게 큰 회사가 작은 스타트업의 전자기기나 하드웨어를 생산해주는 것은 정말 보기 힘든 일이다. 스타트업은 규모가 작고 회사가 문을 닫을 확률이 매우 높기 때문에 폭스콘은 이들의 생산 계약을 잘 안 받아주는 편이다. 폭스콘이

---

* 폭스콘Foxconn, 富士康 대만의 세계 최대 전자부품 업체이다. 기술 수준이 상당해 공동 설계는 물론 공동 개발까지 하는 하이테크 업체로 평가받고 있다. 하지만 2012년 5월 폭스콘의 선전 공장에서 20대 젊은 근로자 10여 명이 연쇄적으로 자살하여 지탄을 받기도 했다.[4]

생산을 하면서 스마트 물병은 프리미엄 제품이 되어 가격이 99달러에 이르긴 했으나, 덕분에 내구성이 강하고 안전한 제품이 되었다.

우다시티(바이두와 파트너십)

우다시티는 실리콘밸리에서 규모를 키운 뒤 중국 상하이에 진출한 스타트업으로 무료로 코딩 교육을 받을 수 있는 웹사이트다. 우다시티는 디디추싱, 벤츠 등과 계약을 맺고 커넥티드카* 수업을 제공하기 시작했다. 무료인데다 동영상 1분과 정리 내용으로 지루하지 않게 구성되어 있어서 아주 효과적이다. 이 수업을 수강하고 나면 증명서도 발급해줘서 커넥티드카 인재를 필요로 하는 회사에 지원할 수 있다.[5]

우다시티는 바이두와 협력하고 있다. 바이두는 온라인 교육 플랫폼인 우다시티와 파트너십을 체결하여 바이두의 자율주행 자동차 아폴로 플랫폼에 대한 입문 과정을 구축하고 소프트웨어 및 시뮬레이션 환경 실습 기회를 제공하기로 했다.[6]

○ 우직하게 홀로 성장한 스타트업 ○

중국 대기업의 도움을 전혀 받지 않고 우직하게 성공한 외국인 스타트업도 있다.

---

* **커넥티드카**Connected Car 정보통신기술과 자동차를 연결시킨 것으로 양방향 인터넷, 모바일 서비스 등이 가능한 차량을 말한다.

아이타키 Italki

미국인 창업가 케빈 첸이 만든 온라인 교육 플랫폼이다. 원래 아이타키는 2007년에 언어 학습 커뮤니티였으나 2010년 사용자들이 서로에게 유료로 언어 수업을 해주기 시작하면서 온라인 교육 플랫폼이 되었다. 영어에만 초점을 둔 대부분의 중국어 학습 사이트와 달리 스페인어, 프랑스어, 일본어, 독일어 및 아랍어를 포함하여 64개 이상의 언어를 지원한다(물론 아이타키 또한 영어가 수업의 50% 이상을 차지하고 있다.).

아이타키는 전 세계적으로 150만 명이 넘는 사용자를 보유하고 있으며 3000명이 넘는 언어교사를 보유하고 있다. 입소문을 타고 성장곡선을 그리기까지 7년 동안 우직하게 한 길을 걸었다.

디엔롱 DianRong, 点融

실리콘밸리의 렌딩클럽Lending Club은 P2P 대출을 하는 업체로 은행과 같은 금융기관을 거치지 않고 온라인 플랫폼을 통해 개인끼리 자금을 빌려주고 돌려받을 수 있게 해주는 플랫폼이다. 렌딩클럽의 공동 창업가 소울 히타이트는 이 모델을 중국으로 들여와 2013년 디엔롱이라는 스타트업을 세우고, 이후 이하오 촨처一號專車*나 알리바바의 신용점수 시스템인 즈마신용과 함께 파트너십을 맺고 성장한다. 그는 외국인 창업가들에게 "반드시 현지인들의 문제를 해결하는 제품을 만들 것, 현지 규정을 잘 따를 것, 반드시 최고의 직원들을 고용할 것"을 조언했다.

---

* **이하오 촨처**　택시를 부르는 앱이다. 2014년 7월 8일 중저가 사용자를 대상으로 상하이에서 시작했다. 베이징, 상하이, 항저우와 같은 주요 도시에서 이용되고 있다.

중국 스타트업처럼 하라

과거 중국이란 나라가 제조업을 바탕으로 발전했다면, 이제 단순 제조업은 한계에 부딪히고 있다. 인건비와 각종 제조비용의 상승으로 중국은 더 이상 제조업이 적합한 나라가 아니다. 부가가치가 낮은 단순 제조업은 이미 동남아와 아프리카로 넘어갔다. 그럼 중국의 미래는 어디에 있을까? 단순 제조는 로봇이 대체하는 방향으로 가고 이제는 부가가치가 높은 제조업으로 갈 것이다. 전 세계에서 로봇을 가장 저렴하게 만드는 나라가 바로 중국이므로 실현 가능성이 높다.

지금 회자되는 중국의 위기설은 단기적인 경제성장을 위해 무리하게 GDP를 맞추려는 정부 정책에 따른 부작용이다. 중국 정부는 이에 대해서 정확히 인지하고 있으며 이를 해결하기 위해 정책 방향을 전환하고 있다. 즉 중국 정부는 일시적인 경기 조정기가 오더라도 경제 효율성과 부패척결 그리고 환경보호에 중점을 두기로 했다.

중국은 부동산 가격이 단기간에 감당이 안 될 정도로 많이 올랐다. 이에

★ '공급측 개혁'의 5대 정책 과제 ★

구분	주요 내용
과잉 생산설비 해소	• 시장화 발전에 맞춰 기업청산 제도를 실시하는 반면 행정효율 제고 • 재정세무 지원 확대, 불량자산의 처리, 실업자 취업 및 사회보장제도 완비 추진 • 인수합병 자금을 지원하며 기업합병 등 구조조정을 통해 과잉생산 해소
기업원가 절감	• 불합리한 세금감면, 제조업 증치세율 인하 방안 모색 • 사회보험비용 절감과 주택 공적금 간소화 및 결합 방안 연구 • 기업의 재무비용, 전기요금에 대한 시장화 개혁을 통해 기업 비용 절감 • 유통체제 개혁 추진과 물류비용 절감
부동산 재고 해소	• 농촌 인구의 유동, 호적제도 개혁을 통한 도시화 추진 • 공공임대 주택제도 적용대상 확대 시행 • 부동산 구입을 장려하고 주택 임대업 전문업체 발전을 지원 • 부동산 가격 하향 조정을 장려하며 부동산 산업 구조조정 가속화
금융리스크 최소화	• 지방정부 채무리스크의 효과적인 해소 및 지방채 치환 사업 지속 추진 • 전문적인 금융리스크 관리를 통한 불법 자금 모금 억제 • 금융리스크 모니터링 경보 강화
유효 공급 확대	• 기업의 기술 및 설비 개선 지원, 기업 채무 부담 감소 • 빈곤 퇴치 위한 지속적인 정책적, 재정적 지원 제공 • 효과적인 농산품 공급 보장

출처 : KIEP

정부는 부동산이 아닌 곳에 자금을 집중하고 금융 및 내수 소비를 증대하는 방향으로 나가가고 있다. 구체적으로 보자면 2020년까지 경제 정책 방향을 서비스업 비중확대, 산업 고도화 추진, 투자 효율성 제고, 신성장 동력 육성에 맞추고 있다. 이것이 우리가 중국을 소비시장으로 보고 진출해야 하는 이유이다.

한국의 IMF 금융위기 시절을 돌이켜보자. 성장 위주의 모델에서 맞은 위기라 충격이 컸지만 2년간 조정기간을 거치면서 위기를 극복해냈다. 이 기

★ '공급측 개혁'의 5대 경제개혁 분야 ★

구분	주요 내용
국유기업 개혁	• 국유 자본 투자 및 국유기업 운영체계 재정비 • 독점 업종 개혁 가속화
재정세제 개혁	• 중앙지방 권한과 지출책임을 명확하게 확점 • 지방세 체계를 개선하여 지방정부의 재정능력 제고 • 기업에 대한 감세 정책 추진
금융체계 개혁	• 건실한 금융제도 구축 • 효과적인 금융시장 감독 실시 • 금융감독체제 개혁방안을 시급히 연구 및 수렴
은행체계 개혁	• 국유상업은행 개혁 단행 • 녹색금융 발전
의료 · 위생 체계 개혁	• 의료보험 지원을 통한 난치병 의료비 문제 해결 • 양로보험제도 개혁 추진

출처 : 상해증권보

간을 통해 기업과 금융산업의 효율성이 높아졌으며 내수 서비스업이 크게 성장했다. 최근 중국은 이와 같은 경기 조정기이며 중국 기업들은 체질 개선에 들어갔다.

우리가 왜 지금 중국에 진출해야 하는지에 대한 또 다른 이유는 인구의 분포에서 찾을 수 있다. 중국은 매년 1800만 명의 신생아가 태어난다. 특히 한 자녀 정책이 폐지되면서 두 자녀 가족이 늘어나고 있다. 반면 한국은 2017년 신생아가 고작 35만 명이다. 앞으로 30년 후, 중국과 한국의 성장

동력은 매우 큰 차이가 날 것이다. 14억 중국 인구 전체가 우리의 소비자가 되지는 않겠지만, 상하이 도시 하나만 보더라도 3500만 명이 살고 있으며 이들 대부분은 상당한 소비력을 가지고 있는 중산층이다. 이들만 타깃으로 삼아 창업을 해도 충분히 성공 가능성이 있다.

출 처

프롤로그; 소비시장을 봐야 진짜 중국이 보인다

1 http://naver.me/532YJ2NP 매일경제 기사, 현재는 3억 명이나 2020년 6억 명 예상
2 https://baike.baidu.com/item/%E8%A5%BF%E9%83%A8%E5%A4%A7%E5%BC%
   80%E5%8F%91%E6%88%98%E7%95%A5/5096941

1부   중국이 가고 있는 미래

1 http://www.china.org.cn/english/1548.htm
2 https://technode.com/2017/04/01/now-shenzhen-help-painful-manufactur-
   ing-crowdfunding-campaigns-uber-manufacturing-comes/
3 http://www.chinadaily.com.cn/a/201801/15/WS5a5beb8ca3102c394518f215.html
4 https://technode.com/2018/07/06/techcrunch-hangzhou-hema-xiansheng/
5 https://www.emarketer.com/Article/China-Eclipses-US-Become-Worlds-Larg-
   est-Retail-Market/1014364
   정확한 내용은 이마케터에 의하면 중국 전자 상거래 매출은 2020년까지 2조 4,162억 달러
   로 증가할 것이며, 이 중 68%에 달하는 금액이 모바일을 통한 전자 상거래 지출로 예상된
   다. 그래서 스마트폰을 들고 다니는 소비자들의 소비 경험을 극대화시키기 위한 뉴리테일
   시장이 뜨는 것이다.
6 http://www.xinhuanet.com/english/2018-03/05/c_137018317.htm
   2018년 3월 리커창 총리는 중국은 2018년 경제 성장에서 소비의 근본적인 역할을 강화하고
   효과적인 투자를 촉진할 것이라고 말했다. 총리는 개막 연례회의에서 정부 보고서를 제출할
   때 "소비자 수요의 새로운 변화에 대응하여 소비를 증대시키고, 투자를 증가시키기 위한 구
   조 조정에 초점을 맞출 것"이라며 "국가는 소비 개선과 새로운 형태의 소비 모델 개발, 신에
   너지 차량에 대한 구매세에 대한 특혜 정책을 향후 3년 연장할 것"이라고 말했다.
7 https://www.alizila.com/wp-content/uploads/2017/11/Factsheet_11.11-Glob-
   al-Shopping-Festival-Master-Fact-Sheet_finalfinalfinal.pdf?x95431
   알라바바에서 직접 발표한 내용이다.
8 https://technode.com/2018/04/03/tencent-shows-off-their-vision-for-the-fu-
   ture-of-unmanned-retail/

9	https://baike.baidu.com/item/EasyGo%E6%9C%AA%E6%9D%A5%E4%BE%B-F%E5%88%A9%E5%BA%97/22099589?fr=aladdin
10	https://technode.com/2018/04/03/tencent-shows-off-their-vision-for-the-fu-ture-of-unmanned-retail WeChat Pay 위챗페이의 운영디렉터인 Bai Zh enjie의 말
11	http://www.sohu.com/a/226631939_114930 2018년 3월 29일자 소후닷컴 기사
12	https://technode.com/2018/01/18/wechat-mini-programs-2017/
13	https://technode.com/2018/02/05/suning-biu/
14	http://www.hrdnews.org/news/articleView.html?idxno=477
15	2012년 중국 통계청(NBS) 보고서
16	http://tech.huanqiu.com/news/2017-11/11345102.html
17	http://www.ajunews.com/view/20171031171052887
18	https://technode.com/2018/03/08/global-bike-rental-is-about-to-get-even-bigger-cheetah-global-report/
19	http://technode.com/2016/05/09/photos-highlights-china-cycle-2016-chi-nese-bike-innovation/)
20	http://technode.com/2017/11/16/exclusive-bluegogo-vp-confirms-leaving-the-company-months-ago-staff-waiting-for-salary-for-months/)
21	https://technode.com/2018/01/25/didi-bluegogo-chengdu/)
22	https://baijiahao.baidu.com/s?id=1596622396626988692&wfr=spider&for=pc)
23	http://www.donews.com/news/detail/4/2963389.html
24	https://technode.com/2017/09/11/power-bank-rental-startup-xiaodian-an-nounces-195-growth/
25	https://technode.com/2018/03/08/global-bike-rental-is-about-to-get-even-bigger-cheetah-global-report/
26	https://technode.com/2017/03/23/knowledge-sharing-startup-fenda-influenc-es-silicon-valleys-startup/
27	https://technode.com/2017/11/30/vr-winter-is-over-ar-has-just-started/ http://www.chinaar.com/ARzx/4979.html
28	하이퍼레처 프로젝트의 브라이언 베흐렌도프(Brian Behlendorf)와의 인터뷰
29	http://blog.korbit.co.kr/220411519228
30	http://www.getnews.co.kr/news/articleView.html?idxno=92619 / http://www.sporbiz.co.kr/news/articleView.html?idxno=262488
31	http://view.asiae.co.kr/news/view.htm?idxno=2018031911274195816
32	https://technode.com/2018/09/03/blockchain-patent-china-tech/
33	https://technode.com/2018/02/07/alibaba-pboc-world-leaders-in-block-

chain-patents-china-the-leading-country-according-to-report/

34 https://technode.com/2018/09/13/ant-financial-first-blockchain-medical-pre-
    scription/
35 https://technode.com/2018/09/13/ant-financial-first-blockchain-medical-pre-
    scription/
36 https://technode.com/2018/08/17/ant-financial-blockchain-e-bills/
37 http://www.bitcoin.name/category/trustsql/
38 https://www.chinamoneynetwork.com/2018/03/21/tencent-partners-china-fed-
    eration-logistics-purchasing-build-blockchain-based-logistics-platforms
39 https://technode.com/2018/05/24/tencent-china-unicom-esim-tusi-block-
    chain/
40 https://technode.com/2018/08/31/baidu-sets-up-a-blockchain-subsidiary-
    dulian-in-hainan/
41 http://www.inven.co.kr/webzine/news/?news=206177
42 http://news.mt.co.kr/mtview.php?no=2018090715580978146
43 https://technode.com/2018/01/31/emtech-china-blockchain-buzzwords/
44 중국의 핀테크 기업 크레딧이즈(宜信)의 매니징 디렉터 안주와의 인터뷰
45 중국 블록체인 업계 여상의 날 행사 인터뷰. 퀘스체인(Queschain)의 대표인 큐제이 왕
    QJ Wang, 드렙 파운데이션(DREP Foundation)의 공동창업자 모모 장, 그나로 네트워크
    (Genaro Network)의 안드레아 류, 시봄(Shivom) 블록체인 프로젝트의 팅 펑
46 https://blog.naver.com/jruits/221356364271
47 http://www.sedaily.com/NewsView/1ONR7OLQZA
48 https://www.reddit.com/r/eos/comments/8o7cdw/eos_rich_listgenesis_snap-
    shot_statistics/
49 https://technode.com/2018/09/05/byd-releases-blockchain-based-carbon-
    credit-app-co-developed-with-vechain/

2부 중국 IT 생태계

1 https://technode.com/2018/01/04/itjuzi-chinese-unicorns/
2 https://platum.kr/archives/21703
3 https://en.wikipedia.org/wiki/Meituan-Dianping_/
   https://technode.com/2015/10/08/chinas-meituan-and-dianping-merge-to-
   form-o2o-giant/
4 https://technode.com/2017/10/11/alibaba-announces-plans-to-invest-over-

15b-in-rd-over-next-3-years/

5   https://terms.naver.com/entry.nhn?docId=1136027&cid=40942&category-
Id=32845
[네이버 지식백과] 인공지능(artificial intelligence. 人工知能) (두산백과)

6   https://terms.naver.com/entry.nhn?docId=3577301&cid=59088&category-
Id=59096

7   https://brunch.co.kr/@kakao-it/95

8   https://timesofindia.indiatimes.com/venture-capital/China-company-leads-25m-
round-in-new-aggregating-app-Dailyhunt/articleshow/54861909.cms

9   https://technode.com/2018/08/22/bytedance-intel-ai-lab/ 2018년 8월 22일 기사

10 https://technode.com/2018/06/25/chinas-meituan-ipo/

11 https://technode.com/2018/09/06/meituan-dianping-suspend-ride-hailing/

12 http://www.g-enews.com/ko-kr/news/article/news_all/201808271032531165d6
eb469fd3_1/article.html

13 https://technode.com/2017/09/29/jd-com-rolls-out-driverless-trucks-to-add-
to-its-logistics-service/

14 중국 스타트업 데이터를 대량 보유한 아이티쥐즈(IT橘子)에서 분석한 내용이다.

15 https://platum.kr/archives/21703

16 https://technode.com/2018/01/04/itjuzi-chinese-unicorns/

17 https://technode.com/2018/01/04/itjuzi-chinese-unicorns/

18 http://tieba.baidu.com/f?kw=%C2%DE%BC%AD%CB%BC%CE%AC&fr=ala0&t-
pl=5&traceid=

19 http://www.hankookilbo.com/News/Read/201808201857398887

20 http://www.ifs.or.kr/bbs/board.php?bo_table=News&wr_id=850

21 https://technode.com/2018/01/04/itjuzi-chinese-unicorns/

22 리쉐이 센터의 정동현 대표님 인터뷰

23 https://chinaccelerator.com/about/

24 https://sosv.com/accelerators/

25 https://technode.com/2017/12/28/shanghai-based-incubator-inno-
space-full-stack-supporter-startups
INNOSPACE+ Ventures' 2nd Angels Fund of RMB 200 million ($30 million) is
currently being set up, with a focus on three sectors: automotive, smart manu-
facturing and new retail.

26 http://www.news33.net/news/articleView.html?idxno=30887

27 시사상식사전

28 http://bao.hvacr.cn/201609_2067208.html

3부 중국 트렌드를 읽는 눈

1   https://ko.wikipedia.org/wiki/%EC%99%95%ED%99%8D
2   중국의 왕홍 수백 명을 보유하고 있는 파크루(PARKLU)의 CMO인 엘리야 웨일리와의 인터뷰. 파크루는 브랜드가 필요한 부분을 파악해서 추천 엔진 결과에 맞게 15명의 왕홍을 추천해준다.

4부 중국인과 네트워킹하기

1   https://terms.naver.com/entry.nhn?docId=2067553&cid=42107&category-Id=42107
    한경 경제용어사전 참조
2   https://technode.com/2018/04/10/top-6-chinese-angel-investors/
3   https://technode.com/2017/06/21/faceos-artificial-intelligence-face-recognition-enterprise/
4   https://platum.kr/archives/21703)

5부 중국에서 창업하기

1   http://www.sohu.com/a/110025454_465238
2   https://technode.com/2016/12/15/wechat-maturing-spread-eggs-chinese-platforms-interview-william-bao-bean/
    차이나액셀러레이터의 매니징 디렉터 윌리엄 바오빈과의 인터뷰
3   http://sh.bendibao.com/news/2016126/154022.shtm
4   https://m.post.naver.com/viewer/postView.nhn?volumeNo=5364201&member-No=31996809&vType=VERTICAL
5   https://technode.com/2016/09/18/foreign-startups-chinese-tech-giants/
6   https://technode.com/2018/01/09/baidu-unveils-apollo-2-0-at-ces-2018-more-mapping-more-test-drives-and-udacity-partnership/

중국 스타트업처럼 비즈니스하라

초판 1쇄 발행 2018년 10월 20일

지은이 김희종, 유채원

기획 · 편집 도은주
SNS 마케팅 류정화

펴낸이 윤주용
펴낸곳 초록비책공방

출판등록 2013년 4월 25일 제2013-000130
주소 서울시 마포구 월드컵북로 400 문화콘텐츠센터 5층 19호
전화 0505-566-5522 팩스 02-6008-1777
메일 jooyongy@daum.net
포스트 http://greenrain.kr
페이스북 http://wgreenrain.kr

ISBN 979-11-86358-48-1 (03320)

* 정가는 책 뒤표지에 있습니다.

이 도서의 국립중앙도서관 출판시도서목록(CIP)은
서지정보유통지원시스템 홈페이지(http://seoji.nl.go.kr)와
국가자료공동목록시스템(http://www.nl.go.kr/kolisnet)에서 이용하실 수 있습니다.
(CIP제어번호: CIP2018032532)